Elogios a ***Doses diárias contra o estresse***

"*Doses diárias contra o estresse* é um guia incrivelmente sábio, com conselhos simples e poderosos. Se você seguir diariamente pelo menos uma dessas práticas, diminuirá o seu estresse e aumentará o seu bem-estar emocional e sua saúde."

— **Arianna Huffington**, fundadora e CEO da Thrive Global

■

"A dose perfeita para o momento, seja neste tempo ou fora dele."

— **Jon Kabat-Zinn**, fundador da MBSR
(Redução do Estresse Baseada em Mindfulness) e
autor de *The Healing Power of Mindfulness and Mindfulness for All*

■

"Uma proeminente especialista explicando como lidar com os aborrecimentos diários. Não se trata apenas de um manual de gerenciamento de estresse é um kit de ferramentas com o intuito de preveni-lo."

— **Adam Grant**, autor de *Think Again*, best-seller nº 1 do *New York Times*

■

"Elissa Epel conta uma verdade bem-vinda: prevenir o estresse não é o mesmo que evitá-lo, mas sim superá-lo com facilidade e sabedoria. Epel ensina leitores a passarem pelo estresse com animação, vontade e alegria."

— **Esther Perel**, psicoterapeuta, autora e
apresentadora do podcast *Where Should We Begin*

■

"Elissa Epel é autoridade na temática de estresse e em como podemos mudá-lo para sempre. É uma talentosa professora e tradutora dos mecanismos mente-corpo, tornando-os acessíveis e úteis."

— **Daniel J. Siegel**, MD, autor de *Intraconectados*, best-seller do *New York Times*

■

"Elissa Epel, uma das nossas principais pesquisadoras do estresse, apresenta um programa amplamente estudado, mas didático e direto para reduzir e evitar os diversos impactos prejudiciais do estresse, um mal em nossa vida diária. Atualmente, em meio à nossa sociedade altamente estressada e frustrada, este livro é uma cura para a mente e o corpo."

— **Gabor Maté**, MD, autor de *O Mito do Normal*

■

"A maioria de nós reconhece que muito estresse é prejudicial para o nosso cérebro e corpo. A pergunta é: o que podemos fazer em relação a isso? *Doses diárias contra o estresse* tem as respostas. A Dra. Elissa Epel é uma pesquisadora excelente e uma comunicadora talentosa, que transforma a ciência atual em instruções que podemos pôr em prática. Este livro é uma leitura obrigatória!"

— **Nadine Burke Harris**, MD, MPH, ex-secretária de saúde da Califórnia e autora de *Mal Profundo*

■

"Este é literalmente um ótimo remédio! Sábio e objetivo, claro e verdadeiramente útil para todos os que almejam diminuir o estresse e viver com mais facilidade. *Doses diárias contra o estresse* nos conta como melhorar no meio disso tudo."

— **Jack Kornfield**, PhD, autor de *Um caminho com o coração*

■

"*Doses diárias contra o estresse* da Dra. Elissa Epel é para todos. A leitura deste livro nos dá o poder de mudarmos o próximo momento, de ansioso para inspirado, de apavorante para feroz. Estas páginas lhe entregam o genuíno potencial e a possibilidade a serem usados sempre que precisar. Siga as ordens do bom médico: essas práticas simples, mas intensas, baseadas em pesquisas, podem transformar drasticamente sua vida para sempre."

— **Rhonda V. Magee**, professora de direito na Universidade de São Francisco e autora de *The Inner Work of Radical Justice*

▪

"A decisão da Epel para apresentar este material inestimável de um jeito tão acessível, prático e impactante para o público é uma dádiva para todos nós. Em *Doses diárias contra o estresse*, ela revela as forças muitas vezes invisíveis que atingem nossa vida, e nos conduz para uma vida mais saudável, contente e longa. Esta é uma leitura obrigatória para esta era de novos desafios."

— **Richard Carmona**, MD, MPH, 17º diretor-geral de saúde dos Estados Unidos

▪

"*Doses diárias contra o estresse* é para todos! A vida é cheia de desafios e este livro apresenta de forma bem prática como navegar e florescer perante os problemas. Um compilado convincente de histórias pessoais, ciência de ponta e sabedoria ancestral das tradições absorvidas. Elissa Epel faz um trabalho extraordinário ao juntar estes elementos num guia grandiosamente nítido para prosperar no mundo moderno."

— **Richard J. Davidson**, PhD, autor de *O estilo emocional do cérebro*, best-seller do *New York Times*

▪

"A escrita compassiva e perspicaz deste livro, combinada com sua instrução bastante acessível e prática, torna-o um recurso valioso demais que será usado e prezado por muitos nesses tempos incertos."

— **Elizabeth Blackburn**, PhD, ganhadora do Nobel e coautora de *O segredo está nos telômeros*, best-seller do *New York Times*

■

"Este livro disponibiliza um caminho poderoso para sair do estresse e da sobrecarga. Escrito por uma cientista renomada e compassiva, oferece ao leitor a ciência e as maneiras para transformar o estresse à medida que enfrentamos um mundo de crescentes incertezas e vulnerabilidade."

— **Roshi Joan Halifax**, humanitária global, abadessa fundadora do Upaya Institute e do Zen Center e autora de *À beira do abismo*

■

"Elissa Epel é uma das mais proeminentes cientistas do estresse, com reconhecimento internacional. Ela relaciona as descobertas da pesquisa ao que literalmente importa para as pessoas em sua vida diária. Em *Doses diárias contra o estresse*, Epel apresenta conselhos práticos, inteligentes e transformadores. O público precisa imediatamente deste livro e Elissa é a única pessoa que poderia tê-lo escrito."

— **Robert H. Lustig**, MD, MSL, autor de *The Hacking of the American Mind*, best-seller do *New York Times*

■

"Sejam desequilíbrios pessoais, mudanças climáticas e perda de biodiversidade ou as inúmeras dores da desigualdade, parece que estamos subjugados pelo peso sobre nossos ombros. Epel nos revela que o único caminho a seguir é encontrar e utilizar a força natural de nossos próprios ombros, transformando o insuportável peso do estresse em preparo para vivermos a nossa melhor vida."

— **Christiana Figueres**, autora de *O futuro que escolhermos*, ex- Secretária executiva da Convenção das Nações Unidas sobre Mudanças Climáticas e líder do Acordo de Paris

■

"Tempos estressantes exigem soluções desestressantes. Em *Doses diárias contra o estresse*, a Dra. Elissa Epel, uma das grandes especialistas científicas em biologia e psicologia do estresse, oferece instruções práticas para diminuir o estresse. As doses por ela recomendadas também são um ensinamento de conexão, um lembrete de que cada um de nós tem a chave para um mundo menos estressante."

— **Thomas Insel**, MD, ex-diretor do Instituto Nacional de Saúde Mental dos EUA e autor de *Cura*

■

"Este livro supostamente simples traz, na verdade, segredos sofisticados e inovadores para a criação da resiliência ao estresse, traduzidos em conceitos e ferramentas que você pode usar hoje. Adquira-os para você, seu grupo, seus pacientes, seus filhos — e transforme para sempre o impacto do estresse em sua vida."

— **Cassandra Vieten**, PhD, diretora-executiva da John W. Brick Mental Health Foundation e cientista pesquisadora da Universidade da Califórnia, San Diego

■

"Ser humano nos dias de hoje é estressante. E ponto-final. Ainda que não possamos fugir da realidade dos tempos em que vivemos, podemos encontrar alívio e conselhos práticos por meio da sabedoria nas páginas deste livro. Elissa Epel — cientista, professora e companheira de viagem que se preocupa intensamente com a humanidade e o planeta — é nossa guia de confiança que nos revela a diferença que uma semana pode fazer no resto de nossa vida."

— **Susan Bauer-Wu**, PhD, RN, presidente do Mind & Life Institute e autora de *As folhas caem suavemente*

■

"Gerenciar as adversidades e os traumas vigentes requer uma intensa sabedoria interior. Em *Doses diárias contra o estresse*, a Dra. Elissa Epel capta elementos fundamentais dessa sabedoria, levando-nos a entender as diversas formas pelas quais podemos escutar nosso corpo, aprender e crescer com nossas emoções e nos conectar com a paz interior e a compaixão de que cada um de nós precisa. Este livro será de grande ajuda!"

— **Tsoknyi Rinpoche**, renomado professor de budismo tibetano nepalês e autor de *Coração aberto, mente aberta*

"*Doses diárias contra o estresse* combina perfeitamente a firmeza da ciência com a sabedoria da reflexão para trazer um roteiro poderoso e transformador sobre como viver de maneira mais contente e saudável. A riqueza de ideias e práticas mostradas nesta obra iluminadora tem o poder de transformar nossa vida pessoal e coletiva."

— **Shauna Shapiro**, PhD, autora de *Good Morning, I Love You*

"Simples, brilhante e eficaz: a cientista de classe mundial Elissa Epel conseguiu de novo, auxiliando a nos sentirmos bem, vivermos mais e desfrutarmos de uma felicidade resiliente. Com histórias particulares, pesquisas admiráveis e muitas sugestões práticas, você pode sentir sua ajuda, motivando-o a ter mais tranquilidade e bem-estar. Este guia extensivo é aquele tipo raro de livro cativante e acessível, bem como intenso e amplo. Ele se baseia no vasto conhecimento de sua autora, na enraizada prática individual e no compromisso sincero com o bem-estar dos outros. Este livro está na minha curta lista de livros que todos deveriam ter se ficassem presos em uma ilha deserta pelo resto da vida. Realmente uma raridade."

— **Rick Hanson**, PhD, autor de *O poder da resiliência*, best-seller do *New York Times*

DOSES DIÁRIAS CONTRA O ESTRESSE

A Elissa Epel é professora e vice-presidente do Departamento de Psiquiatria e Ciências do Comportamento na Universidade da Califórnia, São Francisco. É uma psicóloga da saúde mundialmente reconhecida que liderou uma pesquisa pioneira sobre o impacto do estresse na nossa saúde, até ao nível celular. Atualmente, concentra-se em como viver bem com o estresse presente e em formas de melhorar o bem-estar emocional e de atrasar o envelhecimento por meio de mudanças individuais e ambientais. Ela foi eleita para a Academia Nacional de Medicina dos EUA , é ex-presidente da Academia de Pesquisa em Medicina Comportamental e é diretora de iniciativas de saúde mental no Centro de Clima, Saúde e Equidade da Universidade da Califórnia. Elissa estudou psicologia e psicobiologia na Universidade Stanford (licenciatura) e psicologia clínica e da saúde na Universidade de Yale (doutorado). Sua pesquisa premiada destacou-se em veículos como TEDMED, *The New York Times*, *The Wall Street Journal* e em diversos documentários televisivos e científicos. O seu primeiro livro, escrito com a vencedora do Prêmio Nobel, Elizabeth Blackburn, *O segredo está nos telômeros* é um bestseller do *New York Times* e foi traduzido para mais de trinta idiomas. Ela adora a empolgação da pesquisa, a energia reproduzida por colaborar em projetos de grupo e os estados profundos de descanso e alegria produzidos pela natureza e pelos retiros.

DOSES DIÁRIAS CONTRA O

Estresse

7 DIAS PARA ALCANÇAR MAIS SATISFAÇÃO E TRANQUILIDADE

Elissa Epel

EDITORA ALAÚDE
Rio de Janeiro, 2024

Doses diárias contra o estresse

ISBN: 978-85-7881-740-4

Impresso no Brasil — 1ª Edição, 2024 — Edição revisada conforme o Acordo Ortográfico da Língua Portuguesa de 2009.

Dados Internacionais de Catalogação na Publicação (CIP)
(Câmara Brasileira do Livro, SP, Brasil)

Epel, Elissa
Doses diárias contra o estresse : 7 dias para alcançar mais satisfação e tranquilidade / Elissa Epel. --Rio de Janeiro : Alaúde Editorial, 2024.

ISBN 978-85-7881-740-4

1. Estresse - Aspectos psicológicos 2. Satisfação 3. Saúde mental I. Título.

24-198442 CDD-155.9042

Índices para catálogo sistemático:

1. Estresse : Psicologia 155.9042

Eliane de Freitas Leite - Bibliotecária - CRB 8/8415

Produção Editorial: Grupo Editorial Alta Books
Diretor Editorial: Anderson Vieira
Editor da Obra: Ibraíma Tavares
Vendas Governamentais: Cristiane Mutüs
Gerência Comercial: Claudio Lima
Gerência Marketing: Andréa Guatiello

Produtora Editorial: Gabriela Paiva
Tradução: Rafael Oliveira
Copidesque: Vinicius Barreto
Revisão: Alberto Gassul Streicher
Diagramação: Rita Motta

ALTA BOOKS
GRUPO EDITORIAL

Rua Viúva Cláudio, 291 — Bairro Industrial do Jacaré
CEP: 20.970-031 — Rio de Janeiro (RJ)
Tels.: (21) 3278-8069 / 3278-8419
www.altabooks.com.br — altabooks@altabooks.com.br
Ouvidoria: ouvidoria@altabooks.com.br

Editora **afiliada à:**

Este livro é dedicado aos nossos ancestrais, pela força e resiliência de seu espírito humano e pelo amor em tempos difíceis que nos permitiram estar aqui, e a você, leitor, pelos seus próprios esforços, muitas vezes heroicos, para viver e amar nestes tempos incertos.

SUMÁRIO

INTRODUÇÃO
ESPERAR O INESPERADO

VOCÊ GOSTARIA DE VIVER NUM MUNDO SEM ESTRESSE?

Imagine: sem preocupações, sem ansiedade e sem pressão.

Parece bom?

Talvez, por um momento. Mas o *estresse* está inserido em nossa experiência de vida de forma tão intensa e essencial que é impossível separá-lo da própria vida. Por mais difícil que seja lidar com o estresse, por vezes, estaríamos bem piores sem ele. Os seres humanos têm uma resposta ao estresse por uma razão: preparar a mente e o corpo para o que precisamos fazer no agora e nos momentos seguintes. Evolutivamente, a resposta comum do nosso corpo ao estresse salvou a nossa vida pré-histórica repetidas vezes. É a razão pela qual estamos aqui hoje, e ainda contamos com ela para nos motivar. Para nos dar uma onda de energia e clareza. Para fornecer os recursos físicos e mentais de que necessitamos para enfrentar um desafio. E uma resposta saudável ao estresse, do tipo "pico e recuperação saudável" — em que experimentamos uma dose de estresse e depois nos recuperamos aceleradamente — é realmente boa para o corpo. Nós, seres humanos, fomos especialmente concebidos para lidar com o estresse. De fato, nós *precisamos* dele.

Na medida e frequência certas, ele ajuda a manter as nossas células jovens e essenciais.

Mas atualmente, a maior parte de nós tem um problema de estresse.

Nós estamos "ligados" ao estresse a todo momento. O estresse é o oceano em que nadamos. Desde o momento em que os nossos olhos se abrem de manhã até ao momento em que se fecham à noite, somos inundados por constantes estímulos de estresse: exigências e prazos, logística, listas de tarefas, crises inesperadas (pequenas e grandes) e conversas cansativas. Há inúmeros fatores que podem desencadear a resposta do seu corpo ao estresse ativando aquele potente coquetel de hormônios do estresse que percorre a sua corrente sanguínea e afeta tudo, desde a rapidez com que o seu coração bate até à forma como você digere os alimentos, armazena gordura e como pensa. Até os nossos próprios pensamentos se tornam estressores aos quais o nosso corpo responde. De fato, os nossos pensamentos são a forma mais comum de estresse.

Então, o que fazemos?

O estresse não pode ser eliminado. Ele sempre fará parte da vida. Qualquer coisa que valha a pena fazer terá um pouco de estresse: desafio, desconforto, risco. Não podemos anular isso. Mas o que podemos mudar é a nossa resposta ao estresse. E, num mundo imprevisível e em rápida mudança, podemos fazê-lo com um simples e belo gesto: aprender a esperar o inesperado.

Quando o inesperado acontece

Bryan Koffman, meu vizinho, está na casa dos 50 anos. Ele e a sua mulher, Yana, vivem na minha rua, num bairro tranquilo e arborizado de São Francisco. Ele trabalha com residentes idosos em centro de cuidados continuados. Gosta do seu trabalho, da cidade onde vive, do seu casamento. Se lhe perguntassem, ele diria: "A vida é boa." Mas sua vida nem sempre foi tão estável e prazerosa.

Bryan cresceu na Rússia. Ele se casou jovem, com 20 anos, era um recém-casado que estava somente iniciando sua carreira. Desejava ser enfermeiro, mas, em vez disso, foi convocado para o exército soviético e enviado para uma base no Ártico.

Ele ficou arrasado. Teve de abandonar a escola, a carreira e a família para fazer um treinamento de dois anos em uma área do país com 50 graus abaixo de zero, onde poderia morrer se não prendesse corretamente o equipamento de proteção. Estava perdendo tudo que era importante para si — poderia até perder a vida. Nem todos sobreviviam ao treinamento e, depois, havia uma enorme chance de ele ser enviado para o Afeganistão.

Parecia que não havia nada a ganhar e tudo a perder. Seus níveis de ansiedade, conta ele, eram altíssimos. Sem saber o que aconteceria, sentindo-se completamente fora de controle — seu sistema nervoso estava sempre em alta.

O estresse crônico é tóxico para o corpo

Mesmo que você nunca tenha sido enviado para uma tundra ártica, acredito que o estresse de Bryan seja familiar. O estresse não é essencialmente ruim, mas o estresse crônico é. Eu estudo o estresse e seu impacto sobre o bem-estar e o envelhecimento. Observei o estresse sob o microscópio, investigando como ele pode mudar a estrutura de nossas células, até os telômeros, as "capas" nas extremidades dos cromossomos que se mostram relevantes marcadores biológicos de saúde e envelhecimento — "relógios" microscópicos escondidos dentro de cada uma de nossas células. E o que eu vi foi o seguinte: o estresse crônico, do tipo que se prolonga por anos e anos, tem um efeito tóxico no corpo. Ele desgasta suas células cedo.

Muitos dos conselhos que recebemos sobre como enfrentar o estresse em nossa vida são bons, mas incompletos: livre-se dos fatores estressantes; aprenda estratégias para relaxar. Para esses conselhos, eu digo: com certeza! Esses são excelentes primeiros passos. E, de fato, neste livro ofereço maneiras eficazes para diminuir situações estressantes e relaxar de verdade. Mas há uma grande observação. Primeiro, não é possível eliminar todos os fatores estressantes — nem de longe. O estresse está entrelaçado até mesmo nos aspectos mais felizes e gratificantes de nossa vida: tudo pode ser bastante estressante, desde a criação dos filhos até o crescimento na carreira e a conquista de grandes sonhos de vida. Essas coisas são estressantes porque nos preocupamos muito com elas. Não podemos apenas parar de nos preocupar — e nem queremos fazê-lo. E, em segundo lugar, muitas estratégias de relaxamento acabam sendo soluções rápidas, Band-Aids, que não o auxiliam de verdade em longo prazo. Quando a próxima situação de estresse chega, ela é tão avassaladora como sempre.

Eu lhe disse que o estresse pode ser uma coisa boa. Mas o estresse *crônico* não faz nada de bom para você. É apenas prejudicial. Há uma série de ramificações de saúde do estresse crônico que poderíamos analisar — como o crescimento do risco de obesidade, doenças cardíacas, diabetes, depressão e demência, mas o principal risco a entender é que o estresse crônico entra nas células. No sangue, ele causa níveis elevados da tríade de fatores importantes de estresse — cortisol, estresse oxidativo e inflamação. E quando eles estão sempre presentes dentro das células, os telômeros — capas protetoras nas extremidades dos cromossomos — se desgastam. Ficam mais curtos rapidamente. Por que isso é importante? Porque telômeros extremamente curtos prejudicam nossas mitocôndrias, as baterias em nossas células que nos dão energia e preservam nossas células saudáveis. E o pior é que, quando uma célula desgastada chega ao fim de sua vida saudável, ela entra em um estado prejudicial e irreversível de velhice (chamado de *senescência replicativa*)[1]. Felizmente, podemos reverter a situação antes que ela chegue a esse estado.

Muitos tecidos do corpo necessitam se regenerar para se manterem saudáveis, o que significa que é preciso criar células. Essa regeneração precisa ocorrer em áreas cruciais do corpo, como as células imunológicas, as células do revestimento cardiovascular e o hipocampo (área do cérebro que é vital para a memória e o humor). E acontece que o comprimento dos telômeros é, em última análise, o que determina por quanto tempo uma célula pode continuar se dividindo. Quanto mais longos forem seus telômeros, mais vezes as células poderão se dividir, se replicar e renovar os tecidos. Quando eles ficam muito curtos, isso não ocorre. A célula se torna senescente (para de se reabastecer). A célula morre ou excreta inflamação. Ela está no fim de seu caminho.

Ter telômeros curtos em nossas células sanguíneas prevê o aparecimento precoce de doenças e morte. Por isso, levamos essa questão a sério. As pessoas repetidamente me questionam se o comprimento dos telômeros é mais um marcador de envelhecimento (como um "registro" celular que reflete a idade) ou um mecanismo de enfraquecimento (uma parte causal do processo de envelhecimento). A resposta é: ambos. Se você tem uma tendência genética para telômeros longos, isso antecipa diretamente taxas mais baixas de doenças crônicas do enfraquecimento, como doenças cardíacas, mostrando que os telômeros têm um papel mecanicista. O estresse crônico pode levar ao envelhecimento precoce por vários caminhos, e os telômeros são um dos mecanismos. Quando o estresse crônico leva ao desgaste dos telômeros e à inflamação, provoca o envelhecimento precoce por meio do processo de criação de células senescentes disfuncionais que descrevi.

Essa é uma enorme preocupação para mim como pesquisadora de estresse porque quando ficamos estressados por muito tempo, isso acelera o envelhecimento biológico e as doenças se desenvolvem antecipadamente. E a pesquisa revela que, em média, nossos níveis de estresse só aumentam.

Superestressado

A pandemia da COVID-19 ocasionou um crescimento dramático na depressão e na ansiedade, mas nossos graus de estresse como população já vinham aumentando há anos. Os pesquisadores de estresse têm acompanhado os dias das pessoas, questionando sobre eventos estressantes que aconteceram e como elas se sentiram depois. Eles perceberam que, nos últimos vinte anos, as pessoas vêm passando com mais frequência por situações estressantes e, além disso, vêm se sentindo mais estressadas por causa deles.[2]

A intensidade do nosso estresse está elevando.

Geralmente, pensamos que o estresse acontece apenas quando há uma situação estressante como, por exemplo, ser convocado para o exército soviético! Esse é um caso extremo, e grandes situações, como rompimentos ou perdas, definitivamente elevam os níveis de estresse com o passar dos meses. Mas os acontecimentos cotidianos, como se deparar com trânsito no trajeto para o trabalho, também aumentam sua resposta ao estresse. Os pesquisadores muitas vezes focam os eventos estressantes, mas pode ser muito mais revelador se concentrar em quão relaxada ou vigilante uma pessoa está em circunstâncias normais, na linha de base, para ver como estamos mantendo o estresse em nossa mente. Contudo, falaremos sobre o estado em que nos encontramos na maior parte do tempo: nossa linha de base padrão de estresse.

A resposta ao estresse é muito clara. Quando sentimos um indício de ameaça no ambiente, nosso corpo processa o sinal e envia sinais de alarme para o cérebro. Mas e quando não há nenhuma ameaça saliente e óbvia se aproximando, quando há incerteza no ar, o que o cérebro faz?

Somos programados para sobreviver, ficar de olho no perigo, atentos, porque o mundo, sejam selvas antigas ou cidades modernas, sempre foi cheio de incertezas e perigos. Quando estamos nesse modo padrão, nosso cérebro busca sinais de segurança e certeza, e o processo esgota a energia da glicose em nosso cérebro.[3] É como se estivéssemos constantemente com a bateria no modo alto. A dúvida tem um "efeito dominó" em nosso cérebro, promovendo primeiro o córtex anterior e depois a amígdala (o centro do medo), que então ativa nossas redes de resposta ao estresse. Nesse modo de bateria alta, o estresse se expande por todo o nosso corpo em um nível baixo, o tempo todo, apenas para o caso de algo acontecer. Mas, quando as coisas estão corretas e nos sentimos confiantes e conseguimos relaxar, podemos mudar para o "modo de bateria fraca" e armazenar energia. Infelizmente, na grande parte do tempo, nosso cérebro trabalhador e em busca de certezas está funcionando em alta velocidade.

Onde está sua linha de base?

A maioria de nós tenta lidar com o estresse descansando ou evitando pensamentos e sentimentos ruins. Essas não são soluções fortes para nossos graves estresses atuais. Simplesmente não são satisfatórias. Mesmo que possamos "relaxar" de volta à linha de base, nosso típico nível de linha de base é altíssimo. Precisamos ser capazes de redefini-la, tornando-a *mais baixa* para que, quando descermos de nossa resposta ao estresse, possamos realmente nos recuperar e restaurar.

Normalmente, não estamos "em repouso". E quando estamos descansando, o repouso não é muito profundo. Há um estado que é melhor do que nosso relaxamento comum e mais raro: o repouso profundo. Quando conseguimos chegar a esse estado, ele é biologicamente restaurador. Mas com uma linha de base de estresse muito elevada, esse estado fica quase inalcançável.

O sistema nervoso humano tem um alcance magnífico. Infelizmente, muitas vezes, ele fica "preso" em um nível muito alto. Nossa equipe de pesquisa da Universidade da Califórnia, em São Francisco (UCSF), liderada por Alexandra Crosswell, PhD, mapeou o espectro de "estados mentais" disponíveis para nós e identificou o estado de "repouso profundo", que muitos consideramos como fundamental para a resiliência ao estresse e o bem-estar.[4] Daremos uma olhada, iniciando no canto superior esquerdo do gráfico anterior:

Estresse agudo (mente vermelha): Acontece um evento estressante e somos acionados pelo "alerta vermelho". O corpo inicia a resposta ao estresse. Para alguns, os pensamentos chegam a ser trágicos. Essa resposta aguda ao estresse *pode* ser saudável — se for de curta duração. A mente vermelha significa que priorizamos a criação de energia acima de todo o resto — liberamos glicose em abundância; estamos prontos para fugir.

Carga cognitiva (mente amarela): Em um dia comum, o nosso nível de agitação está aqui. É menor do que o estresse agudo, por isso pensamos que é o nosso estado de repouso de base, mas isto não é nem de perto repouso. A nossa "carga cognitiva", a quantidade de informação que nosso cérebro está tentando prender de uma só vez em nosso banco de memória limitado, é frequentemente ainda muito alta. É o que se passa com a mente amarela: quando terminamos o trabalho, ou quando não há nada estressante diante de nós, podemos ainda estar sentindo estresse no corpo. Podemos criar fatores estressantes com pensamentos ameaçadores ou extremamente negativos. E de forma ainda mais generalizada: podemos nem sequer estar conscientes dos pensamentos estressantes. Os pesquisadores concederam este elevado estado de agitação ao fato de nos sentirmos inconscientemente inseguros. Isto é particularmente verdadeiro quando nos sentimos sozinhos, discriminados ou para baixo, ou quando tivemos traumas de infância que nos fazem esperar um ambiente inseguro.[5] Mas qualquer um de nós pode ser impulsionado para essa sobrecarga multissensorial crônica a partir de um estresse sutil e inconsciente devido à incerteza. Além do mais, lidamos constantemente com múltiplas fontes de estímulo, incluindo informações negativas e demandas vindas das telas, e não nos ajudamos nada ao realizarmos multitarefas. Para a maior parte de nós, a nossa linha de base padrão (o nível de estresse que geralmente sentimos) está neste estado mental amarelo, na zona de estimulação do estresse muito acima do relaxamento.

Repouso (mente verde): Trata-se de um estado de relaxamento desejável que pode acontecer enquanto estamos passivamente envolvidos em atividades de lazer ou quando a nossa atenção está absorvida ativamente em tarefas de que gostamos, por vezes chamado de estado de "fluxo". Também descreve quando estamos apenas *sendo*, e não quando nos pedem para fazer algo. Em vez disso, estamos num estado receptivo, como o de admirar a natureza, a beleza, a arte ou o entretenimento. O tema comum aqui é o fato de estarmos em monotarefa, não em multitarefa, e sentirmos facilidade e segurança. Esse tipo de atividades, entre outras, é conhecido por cativar o nervo vago, que viaja da base do tronco cerebral por todo o corpo. A ativação do nervo vago ajuda a desencadear um estado de relaxamento no corpo e, com o tempo, aumenta o tônus vagal, o que nos ajuda a nos recuperar do estresse mais rapidamente. Quanto mais tempo passarmos num estado de repouso ou de repouso profundo, mais estamos treinando o nosso sistema nervoso para viver num modo mais restaurador.

Repouso profundo (mente azul): Este é um profundo estado de restauração, que é cultivado por meio da mudança do nosso ambiente de estimulação para um de sossego e segurança. Geralmente, isso significa reclusão física e redução do nosso foco de atenção ou ter um foco aberto e flutuante. O estado de mente azul é quando o corpo está no seu nível mais baixo de estresse psicológico e fisiológico e se desenvolve durante atividades profundamente relaxantes, tais como práticas mente-corpo ou meditação, e geralmente não dura muito tempo. A mente azul ocorre quando a verdadeira restauração do corpo, como a regeneração celular, pode ocorrer. A fase do sono profundo, a mais reparadora para o nosso corpo, é também um momento de repouso profundo.

Resumindo, estamos vivendo grande parte da nossa vida nos estados mentais vermelho e amarelo. Dificilmente alcançamos os estados mentais verde e muito menos o azul. A nossa missão, como parte das Doses diárias contra o estresse, é empurrar o nosso nível de base padrão para mais perto do verdadeiro repouso. Para vivermos bem com o estresse, precisamos baixar a nossa linha de base padrão.

Tornando-se resiliente ao estresse

Sabemos agora que a biologia do estresse e a biologia do envelhecimento estão interligadas. O nosso corpo se desgasta mais rapidamente sob estresse crônico, e a incerteza crônica é a forma mais universal de estresse crônico. Por isso, o antídoto: precisamos "desligar" a nossa reação de ameaça à incerteza. Necessitamos mudar a nossa mentalidade para *aceitar* a dúvida como a condição definidora da nossa vida, em vez de lutar contra ela ou de nos sentirmos amedrontados.

Naquela base militar ártica na Rússia, o meu amigo Bryan teve um ponto de virada. Percebeu que a grande parte do que lhe estava causando ansiedade e estresse sobre a sua situação estava totalmente fora do seu alcance. Ele não tinha a escolha de estar lá ou não, ele tinha que ficar. Não podia controlar quando acordava, nem quando comia, nem o que fazia com o seu tempo. Em meio a essa tremenda virada em sua vida, fortalecido por forças incontroláveis, teve uma mudança de perspectiva. *Eu posso ver isto de maneira diferente.* Lutar contra a realidade na sua cabeça estava lhe tirando qualquer possibilidade de sentir felicidade. Enquanto os seus colegas sentiam uma ansiedade absurda, ele percebeu que era uma dádiva não ter escolha. O peso que o esmagava foi bruscamente retirado.

Ele começou a se concentrar nos simples confortos que existiam em seu dia. As pequenas coisas passaram a ter significado; sentiu que estava estabelecendo uma ligação mais intensa com os outros. Quando teve um dia de folga numa cidade próxima, sentiu-se completamente contente com a liberdade de escolher as suas refeições, de falar com pessoas novas, até mesmo de pagar a passagem de ônibus. No começo, ele havia deixado de escrever cartas para casa, porque tudo que escrevia era lido abertamente e, muitas vezes, censurado. Mas ele decidiu começar a escrever para casa novamente ainda assim, sobre coisas positivas que não seriam censuradas. Havia coisas mais positivas para encontrar (mesmo em sua situação extrema) do que ele se tinha percebido, quando começou a procurar por elas. Na verdade, agora ele se lembra disso como a fase em que mais vivenciou a felicidade na sua vida, a alegria de viver e de apreciar.

Felizmente, Bryan não foi enviado para o Afeganistão. Quando os seus dois anos de treino acabaram, pôde voltar para casa. Mas ele nunca se esqueceu da experiência e da maneira como essa mudança mental o ajudou a superar essa fase.

Durante o primeiro ano da pandemia de COVID-19, a mulher de Bryan, Yana, sofria de ansiedade e preocupação com tudo: o seu negócio de cuidados a idosos (será que os residentes pegariam COVID?), as pessoas que ela amava (será que o filho deles desistiria da faculdade?). A sua mente estava ocupada procurando situações trágicas. Bryan, por outro lado, sentia-se confortável com a incerteza e a falta de controle.

— Por que está comprando latas de feijão e rolos de papel higiênico? — questionou ele, com um sorriso incrédulo, mas carinhoso.

Bryan sabe, a certo nível, que a vida é definida pela incerteza. Que diversas coisas estão fora do nosso controle. Mas também sabe que consegue superar um desafio. Ele sabe como encontrar a felicidade e o descanso, mesmo num mundo estressante e incerto. Se ele conseguiu viver bem, apreciar a sua vida e encontrar momentos de repouso e tranquilidade como um jovem soldado no amargo ártico, ele poderia fazê-lo em qualquer lugar. Há acontecimentos que o estressa, claro, ele não é um robô! Mas não é a incerteza do futuro que o afeta.

Aqueles que seguem o budismo sabem que um dos princípios básicos é aceitar o incerto, que tudo muda e nada dura, incluindo nossa própria vida, o que os ajuda a aceitar esse desafio da incerteza. Quando tive a oportunidade de entrevistar Sua Santidade, o Dalai Lama, sobre como lidar com as crises, perguntei-lhe como é que podemos estar mais à vontade com a incerteza. A sua resposta foi imediata:

— No que diz respeito à incerteza, nas crenças budistas, as coisas estão constantemente mudando e não podemos prever o futuro. Alguns dos problemas que enfrentamos surgem naturalmente, mas, nos dias de hoje, muitos problemas que enfrentamos, como as alterações climáticas, são problemas da nossa própria criação.

Ele então discutiu a necessidade de esperarmos a incerteza e de treinarmos nosso coração e nossa mente para nos mantermos tranquilos, lúcidos e bondosos.[6]

É por isso que, nesta semana, o nosso objetivo principal é *esperar o inesperado*. Aprenderemos a combater o estresse sendo flexíveis, abertos e focados no agora.

Esperar o inesperado é uma mudança mental que nos faz sentir bem quando as coisas vão mal, ou simplesmente não saem como o planejado. Permite-nos suportar mais confortavelmente a ambiguidade e a incerteza da vida. Se esperarmos o inesperado, quando o inesperado acontecer, *não* teremos uma resposta exagerada e prolongada de luta ou fuga. O nosso coração não vai querer sair pela boca. O nosso corpo não ficará tenso em resposta à "ameaça". Os dados mostram que quanto mais conseguirmos aceitar e viver em paz com a dúvida, menor será a probabilidade de desenvolvermos estresse crônico, pós-traumático, ansiedade ou depressão quando os tempos se tornam complicados; mais resilientes seremos a fatores estressantes contínuos e imprevisíveis como, por exemplo, pandemias ou tragédias naturais; mais depressa nos recuperarmos de estresses traumáticos; e poderemos sair mais e viver nossa vida de forma mais tranquila.

Todos têm diferentes pontos de partida, desde a genética às nossas histórias pessoais e às circunstâncias da nossa vida atual, que estabelecem o nosso "perfil de estresse". Fomos moldados pela genética e pelo passado. Mas também temos neuroplasticidade, a notável capacidade do cérebro de formar ou reorganizar ligações neuronais se repetirmos novos pensamentos ou comportamentos continuamente. Podemos ajustar as nossas experiências e moldar as respostas do nosso cérebro no sentido de mais flexibilidade e calma. Podemos treinar a nossa mente e o nosso corpo para uma maior resiliência ao estresse, para que possamos experienciar uma vida mais longa e saudável durante o tempo que aqui estivermos.

COMO USAR ESTE LIVRO

NAS PÁGINAS SEGUINTES, VOCÊ ENCONTRARÁ UM KIT BÁSICO, LEVE E PORTÁTIL de que necessita para uma era de incerteza. Há muita coisa que não podemos controlar. Mas *podemos*, em grande medida, controlar as nossas reações às situações capciosas em que a vida nos coloca. Com alguns hábitos simples, podemos treinar a mente e o corpo para o estresse inevitável da vida de uma forma positiva, que é saudável para o corpo.

Ao longo deste livro, aprenderemos a:

- Abraçar a incerteza.
- Deixar de lado o peso do que não podemos controlar.
- Utilizar a nossa resposta ao estresse para ajudar a superar os desafios.
- Treinar as nossas células para "metabolizar melhor o estresse".
- Mergulhar na natureza para recalibrar o sistema nervoso.
- Praticar a restauração profunda.
- Preencher a nossa agenda ocupada com momentos de felicidade.

Tudo isso nos oferecerá os recursos e a resiliência de que precisamos para enfrentar a incerteza da vida — para surfar as ondas em vez de sermos puxados para baixo.

Quando os incêndios florestais arrasaram a Califórnia no outono de 2020, eles chegaram perto de onde eu moro. Lembro-me de fazer uma mochila de emergência com coisas essenciais, tinha de ser leve e portátil, tudo útil e necessário, coisas que pudesse levar de forma fácil e usar rapidamente. Essa era uma mochila literal, mas o que precisamos agora é de uma mochila de emergência metafórica com ferramentas reais para lidar com a incerteza e o estresse que encaramos na vida. É isso que este livro será.

Este livro disponibiliza um plano de sete dias para transformar a sua relação com o estresse. Cada dia foi pensado para lhe dar uma nova habilidade, uma ferramenta para colocar na sua mochila metafórica, que o acompanhará enquanto cresce. Estas práticas não necessitam de equipamento especial e demoram, no máximo, de cinco a dez minutos. Você consegue fazer a diferença nos seus níveis de estresse num único dia?

Sim.

Um único dia pode ser muito influente. É uma unidade de tempo sobre a qual temos muito controle. Moldamos a nossa vida em torno desse dia. É aí que fazemos o trabalho de nos preocuparmos e de cuidarmos de nós mesmos. É quando estabelecemos os padrões e as rotinas que definem o nosso bem-estar. Com pequenos ajustes, isso pode fazer uma enorme diferença na maneira como você vive.

Aborde este livro, e cada prática, com 100% de bondade para consigo mesmo, agilidade e perdão. Se não tiver a velocidade para ler este livro numa semana, então não o faça. O importante é *não criar mais estresse*. Pode ler um capítulo por dia ou por semana. Pode fazer pausas e repetir as práticas durante o número de dias que desejar antes de avançar. Pode percorrer este livro no ritmo que quiser. O seu trabalho é descobrir como encaixar isso na sua vida ocupada para que lhe dê alegria, e não estresse. Mesmo que acabe adotando apenas uma prática diária com regularidade, terá feito uma grande diferença no seu bem-estar. Isso é sucesso.

O que eu espero que você consiga depois do nosso tempo juntos: uma mentalidade ágil e flexível, novos conhecimentos e percepções sobre as suas respostas ao estresse e ao sistema nervoso, e sobre as ferramentas para conduzi-los bem para ter alegria e longevidade saudável.

DIA 1

AS COISAS CORRERÃO MAL... E TUDO BEM

O ESTUDO NÃO ESTAVA FUNCIONANDO.
Um ano havia se passado desde o início da pandemia da COVID-19. As condições para todos, em todo o canto, eram imprevisíveis: haveria outro confinamento? As novas variantes se espalhariam? Será que as escolas reabririam como planejado? Dentro do nosso laboratório, as coisas estavam igualmente incertas. Os participantes e a equipe do laboratório adoeceram e desapareceram na quarentena. As interrupções na cadeia de abastecimento fizeram com que, de repente, nos faltassem equipamentos cruciais que haviam enchido gavetas e armários antes da COVID.

— Estamos sem pontas de pipeta? — lembro-me de ter questionado, incrédula, a um dos nossos assistentes de laboratório.

Sem esse simples pedaço de plástico, não poderíamos efetuar alguns dos procedimentos mais básicos. Os laboratórios em todo o país estavam sem pipetas devido a problemas na cadeia de abastecimento.

Os estudos que estávamos realizando pareciam particularmente urgentes: examinávamos a depressão pandêmica e a vacinação contra a COVID-19 através de uma bolsa dos Institutos Nacionais de Saúde dos EUA (NIH). As vacinas estavam se mostrando altamente eficazes — notícias esperançosas e, certamente, razões para otimismo. Mas e em longo prazo? Quanto tempo durariam os anticorpos? Que fatores poderiam ajudar ou dificultar o processo do corpo de manter os anticorpos contra esse vírus? Com outras vacinas, sabemos que hábitos pessoais como dormir mal, fumar e experienciar estresse psicológico intenso podem reduzir a nossa resposta às vacinas. É evidente que muitos de nós se sentiram atingidos pelo estresse da pandemia, e isso pode significar menos anticorpos. Com a imunidade de um planeta inteiro em questão, desejamos saber: poderá o bem-estar psicológico, como sentir alegria e propósito diários, proteger-nos do estresse e nos conduzir a uma resposta imunitária mais forte?

Em um estudo como esse, temos que descobrir mais sobre a vida das pessoas e como pensam, quanta felicidade e angústia experimentam num dia típico. Participantes preenchem questionamentos diários destinados a nos mostrar o que consideram estressante e em que medida se sentem estressados. Qual foi a coisa mais estressante que lhe aconteceu hoje? Quanto tempo pensou sobre isso depois? Foi um pequeno incômodo, como o trânsito, ou uma coisa importante, como um conflito grave com um parceiro? Combinadas com os dados fisiológicos, as respostas a essas perguntas traçam um retrato inestimável do perfil de estresse de cada pessoa. E isso nos ajuda a entender como as expectativas formam o estresse. Uma das perguntas que fazemos é: quão previsível é o seu dia?

Todos desejam previsibilidade. Como humanos, fomos feitos para desejá-la, ansiamos antecipar o que nos acontecerá a todo momento, para nos planejarmos em torno de marcos estáveis em nosso dia e ano. O nosso corpo deseja que o almoço aconteça quando deve acontecer. Quando pegamos determinado caminho, nosso cérebro deseja que os nossos trajetos para o trabalho ou para a escola sejam os mesmos de ontem (e sem trânsito!). Quando os nossos ambientes são previsíveis, sentimo-nos mais seguros. Podemos relaxar, até certo ponto, mesmo com outros acontecimentos estressantes na cabeça.

Cada um de nós tem a sua própria linha de base inicial, o nível de estresse que normalmente se mantém durante um dia específico. O ponto inicial de cada pessoa é diferente: algumas pessoas são muito fechadas, cuidadosas e prontas para se assustarem com um ruído inesperado, enquanto outras podem ser como um lago calmo que é difícil de perturbar. Apesar do ponto de partida, quanto mais baixa for nossa estimulação do estresse de base, mais capazes de tolerar os picos de acontecimentos estressantes seremos. Mas, quando a nossa linha de base já é elevada e as coisas não correm como planejado, quando o imprevisível vem ao nosso encontro — essa linha de base já elevada cresce ainda mais, e *rápido*.

Eu havia posto muito da minha vida pessoal e profissional em suspenso para o nosso estudo sobre a COVID. Isso exigia meu tempo e minha agilidade. Havia uma mensagem de ausência no meu correio eletrônico que chocava as pessoas (*Lamento, mas estou ocupada*), e deixara de aceitar pedidos de palestras. O meu codiretor de estudos, Aric, e eu estávamos trabalhando nesse projeto coordenando os assistentes de laboratório, assegurando que todas as precauções de segurança administrativas e a papelada fossem cumpridas, realizando protocolos de estudo e respondendo a todas as crises que apareciam. Eu estava tão empenhada para que o estudo corresse bem e seguisse de acordo com o calendário dos NIH que tudo o que correu mal pareceu um ataque. E as coisas *continuavam* dando errado.

Quando agendávamos com um participante, para fazer a coleta de sangue e medir a sua resposta ao estresse, precisávamos de uma equipe completa e coordenada, incluindo uma enfermeira, um técnico de laboratório e uma equipe inteira de pesquisadores. Por isso, cada vez que um participante desmarcava, era um imenso problema. E isso acontecia quase todos os dias. Numa semana, alguns dos nossos funcionários não puderam vir porque os incêndios florestais que estavam destruindo a Costa Oeste os tinham expulsado de casa. Alguns dias mais tarde, a fumaça dos incêndios da Califórnia transformou o céu de São Francisco num apocalíptico vermelho como tijolo. Os monitores de qualidade do ar saltaram para o roxo-escuro, a pior classificação possível na escala. Para além disso, veio uma onda de calor. Mas não podíamos abrir as nossas janelas para escapar do calor, porque a fumaça era forte. Em vários dias, tivemos de fechar o laboratório e pausar todo o estudo.

Fiquei nervosa, preocupada com qual seria a próxima emergência, o próximo incêndio florestal, a próxima coisa a dar errado. Entretanto, sou uma pesquisadora de estresse. Tenho estudado o estresse e seu impacto na saúde e no envelhecimento há aproximadamente trinta anos. Sabia que o estresse da incerteza, que era certamente o que eu estava sentindo, é uma das formas mais grave de estresse crônico. Por ser sutil, silencioso e difuso, é algo a que muitas vezes não damos conta e a que nos habituamos ao longo de meses ou anos. Em tempos particularmente incertos, é fácil aumentar o nosso estado de base padrão para uma maior estímulo do estresse. Esse tipo de estresse pode permanecer conosco enquanto descansamos, se não nos preocuparmos com ele.

O preço da vigilância

O cérebro humano adora certezas. É o que permite ao nosso sistema nervoso relaxar. Quando as condições são previsíveis e seguras, temos mais agilidade intelectual para gastar em pensamento, resolução de problemas e imaginação. O nosso espaço mental não está sendo sugado por criar, pensar, preocupar-se e horrorizar-se com o que *pode* acontecer. Mas a incerteza, nos últimos anos, tornou-se uma das circunstâncias que definem a nossa vida, e isso tem um preço biológico no nosso corpo.

Quando o que acontecerá é um ponto de interrogação, nós respondemos a isso fisiologicamente da mesma maneira que os nossos antepassados responderiam a uma gigantesca planície aberta: expostos e vulneráveis, ficamos em alerta máximo. Fisicamente, o corpo passa para um estado de preparação, pronto para combater ou fugir. Ocorrem mudanças sutis, o ritmo cardíaco aumenta rapidamente e os músculos ficam tensos (mas não necessariamente de uma forma perceptível). Disfarçadamente, o nosso corpo está trabalhando mais nesse estado de pré-esforço, à espera de que *algo* grande aconteça. A mente e o corpo entraram num estado vigilante de prontidão — não somente à procura do perigo, mas também *à espera* dele. Estamos mergulhados no estresse invisível da incerteza.

É evidente que, numa situação de sobrevivência pré-histórica, esse tipo de postura seria altamente vantajoso. Essa tendência da nossa resposta ao estresse para disparar em reação a uma situação incerta ou ambígua, certamente salvou a nossa pele de *Homo sapiens* um milhão de vezes e é parte da razão pela qual ainda estamos aqui como espécie. E a nossa resposta em situações que se desenvolvem rápido pode ainda ser uma grande vantagem para nós em termos de sermos capazes de acionar todos os cilindros quando precisamos: o cortisol que o hipotálamo libera na corrente sanguínea torna a glicose mais disponível no corpo. A glicose é um tipo de açúcar, que se converte em energia. Na verdade, sabemos o que o estresse crônico por antecipação pode fazer a uma célula: em um novo estudo revolucionário, o meu colega Martin Picard, da Universidade de Columbia, testou o efeito da exposição crônica ao cortisol no tempo de vida das células. As células estavam em alerta vermelho, prevendo ameaças, a toda a hora. Seu metabolismo aumentou: em outras palavras, entraram em modo de bateria alta. Como resultado, tiveram um encurtamento drástico dos telômeros, reproduziram-se menos vezes e morreram mais cedo.[1]

Quando você está prestes a entrar numa situação de curto prazo que implica incerteza, com por exemplo fazer um discurso ou uma apresentação, pode efetivamente usar essa explosão de energia mental e física. Mas o que é muito interessante, e problemático, sobre a incerteza é o fato de ela ser abrangente, não se limitando a momentos diferentes de seu dia ou sua semana. Está em todo o lado. *Que coisa acontecerá de ruim nesse estudo que estou realizando?* Mas é maior do que isso. *O que acontecerá na minha vida? O que acontecerá ao meu filho? O que acontecerá ao país, à economia, ao planeta?*

Além disso, isso está oculto para nós. Os fatores estressantes visíveis são bastante óbvios, como sinais de alerta piscando. Podemos vê-los, prepararmo-nos para eles e nos recuperar depois (mais sobre isso adiante). A incerteza é sutil. Sem a nossa escolha consciente, nós, todos nós, estamos dedicando uma certa atenção subconsciente à procura de perigo, não só durante as nossas horas de alerta, mas também ao longo das nossas horas de sono. Estamos num estado neurobiológico de atenção vigilante e nem sequer nos lembramos disso. Esta é a mente amarela.

O ideal saudável para o nosso corpo é o ponto de equilíbrio entre a atividade do sistema nervoso simpático (luta ou fuga) e o sistema nervoso parassimpático (repouso e digestão). Mas o estresse da insegurança nos deixa com uma ativação sempre elevada do sistema nervoso simpático. Assim, nunca temos a oportunidade de nos recuperar. Com uma mentalidade que é intolerante à incerteza, estamos num estado de estresse crônico.

A tolerância à incerteza é uma habilidade que precisamos desenvolver

A incerteza afeta não só o nosso humor e estresse, mas também o nosso processo de tomada de decisões. Um estudo solicitou aos participantes que jogassem um simples jogo de computador em que certos resultados (como encontrar uma cobra debaixo de uma pedra) poderiam causar um ligeiro choque elétrico na mão. Mas os pesquisadores variaram os resultados: alguns participantes nunca receberam o choque, outros o receberam metade das vezes, e o último grupo sempre o recebia. Verificou-se que as pessoas que sentiam mais incerteza — as que receberam o choque *metade* do tempo — foram as que experimentaram o maior desgaste psicológico. O seu sistema nervoso simpático (luta ou fuga) estava em alta vigilância, o ritmo cardíaco aumentou e as pupilas dilataram. Não foi o choque em si que provocou estresse, mas sim a *incerteza*. E, curiosamente, os que estavam na condição de desconfiança tiveram o pior desempenho no jogo e demoraram mais tempo a tomar decisões.[2]

No nosso estudo sobre o estresse e as respostas à vacinação, medimos o grau de tolerância à incerteza das pessoas para ver até que ponto isso impactava as respostas ao estresse durante a pandemia. Tal como pensávamos: as pessoas com menor tolerância tendiam a ter níveis muito mais elevados pós-traumático devido à pandemia, experimentando mais pensamentos invasivos, distanciamento e ansiedade ao longo do tempo. Outro estudo sobre a pandemia mostrou que as pessoas com menor resiliência à incerteza fizeram mais compras em estado de pânico, adquirindo produtos como papel higiênico e alimentos em conserva.[3] Entretanto, sabemos que quanto mais toleramos a incerteza, menos estamos sujeitos às condições psicológicas mais graves, pois uma maior capacidade à incerteza está associada a taxas mais baixas de ansiedade e depressão. As pessoas com ansiedade são especialmente afetadas pela incerteza: tendem a ter uma tendência cognitiva para ver o perigo quando há ambiguidade e, muitas vezes, respondem a uma situação incerta com uma reação completa à ameaça.[4]

Como a maior parte das coisas, a tolerância à incerteza tem um espectro. Alguns podem lidar razoavelmente bem com o "espaço aberto" da ambiguidade, com sistemas nervosos que estão simplesmente mais bem calibrados para esse tipo de condições; outros realmente têm dificuldade e são muito mais reativos. Um turbilhão de vários fatores pode estar determinando a sua tolerância à incerteza, incluindo a genética, a educação, a personalidade e as experiências de vida. Um estudo com ratinhos revelou como um grupo específico de neurônios no sistema límpido forma o comportamento ansioso quando há um ambiente que parece incerto.[5] Os ratos gravitam instintivamente em direção a espaços pequenos e escuros para se protegerem e consideram os espaços abertos como sendo ameaçadores, o que é compreendido, porque na natureza a possibilidade de serem capturados por um predador é bastante elevada. No estudo, quando os ratos estavam ao ar livre, neurônios específicos na área da memória e da emoção do seu cérebro eram ativados — neurônios que subjugam a resolução de problemas e o pensamento de "ordem superior" — e desencadeavam um comportamento de distanciamento nos ratos, que corriam de volta para as sombras. Mas quando a equipe de pesquisa descobriu como desligar esses "neurônios da ansiedade", os ratos descansaram e começaram a andar pelo espaço aberto.

A questão não é que a precaução racional saudável nunca seja necessária — se desligássemos todos os neurônios de ansiedade de todos os ratos, eles se tornariam o jantar das corujas. A questão é que podemos traçar uma linha direta que vai da incerteza à ansiedade, a uma resposta à ameaça e, finalmente, a tudo que evita o que é incerto ou ambíguo. As pessoas que tendem a ter uma elevada intolerância à incerteza experimentam muito mais ansiedade e estresse. Em suma, o perfil clínico mostra que quando as pessoas não conseguem tolerar sequer uma pequena quantidade de risco (e muitas vezes veem a ambiguidade como arriscada), ele se torna aquilo a que chamamos "transtorno de ansiedade generalizada", que se caracteriza por ter a atenção presa no modo de "procura de perigo", preocupando-se de forma excessiva e apresentando sintomas físicos de ansiedade (preocupação excessiva, evitação de novas situações, corpo tenso, resposta de alerta). As pessoas com transtorno de ansiedade generalizada tendem a procurar a segurança o tempo todo e a evitar situações ambíguas, de "campo aberto". Mas quando evitamos situações que contenham um pouco de dúvida, excluímo-nos de muitas experiências de vida e oportunidades. Nós somos os ratos; a vida é a coruja.

A minha amiga Cheryl é uma vigilante observadora. Estou bastante confiante que ela tem um alto nível de intolerância à incerteza. Quando os nossos filhos eram pequenos e passeávamos com eles pela vizinhança, ela muitas vezes ficava ofegante e de repente gritava:

— Onde está a Debbie? — e Debbie nunca estava longe.

Eu sabia por que ela tinha uma reação de alerta tão forte e significativa vigilância: ela havia passado por experiências traumáticas no passado, e seu sistema nervoso estava fortemente ativado. Agora, mesmo vinte anos depois dos episódios difíceis pelos quais passou, ela ainda tem um poderoso "sistema de alarme" no seu interior que dispara continuamente quando sequer precisa.

Nossos filhos já são crescidos, mas continuamos a passear com nossos cães juntas. Ela tem um aplicativo no seu telefone chamado Citizen — que lhe envia uma notificação sempre que há um problema em qualquer parte da cidade, a qualquer hora. O telefone toca, ela o pega e lê: "A três quilômetros daqui, em Sherwood Court, houve um assalto." Nós rimos de seu aplicativo, mas uma vez perguntei-lhe por que o usa.

— Sei que é um hábito estúpido e que me deixa preocupada — respondeu —, mas me dá uma sensação de controle.

A sensação de controle pode nos ajudar a superar o estresse e falaremos sobre isso no próximo capítulo. Mas a vigilância constante nos manterá no estado mental amarelo, longe de ser repousante. A melhor estratégia é trabalhar para se sentir confortável com a incerteza, habituar o seu sistema nervoso à realidade de não saber tudo e ficar bem com isso. Quando toleramos bem a incerteza, é mais provável que confiemos nos outros, cooperemos e colaboremos.[6] E, independentemente de sermos conservadores ou liberais, é menos provável que tenhamos opiniões políticas rígidas e muito polarizadas (uma grande fonte de estresse!).[7]

Por fim, Cheryl desinstalou o aplicativo de alerta de crimes e sente que foi bom, pois a ajudou a fazer uma vigilância um pouco menos constante. Alguns de nós podem ter sempre uma resposta automática ao estresse intenso e talvez não consigam mudar isso de forma tão radical. O que podemos fazer é mudar o que faremos depois. Portanto, onde quer que você se enquadre no espectro de tolerância à incerteza, saiba disto: *você pode fazer a diferença*. Pode se tornar mais resiliente à insegurança no seu dia, na sua vida e no seu futuro.

O Efeito "Quebra de Expectativa" e como superá-lo

Vivian e a sua filha adulta, Alicia, falam ao telefone todos os dias. Embora morem a grande distância uma da outra — Vivian em São Francisco e Alicia em Nova Iorque —, são muito próximas. Vivian ama o fato de ela e a filha conseguirem manter contato com tanta regularidade, apesar de estarem tão distantes geograficamente, e poder acompanhar de perto os dias de Alicia. Mas algo lhe chama a atenção. As conversas parecem acabar sempre com a filha dizendo sobre quão chateada está por algo que não ocorreu como esperado naquele dia. Vivian fica impressionada porque a filha também parece ficar estressada ao descrever todos os acontecimentos, como por exemplo, dificuldade para encontrar um lugar para estacionar, o que lhe parece ser tão inquietante quanto um professor expressando a preocupação de que sua filha possa ter TDAH. Alicia pensa muitas vezes em como as coisas estavam indo bem naquele dia antes do incidente. Ela tem uma frase favorita que sempre usa no fim dessas histórias sobre os planos que desandaram: "Sempre tem alguma coisa dando errado!"

Vivian fica confusa com isso.

— Bem, claro que tem — sempre diz. — Por que esperaria algo diferente?

Vivian se questiona: "Como elas acabaram tendo mentalidades tão diferentes?" Na sua cabeça, a vida é assim mesmo; não há razão para acreditar que tudo correrá bem. Quando estava crescendo, a sua família se mudava muito e ela aprendeu a se ajustar depressa e a tirar o melhor de cada nova situação. Quando a filha nasceu, quis tornar as coisas mais estáveis para ela. Chegou a deixar passar uma ou duas oportunidades porque isso significaria desenraizar a sua família, e queria que Alicia tivesse mais consistência do que ela havia tido. Mas agora ela se perguntava se teria dado a Alicia a impressão de que o mundo poderia ser controlado, previsto, feito para se ajustar aos seus planos e suas expectativas. Ao ocultar algumas das dificuldades que enfrentava, será que falhara em preparar a filha para a forma como a vida *de fato* se desenrolava? Vivian esperava desvios e obras; Alicia esperava caminhos diretos, sinais verdes e uma rota tranquila.

Vivian é uma amiga, não uma participante no estudo. Nunca a chamei para o laboratório para coletar seu sangue, rever seus relatórios de estresse ou analisar suas células. Mas se o fizesse e se as comparasse com as da sua filha, pergunto-me o que veria. É possível que, à medida que Vivian e Alicia envelhecem, suas idades civis permaneçam estáveis em trinta e dois anos de diferença, enquanto suas idades biológicas estejam de fato diminuindo. Vivian, que se adapta de forma flexível aos murros que os seus dias lhe dão, não parece ter uma resposta ao estresse quando confrontada com um desvio inesperado. Alicia tem uma reação diferente àquele sinal de estrada fechada. O seu sistema nervoso simpático entra em ação, pronto para combater essa ameaça. E se isso acontece diversas vezes, todos os dias, não é nada bom.

Quando as coisas dão errado, temos a tendência de agir com uma resposta ao estresse. No budismo, isso é visto como o problema da segunda flecha: sempre que algo de mau acontece, é como se estivéssemos sendo acertados por duas flechas. A primeira flecha é a coisa dolorosa que aconteceu; a segunda é a nossa reação a essa coisa má. Em outras palavras, os problemas (a primeira flecha) são inevitáveis, mas o sofrimento (a segunda flecha) é opcional. Os fatos acontecerão. As primeiras flechas caem sobre todos. Mas se *sofrermos com o sofrimento*, atiramos uma segunda flecha em nós mesmos, e é sempre um golpe duplo. Para Alicia, isso se deveu em parte a uma "quebra de expectativas". Ela pensou: *"Por que eu?"* Vivian teve uma resposta diferente: *"Por que não eu?"*

Nós estamos sempre vendo e inventando como o resto do dia, da semana, ou mesmo da vida, acontece ou deve acontecer. O cérebro humano tem uma capacidade incrível de visualizar possíveis resultados. Fazemos isso sem esforço, muitas vezes sem mesmo nos dar conta de que estamos fazendo. Visualizamos o almoço: ao ar livre, em um banco de parque sob o sol. Visualizamos a reunião da tarde, e o que diremos se formos colocados numa posição difícil. Prevemos até o futuro: conseguir o emprego a que nos candidatamos. E então, quando essas expectativas são frustradas, é fácil sentir como se houvesse ocorrido uma tragédia. Como se tivéssemos sido enganados. Como se fôssemos uma vítima. Mas há uma maneira de continuar a sonhar com o futuro sem viver em estados mentais vermelhos crônicos.

Reduzir as expectativas

Quando iniciamos nosso estudo sobre a COVID, eu tinha algumas expectativas muito firmes sobre como tudo se desenrolaria com base em nossos estudos anteriores: os armários estariam cheios com os materiais de que necessitávamos; teríamos pessoas o suficiente na equipe; os participantes apareceriam como previsto. Eu não pensava no fato de ter essas expectativas — mas elas estavam lá, e quando eram destruídas, *sentia-me* ameaçada. A cada imprevisto, sentia aquela onda de adrenalina, o coração acelerado, a mente lutando para perceber. *E agora?*

Foi o meu colega Aric, que orientou o estudo comigo, que me fez pensar no assunto. Depois de uma semana cansativa, repleta de problemas e crises, a gota d'água para mim foi o fato de uma pessoa ter perdido o anel do biossensor porque a sua casa havia incendiado. De imediato, comecei a duvidar de todos os nossos esforços na pesquisa. Pensei: "*Essa participante acabou de passar por um dos eventos mais traumáticos possíveis, e outros também passarão. Nunca devíamos ter lançado este estudo! Todos nós devíamos estar nos abrigos de evacuação de incêndios florestais para ajudar.* Pensei em desistir e devolver o dinheiro da bolsa. Mas Aric me fez perceber, calmamente, que a tendência do estudo era de que as coisas dessem errado, e não certo. Por que esperaríamos que de repente fosse diferente?"

Era verdade! Com a interrupção do abastecimento devido à pandemia, os funcionários e os voluntários cancelando devido à exposição à COVID ou às creches fechadas, os incêndios florestais que continuam cortando estradas e as evacuações forçadas, só poderíamos esperar mais do mesmo. Durante o resto do estudo, acordei todas as manhãs com uma atitude de abertura ao que quer que fosse acontecer naquele dia — até mesmo outra crise. Quando algo corria mal, apenas encolhíamos os ombros.

— Na marca — dizíamos.

Chegamos a um novo momento em que *esperávamos* que algo corresse mal, para que, quando isso acontecesse, pudéssemos enfrentar os golpes. E quando as coisas nos surpreendiam e corriam bem, sentíamo-nos gratos. Resumindo: eu tinha aceitado a incerteza total de cada dia, então já não era uma ameaça para mim.

Por isso, hoje, ao começar a mudar a sua resposta ao estresse, a primeira coisa que quero que faça é perceber que as coisas vão dar errado esta semana, e tudo bem. Por "errado", não quero dizer necessariamente "ruim". Quero dizer, não de acordo com as suas expectativas. As fortes expectativas podem nos prejudicar, quer sejam positivas (algo que esperamos) ou negativas (algo que tememos). É melhor afrouxar as nossas expectativas tanto quanto possível.

Uma mentalidade centrada no presente é uma mentalidade ágil e flexível

O meu professor de ioga diz: "As expectativas excluem a possibilidade de estar presente." Ao ficar pensando no futuro, você não está aqui, neste momento. E *aqui* é o único lugar onde pode realmente experimentar a certeza.

Não direi para nunca ter expectativas sobre o que pode acontecer no seu dia ou na sua vida. Nosso cérebro é uma máquina de previsão — fazemos isso automaticamente, a toda hora. Não é realista tentar renunciar totalmente às expectativas; precisamos imaginar e sonhar. Mas as nossas expectativas se tornam um problema quando nos apegamos demais a elas. A solução não é deixar de ter expectativas, mas *notar* quando temos fortes expectativas, sorrir para elas e nos lembrarmos de não nos apegarmos — estarmos prontos para deixá-las desaparecer.

Como pesquisadores do estresse, quando avaliamos aulas que podem ajudar as pessoas a lidarem melhor com o estresse, testamos o quanto o bem-estar das pessoas melhora e quanto tempo duram essas melhorias.

E uma coisa que sabemos agora é que algumas técnicas (certos tipos de exercícios de respiração intercalados com muita intensidade) são eficazes, mas os benefícios desaparecem se não continuar com a prática específica. Por outro lado, as técnicas de meditação ou de atenção plena apoiadas no cultivo de uma mentalidade centrada no presente têm efeitos mais duradouros... mesmo quando *não* praticados todos os dias.

Os meus colegas e eu conduzimos um estudo no qual selecionamos mulheres que nunca haviam meditado antes, e as dividimos em dois grupos. O grupo de controle foi enviado a um resort luxuoso para passar uma semana, onde podiam nadar, caminhar e relaxar. O outro grupo ficou no mesmo lugar, mas durante oito horas por dia fizeram meditação com mantras, ioga e exercícios de autorreflexão. Queríamos saber: será que uma pausa longa e relaxante reduz o estresse tanto quanto as práticas contemplativas? Ou será que a meditação faz, de fato, algo mais?

Ao término daquela semana, todos haviam se beneficiado — todas as mulheres se sentiam fabulosas. Relataram melhorias drástica em termos de vitalidade, bem como uma diminuição do estresse e da depressão. (Não é de se admirar, de fato, que o sistema nervoso humano se dê bem em um belo resort, quer esteja meditando ou não!) Mas quando fizemos o acompanhamento quase um ano depois, os grupos haviam divergido no seu bem-estar. A equipe de controle havia recuperado os níveis de estresse e depressão anteriores àquela semana — era como se a pausa nunca tivesse acontecido. Entretanto, o grupo de meditação realmente manteve seus níveis mais baixos de estresse e depressão um ano depois. Algumas das mulheres mantiveram a prática, mas isso não explica totalmente os resultados positivos em todo o grupo. Pensamos que mesmo um curto treino de meditação pode nos deixar com um filtro mental diferente, uma nova consciência de como a nossa mente funciona e a capacidade de reconhecer os nossos pensamentos como apenas pensamentos — observações passageiras em vez de acontecimentos reais ou afirmações verdadeiras — privando-os do seu poder de desencadear uma resposta desnecessária ao estresse. Essa capacidade de observar a nossa mente se chama *metacognição*.

A meditação faz parte do meu plano pessoal de controle do estresse há muito tempo. Nem sempre encontro tempo para uma prática de meditação diária, mas pelo menos uma vez por ano, tento ir a um retiro onde posso praticar estar presente e corporificada, e sinto os efeitos residuais desses retiros por um bom tempo. No entanto, acho que a transição entre o estado de repouso profundo que consigo alcançar no retiro e minha vida cotidiana, acelerada e estressante, pode ser brusca e perturbadora. Ao sair de um retiro em que participei, sentei-me no banco do motorista do meu carro, pus o cinto de segurança, rodei a chave, e rapidamente senti a minha mente entrar em ação junto com o motor do carro. Eu estava tranquila e centrada momentos antes. Depois, estava totalmente imersa no modo de planejamento antecipado em altíssima velocidade: projetando o resto do dia, pensando na próxima tarefa e na seguinte. Já havia cinco coisas na minha lista de afazeres, e a familiar corrida contra o tempo estava prestes a começar. O meu corpo ficou tenso: *O que vem a seguir?*

Desliguei o carro e liguei para o professor de meditação com quem tinha acabado de passar o fim de semana.

— Acabei de perder tudo o que praticamos a semana toda! — disse. — Parece que um interruptor se ligou no meu cérebro assim que fui embora. Voltei a ter aquelas atitudes.

— Está bem — respondeu ela. — Pause por um momento. Observe o seu corpo. Esta se inclinado para a frente?

Estava.

— É isso que estamos fazendo com a mente — continuou ela quando somos apanhados no turbilhão do planejamento. Por isso, agora, quero que se incline física e *mentalmente* para trás. Deixe que a experiência venha até você. Permita que o tempo se desenvolva momento a momento, deixe-o ir ao seu encontro onde quer que seu corpo esteja. O nosso corpo não pode viajar no tempo. Use-o para se ancorar no aqui e agora.

Inclinei-me para trás e respirei pausadamente. Fiquei feliz por descobrir que isso ajudava.

Passamos muito tempo nos projetando para a frente, tentando planejar e eliminar as inseguranças. Óbvio, precisamos planejar a logística dos nossos dias. Mas é muito fácil passar da linha do planejamento produtivo para a correria que nos desgasta, abafa o nosso humor e cria vigilância em nosso corpo. O que eu aprendi naquele dia é que a postura corporal é um ótimo remédio para isso. Se nos inclinarmos para a frente, estamos dizendo à nossa mente para escolher o futuro em vez do presente. Podemos ficar radicalmente ausentes e deixar de sentir onde estamos. Inclinando-nos para trás, trazemos a nossa mente de volta para o nosso corpo; agora, ancorados no presente, podemos experimentar a certeza *deste* momento.

"Mas e quanto a estarmos preparados para potenciais conflitos?" você poderá questionar. "Não é melhor ter um plano de resposta?" Bem, mesmo que algo negativo aconteça como prevê, você pode simplesmente piorar a sua resposta ao antecipá-la o dia inteiro. Um estudo descobriu que, quando as pessoas antecipavam os fatores estressantes futuros, isso provocava emoções negativas; nenhuma novidade nisso. Mas depois, se o evento de fato ocorresse, não eram mais resilientes a ele do que teriam sido sem toda aquela atividade mental — tinham uma reação tão grande ao estresse como a que tiveram diante de acontecimentos que não previram.[8] Em outras palavras, a preocupação não os ajudou nem um pouquinho. Um dos nossos estudos revelou que as pessoas sob tensão crônica previam uma tarefa futura e reagiam a ela antes mesmo de a iniciarem, e, quanto mais cedo o cortisol disparava, maiores eram os níveis de estresse oxidativo durante a hora seguinte.[9]

Antecipar problemas não é útil. Aumenta a nossa resposta ao estresse e a probabilidade de termos uma experiência negativa durante o evento desafiante para o qual estávamos nos preparando. Por isso, em vez de se apegar às expectativas sobre como as coisas se desenrolarão, tente praticar mentalmente o "não sei", um estado aberto de curiosidade, humildade e neutralidade. Quando abraçamos o "não sei", deixamos de nos apegar a um resultado, abandonamos a narrativa de resultados trágicos e abrimo-nos à variedade de resultados possíveis. Quando respondemos a alguém com "não sei" (genuíno, não sarcástico!), é provável que receba um sorriso de surpresa. Para mim, durante esse estudo de 2020, a mente do "não saber" funcionou como uma espécie de proteção. Agora sinto que tenho uma mentalidade mais preparada para a próxima pandemia ou o que quer que seja.

Hoje você deve se perguntar: "*Sinto-me inseguro em relação a coisas neste momento? Tenho expectativas rígidas em relação ao futuro?*" E, depois, reduzirá essas expectativas. Você lembrará: hoje é um campo aberto de possibilidades.

Hoje e antes de cada prática, verá a imagem da onda abaixo. Este é o seu lembrete visual para se inclinar para trás, respirar profunda e lentamente e dar as boas-vindas a uma nova experiência.

A PRÁTICA DE HOJE

CAPTURAR E LIBERAR

Item para sua mochila de emergência: Abraçar a incerteza e a abertura

Hoje praticaremos o relaxamento em momentos de incerteza, em vez de ficarmos tensos com eles. A incerteza aparece muitas vezes como estresse incorporado, que é quando transformamos estresse e emoções negativas em sentimentos, sensações e tensão no corpo. Felizmente, as nossas sensações físicas também podem moldar as nossas emoções; ao liberar as tensões no nosso corpo, podemos mudar nosso estado emocional.

Para começar, encontre um lugar para se sentar, se ainda não estiver sentado. O ideal é que seja um lugar tranquilo e confortável, mas pode fazê-lo em qualquer lugar, mesmo no metrô, no ônibus ou na sua mesa do trabalho. (Se puder, ponha fones de ouvido para bloquear as distrações ou ouça uma música relaxante). Em seguida, siga os passos abaixo:

- **Sintonize-se com o seu corpo:** Feche os olhos. Ancore-se. Respire lentamente três vezes. Em seguida, repare nas sensações físicas que está sentindo neste momento: a sensação da cadeira onde está sentado, a temperatura da sala.
- **Busque o estresse incorporado:** Durante cerca de sessenta segundos, escaneie calmamente o seu corpo com muita atenção, começando no topo da cabeça e movendo-se gradualmente até os dedos dos pés. O estresse vive no corpo, mas nós o carregamos em locais diferentes. Repare onde está retendo tensão — pescoço, ombros, parte inferior das costas. Liberte-a. Se

as suas mãos estão fechadas, abra-as. Se os seus ombros estão tensos, incline-os para trás. Leve a respiração a qualquer ponto apertado ou pesado — é aí que está mantendo a insegurança.

- **Agora, pergunte-se:**
  - O que vem à mente quando pensa no dia seguinte, na semana seguinte ou no futuro em geral?
  - O que lhe causa mais insegurança?
  - Que expectativas tem em relação à forma como as coisas acontecerão?
- **Liberte-se das expectativas:** Repare nos fortes apegos a como acha que as coisas devem acontecer, e veja-as como são: um resultado possível, não uma coisa certa. Limpe mentalmente o quadro branco do dia ou da semana. Lembre-se de que tudo pode acontecer, incluindo coisas positivas inesperadas. A incerteza é bem-vinda. Agora que já lhe deu um nome, sorria para ela; respire profundamente. Esse é o desconhecido, o imprevisível, o mistério que se revelará com o tempo.
- **E, por fim, incline-se para trás:** Incline-se fisicamente para trás na sua cadeira. Quando está mais reclinado no seu lugar, ficará mais receptivo, relaxado e aberto ao que está por vir. Recline-se confortavelmente e combine a sua postura mental com a facilidade da postura do seu corpo. Deixe que a experiência se desenrole e venha até você, momento a momento, saboreando a certeza *deste* momento. Você está seguro. Pode relaxar.

Prática extra

O estresse da incerteza tende a aparecer em nós. Para um crédito extra, capture-o à medida que ele se instala em seu corpo durante o seu dia.

- **Escolha três momentos do dia para captar o estresse da incerteza incorporada:** Programe um alarme no seu telefone para tocar nesses momentos. Coloque um toque ou uma campainha bonitos.

- **No momento em que o alarme toca:** Pause o que estiver fazendo e sorria: está na hora de falar com o seu corpo! Encontre um lugar e repita o exercício anterior — o que lhe causa mais insegurança neste momento? Analise o corpo para encontrar qualquer estresse e tensão, e liberte-os.
- **Hoje, em qualquer momento, você ficará nervoso:** Talvez seja um estresse inconsciente que pode se tornar consciente, ao você nomeá-lo, e depois poderá libertá-lo. Feche os olhos, incline-se para trás e concentre-se em sua respiração. Dê as boas-vindas a um sentimento caloroso de receptividade aberta a este momento. Lembre-se que a incerteza sobre o futuro (mesmo daqui a cinco minutos!) é um fato. Sempre que quiser, pode aproveitar o momento presente e sentir a certeza e a tranquilidade deste momento, *agora*.

Solução de problemas:

Por fim, às vezes estamos pensando em algo e não conseguimos parar. É difícil desistir da sensação de controlar, por isso, em primeiro lugar, não seja duro consigo. Alguns de nós, especialmente aqueles que sofreram traumas na infância, desenvolveram hábitos mentais muito fortes que não nos permitem sentir segurança com facilidade, para experimentar o significado de "deixar ir". Se acha que não consegue parar de se preocupar com algo, aqui estão algumas opções para tentar.

1. Faça uma avaliação realista da probabilidade de risco.

Se está preocupado com algo que pode acontecer, visualize os possíveis cenários. Qual é a pior coisa que pode acontecer? E qual é a probabilidade de que isso realmente aconteça? Em tudo na vida, há algum risco, mas, muitas vezes, é extremamente baixo. Concentre-se no que é *provável*, não no que é *possível*.

Para pessoas com ansiedade severa, normalmente chamada de transtorno de ansiedade generalizada, a preocupação crônica pode ser incapacitante. Mas as estratégias da terapia cognitivo-comportamental podem ajudar a minimizar as preocupações e a deixar as pessoas mais livres para se envolverem mais na vida. Tente fazer pequenas experimentos de incerteza: pegue um problema (por exemplo, querer ser sociável, mas se sentir ansioso por ir a uma festa), e faça uma previsão (*Quando for à festa, não terei ninguém com quem conversar; vou me sentar sozinho*). Conseguiria viver essa experiência? Muito possivelmente, sim. Faça a experiência e escreva o que acontece. Você acabou de exercitar o músculo da incerteza. Repita e desenvolva esse músculo. Desta forma, você obterá dados mais precisos sobre a frequência com que o resultado mais temido acontece. (Muito menos do que pensa!).

2. Trace um plano... e depois deixe-o de lado.

A vontade de planejar é, por vezes, um sinal de que precisa fazer uma pequena preparação mental para se sentir preparado e relaxado mais tarde. Por isso, vá em frente e faça-o. Mas depois *pare*, não continue planejando na sua cabeça! Quando estiver numa situação de estresse, você precisa conseguir *estar* naquele momento, ver a situação como ela realmente é (e não como imaginou que fosse), para ser eficaz. Uma mentalidade centrada no presente é uma mentalidade ágil e resiliente: planeje-se concretamente para uma situação, mas esqueça o plano. Assim, poderá estar no aqui agora.

Para mim, que estou me recuperando de uma forte necessidade de controlar, desenvolvi o hábito de fazer uma lista de tarefas e de a pôr de lado, como parte do meu ritual de relaxamento noturno. Dessa forma, não perco tempo de sono repetindo a minha lista ou acrescentando algo nela, tentando controlar o futuro.

3. Se são as notícias do mundo que o estão incomodando...

Não somos uma ilha nem estamos numa bolha. O mundo se transformou em um lugar muito incerto onde vivermos, e os acontecimentos nos afetam. Hoje em dia, todos consumimos muitas notícias. Durante as últimas eleições, eu queria saber o que estava acontecendo a cada minuto. Estava constantemente verificando os sites de notícias. Sentia-me exausta e ainda dormia muito mal! Às vezes eu checava as notícias no meio da noite.

O excesso de notícias — especialmente durante os desastres — é, na verdade, uma das principais causas dos sintomas de estresse pós-traumático.[10]

Esse é um fenômeno bem estudado: quando vemos notícias durante as crises, sentimo-nos ainda pior, e não melhor. O estudo realizado após o 11 de Setembro revelou que as pessoas que viam mais mídia, principalmente imagens, apresentaram mais sintomas de ansiedade e problemas de saúde até três anos depois.[11] Hoje em dia, num mundo cada vez mais interconectado, a maioria de nós pode acessar as notícias a qualquer momento. Mas a realidade científica é que não devemos fazer isso! A consulta constante não é uma boa maneira de enfrentar a incerteza sobre o mundo.

Pergunte-se: *será que é importante ver as notícias agora ou posso esperar?* As notícias nunca acabam. Sempre haverá algo novo que você pode acompanhar. Na realidade, raramente precisamos de notícias em tempo real. Quando sentir vontade de verificar algo, diga a si: *Mais tarde. As notícias ainda estarão lá mais tarde.*

DIA 2

CONTROLE O QUE PODE... E ABRA MÃO DO RESTO

JANE HAVIA ACABADO DE COMPLETAR 45 ANOS. ERA UMA PLANEJADORA DE EVENTOS. Havia sido atingida por um surto de depressão, algo com que lutava desde a juventude. Em geral, ela sabia como controlar o problema: terapia e medicação. Dessa vez, ela não controlou rápido o suficiente. Já estava no meio do turbilhão antes de tomar ciência de que precisava de ajuda. E, além disso, ela havia perdido o emprego em um restaurante de luxo e junto a isso, sua renda fixa. A cidade onde vivia era cara, ela vivia mês a mês e não possuía poupanças.

Foi morar com a mãe, que residia a uma hora da cidade e possuía um quarto de hóspedes. Seria apenas provisório até que ela voltasse aos trilhos. Ela encontrou um novo emprego de organizadora de eventos, mas era apenas um trabalho de meio período e parecia que estava dando um passo para trás. Ao mesmo tempo, as contas se multiplicavam e ela se sentia constantemente estressada por não conseguir economizar. Como se mudaria?

E então, o inimaginável aconteceu: a sua mãe teve um derrame.

No hospital, os exames de ressonância magnética não foram animadores. Com fisioterapia, os médicos afirmaram que a mãe de Jane poderia recuperar algumas das suas funcionalidades, mas muitas das suas limitações seriam permanentes. A competente e relativamente jovem mãe de Jane ficou, em um piscar de olhos, incapacitada.

Passados alguns meses, a mãe de Jane se recuperou bastante, de fato, mais do que os médicos achavam que ela conseguiria. Com a ajuda de um andador, consegue se locomover. A sua fala é muito boa. O seu senso de humor está de volta, e está fazendo a maior parte das coisas que apreciava antes do derrame. Mas ela tem uma fraqueza do lado direito da perna e da mão. Não consegue cozinhar sozinha e Jane se preocupa com a possibilidade da mãe cair enquanto ela estiver no trabalho. Mas a mãe não quer receber apoio externo e Jane já não sente que pode se mudar, a menos que a mãe se recupere, mas os médicos não deram qualquer certeza quanto a essa possibilidade. Enquanto isso, no trabalho, Jane estava em pânico com coisas que nunca a perturbaram antes: falta de talheres antes de um evento; um erro de cobrança. Por vezes, sente que passa o dia todo com o coração na garganta. Tudo parece estar completamente fora de controle.

A sensação de controle é um dos principais fatores que fazem com que nossos níveis de estresse oscilem, subindo e descendo. Nós *amamos* o controle. Como já aprendemos no capítulo anterior, o cérebro humano deseja previsibilidade. Desejamos conhecer o nosso futuro. E não só para o *conhecer*, mas para ter o poder de determinar, ao máximo, como ele se desenvolve. Sentir-se "no controle" pode reduzir o estresse, principalmente o estresse tóxico crônico: você ainda se depara com eventos estressantes, é claro, mas quando tem uma sensação de poder sobre o seu dia, fica mais preparado para experimentar uma resposta saudável ao estresse de pico e de recuperação, com um rápido retorno à linha de base, que *beneficia* a mente e o corpo. Enquanto isso, uma pessoa que considera não ter voz ativa no ritmo do seu dia, no seu trabalho ou em condições importantes da sua vida, pode sentir o contrário em resposta ao mesmo tipo de fatores estressantes: uma resposta de perigo que atinge o pico, mas nunca se recupera; um estado de estresse constante e crônico nascido da incerteza e da impotência.

Um elevado senso de controle na vida está relacionado com a felicidade, o bem-estar e a riqueza.[1] Sentirmo-nos em controle da nossa vida nos ajuda a controlar as emoções e a ser mais resilientes. Por exemplo, quando sentimos mais controle, temos menos reatividade emocional a coisas estressantes que podem acontecer no trabalho, em casa ou nas redes sociais.[2] Após um episódio estressante, as pessoas com um sentimento elevado de controle perceptível não só se sentem menos ansiosas, mas também sentem menos sintomas físicos, como dores de cabeça, de estômago ou apenas dores no geral. E quanto mais percepção de controle as pessoas sentem sobre sua vida, mais frequente e intensamente sentem emoções positivas, e menos negativas. A sensação de controle aumenta a nossa estabilidade emocional. E, uma boa notícia para os aposentados: as pessoas mais velhas, em especial, estão protegidas dos efeitos negativos de estresse elevado pelo sentimento de controle — o que foi verdade mesmo durante a COVID.[3]

Mas o conceito de controle é uma mistura. Sim, um senso de controle pode nos dar uma sensação de força em vez de impotência, reduzindo o medo, a ansiedade e o estresse, mas quando tentamos controlar o incontrolável, acontece o contrário.

Controle: Uma espada de dois gumes

Quando se trata de gerenciar o estresse, temos de ser capazes de sentir uma sensação real de controle quando pudermos, mas também *saber* o que está além da nossa influência para mudar. Uma reação natural à incerteza da vida é tentar exercer mais controle para tornar o seu mundo mais previsível e, portanto, mais "seguro". Quando as coisas parecem como se estivessem escorregando dos nossos dedos, o instinto é agarrar com mais força. Mas tentar exercer a nossa vontade sobre situações que estão além da nossa influência só torna o estresse constante e, portanto, tóxico.

Um estudo interessante sobre macacos ilustra este fato com perfeição, e traz lições para os humanos também — somos praticamente macacos de roupas. Somos ambos criaturas extremamente sociais e as camadas sociais influenciam a nossa saúde. Os macacos são primatas hierárquicos, onde os machos dominantes controlam tudo, desde as interações entre subordinados até os recursos gerais. Devido ao seu status e à capacidade de controlar o seu ambiente, os macacos machos e fêmeas que são dominantes se beneficiam: a sua saúde é melhor em geral e tendem a ter menos doenças cardiovasculares.[4]

No entanto, quando a hierarquia se torna instável para os homens, as coisas mudam. As hierarquias sociais dos macacos podem ser perturbadas por morte, condições meteorológicas extremas ou outras alterações ambientais, conflitos com outros grupos e dentro do grupo. Quando os antigos machos alfa já não vivem no mesmo ambiente estável e previsível de antes — por exemplo, quando são transferidos para um novo recinto e se encontram em novos grupos sociais, precisando se afirmar —, a sua vantagem fisiológica se evapora junto com a sua posição de poder. Eles desenvolvem mais doenças cardiovasculares do que os subordinados. Mas o problema não é apenas o fato de já não terem o controle que tinham antes. É o fato de continuarem a tentar controlar as coisas. Eles estão programados para fazer isso, mas é como se estivessem dando murro em ponta de faca. E pagam o preço: hormônios de estresse mais elevados e mais doenças.[5]

O controle é ótimo quando o temos, mas se nos esforçarmos por ele e não conseguirmos alcançá-lo, sofremos. É uma faca de dois gumes: pode funcionar como uma tática quando temos um ambiente estável e previsível, mas não quando não o temos. E como discutimos no capítulo anterior, o "previsível" pode ser destruído a qualquer momento. Temos um ambiente previsível, até que, de repente, por uma série de razões, não o temos mais.

Uma das maiores perturbações imprevisíveis que podemos experimentar na nossa vida é a doença. Se alguma vez você teve de cuidar de um familiar com uma doença grave, provavelmente já se sentiu impotente em relação ao seu estado. Ao longo da minha carreira, estudei extensivamente os cuidadores. Estou particularmente interessada em entender a experiência de cuidadores nos meus estudos sobre o estresse, porque há muitos aspectos da sua vida que não podem controlar.

Para os nossos estudos, inscrevemos os cuidadores familiares (em vez de cuidadores remunerados), porque esse tipo de estresse incontrolável e persistente se acumula ao longo dos anos e pode afetar a saúde. A minha colega Janice Kiecolt-Glaser e o seu falecido marido, Ron Glaser, conduziram estudos clássicos nessa área, mostrando, por exemplo, que os cuidadores têm feridas que se reparam e cicatrizam mais lentamente, levando nove dias a mais para a cicatrização completa.[6]

Depois de estudar esses cuidados durante muitos anos e de ser uma cuidadora, sei que a questão do controle é muito importante. Os cuidadores de familiares com doença mental têm um caminho particularmente difícil: eles experimentam condições que afetam a amígdala, a parte do cérebro relacionada com as emoções, como sentir-se sobrecarregado e preso. As suas finanças são afetadas pelos custos dos cuidados e pela perda de produtividade e de rendimentos. Têm taxas mais elevadas de depressão, ansiedade e utilização de assistência médica.[7] Por isso, para sobreviverem, precisam se concentrar no pouco que podem controlar, para maximizar a sua resiliência ao estresse.

A pergunta "O que posso controlar?" é uma questão urgente para os cuidadores. Você quer defender o seu ente querido. Você deseja obter o suporte e as intervenções necessárias para prosperar. Ao mesmo tempo, não é possível mudar as condições médicas ou as doenças genéticas. E não podemos prever a sua evolução. Com qualquer diagnóstico, muito do futuro (tanto o deles como o seu) se torna incerto. O desafio para os cuidadores nesta situação é aprender a apoiar sem tentar controlar, descobrindo onde colocar o amor e a energia na investigação ou na ação que ajudará, sem perder tempo ou tentar mover uma montanha que nunca será movida.

É um processo de adaptação mental constante, e não é exclusivo dos cuidadores ou da parentalidade. O mesmo se aplica a cuidar de alguém com uma dependência, que também não é algo que se possa controlar, ou quando nós investimos profundamente no serviço e na mudança, como acontece com as carreiras de ativismo, medicina e serviços sociais. Em qualquer situação em que nos preocupemos profundamente com o resultado, é fácil nos deixar envolver numa longa batalha contra o incontrolável. Mas, diversas vezes, é uma luta que você não pode vencer: você não conseguirá obter o controle que procura, e, no processo, sua própria saúde sofrerá.

Neste tipo de situação, precisamos aprender a separar as circunstâncias da nossa vida em dois grupos: o que podemos controlar e o que não podemos. Durante muito tempo, mantive uma citação do Dalai Lama pendurada na porta da minha geladeira:

> Se um problema pode ser resolvido, se uma situação é tal que você pode fazer algo a respeito, então não há necessidade de se preocupar.
>
> Se não é solucionável, então não há razão para se preocupar.

Hoje, trabalharemos nisto: controlar o que você pode e deixar o resto de lado.

Algo que pode ajudar de imediato é se tornar mais consciente de para onde a sua energia mental está indo. Você possui limitações; a atenção é um precioso recurso limitado. Observe quando você estiver gastando muito tempo antecipando algo que não aconteceu, ou remoendo algo que já aconteceu. Quando algo estiver sugando a sua frequência mental, pergunte-se: *É algo que posso controlar?*

Lembra-se do meu amigo Bryan, que conhecemos no início deste livro? O seu momento de epifania — quando se deu conta de que estava lutando contra o incontrolável — foi crucial para ele. Ele aceitou o que não podia controlar, concentrou-se no pouco que podia e, consequentemente, experimentou uma grande sensação de liberdade. É uma forma de resiliência, melhorando o seu bem-estar e a sua capacidade de se sentir feliz. Com a atenção concentrada nas pequenas coisas diárias que ele *podia* controlar, sentiu que o mundo dos sentidos fora aberto para si e que podia experimentar a riqueza da vida de uma nova forma. Sentia-se plenamente vivo e podia reconhecer esse fato. Ele se conectou mais às pessoas e sentiu que conseguia ler as suas emoções de forma mais viva. Essa sensação de felicidade durou vários meses, e ele nunca mais esqueceu como era. Parece um paradoxo que esse tenha sido um dos momentos mais livres de estresse da sua vida. Mas há uma lição aqui. Se nos concentrarmos nas coisas que podemos controlar e aceitarmos todo o resto, como seriam os nossos dias?

Façamos um inventário

Muitas vezes, aquilo que nos irrita é algo sobre o qual temos pouco controle, se é que temos algum: o comportamento ou o diagnóstico de uma criança; a opinião ou que outra pessoa tem sobre você ou como ela o trata; um problema que alguém que amamos enfrenta; o resultado das eleições; e até o que a natureza nos reserva: incêndios, inundações, condições climáticas extremas, pandemias. Gastamos muita energia em situações que não podemos mudar. Na tentativa de controlar o incontrolável, o nosso corpo constrói uma resposta de estresse de "tomada de ação" que não nos leva a lugar nenhum, mas mantém a linha de base do estresse elevada.

Por isso, hoje, classificaremos os seus principais fatores estressantes em duas categorias baldes:

1. Aquilo sobre o qual tenho o poder de mudar
2. O que não posso mudar

No capítulo anterior, falamos sobre a imprecisão do estresse da incerteza: a forma como se torna tão difundido que já não nos damos conta de que está minando os nossos recursos — físicos e cognitivos. Trabalhamos na captura e liberação: agarrarmo-nos a nós mesmos nesses momentos de estresse e deixarmos de lado. Agora, desenvolveremos a partir disso. Daremos uma boa e nítida olhada nos fatores estressantes na sua vida.

Os fatores estressantes são distintos para cada um de nós. Todos percebemos o mundo através de uma lente única que é formada pelas nossas experiências, nossa genética e muito mais. Uma pessoa pode achar o deslocamento para o trabalho estressante, enquanto outra pessoa pode adorar o tempo sozinho. **Reserve um momento e siga as instruções para o inventário do estresse no box seguinte.**

> INVENTÁRIO DO ESTRESSE
>
> Pegue uma caneta e um papel (ou melhor ainda, um caderno para manter o controle) e escreva tudo o que lembrar, agora, que o faz sentir pressão, estresse, raiva ou incerteza. Pode pensar em sua rotina diária, relacionamentos e trabalho. Seja o mais detalhado e abrangente possível. Uma observação importante: não tente pensar em soluções neste momento. O seu trabalho é simplesmente colocar no papel os fatores estressantes que lhe ocorrerem.

Agora que já fez o inventário, olhe para essa lista. A primeira coisa que faremos é ver se há alguma coisa que possa eliminar, como uma poda. Algo que todos deveríamos fazer de vez em quando é olhar para o nosso Inventário do Estresse e perguntar: *Será que é preciso manter isso?* Uma forma de exercer controle é deixar algo de lado e dizer "não".

Eliminar o estresse

Sentimos que perdemos o controle quando temos muitas bolas no ar no malabarismo da vida. Às vezes, a coisa certa a fazer é deixar algumas dessas bolas caírem.

A reação mais frequente que ouço das pessoas em resposta a esse conselho é que elas *não podem* deixar cair nenhuma das bolas. Tudo é necessário. Tudo é crucial. As pessoas dependem delas, nada pode ceder. Mas é essencial que questionemos essas crenças.

Várias vezes ao ano, ofereço retiros de mindfulness para o público em geral (uma técnica para se concentrar no presente) — uma das minhas coisas favoritas é traduzir a ciência mente-corpo em recursos que as pessoas possam usar, e eu conduzo esse exercício nos retiros. Depois de ouvir a resposta previsível de que estão presos à lista de situações, peço-lhe para questionar, profundamente, se isso é, de fato, verdade. A realidade é que você simplesmente não pode fazer tudo. É preciso encontrar algo de que possa desistir. Faça um balanço do que está carregando: há algo de que possa abdicar, pelo menos, durante algum tempo? Há algo que possa abandonar completamente?

Nem sempre é fácil vermos as coisas às quais podemos dar um tempo ou das quais podemos nos livrar. Se você está muito atarefado, é porque aceitou essas tarefas por algum motivo. São coisas relacionadas com o trabalho e com a família e não parecem ser opcionais. Mas, por vezes, o que precisamos fazer é diminuir o zoom e ter uma perspectiva realmente ampla, para nos fazermos essas perguntas difíceis:

POSSO APERTAR O BOTÃO DE EXCLUIR?

Em longo prazo, que importância tem esta atividade específica?

Quem diz que isso é necessário, e será que é mesmo verdade? De quem é a voz que ouço?

O que aconteceria realmente se eu saísse dessa situação ou responsabilidade? Ou se a delegasse? Há uma forma de reduzi-la lentamente?

Qual é a pior coisa que pode acontecer? Posso viver com isso? E qual seria o benefício?

Para muitos, os compromissos profissionais são os mais difíceis. As pessoas se sentem obrigadas a dizer sim às responsabilidades por desejo de aprovação ou promoção, por pressão, por vontade de trabalhar em equipe ou medo de perder o emprego. Mas se estiver muito sobrecarregado, é muito importante considerar formas de recusar educadamente os pedidos e estabelecer limites mais rigorosos. Por vezes, estabelecer limites no trabalho pode ser visto como um sinal de força, os colegas podem respeitar mais o seu tempo e exigir menos. Aprender a dizer não no trabalho é uma habilidade incrivelmente valiosa. Obviamente, cada ambiente de trabalho é diferente. Há lugares onde dizer "não" — mesmo que de forma educada — simplesmente (e infelizmente) não faz parte da cultura. Se estiver em um ambiente de trabalho onde dizer "não" não é permitido, talvez seja interessante explorar se existem condições mais saudáveis em outras empresas ou setores.

Um ambiente de trabalho ideal melhora o nosso bem-estar. Na verdade, as condições para o burnout (exaustão profissional) estão incorporadas em muitas culturas de trabalho, e isso afeta a nossa saúde. São as demandas do trabalho combinadas com poucos recursos ou a falta de pessoal, e não uma falha pessoal, que causa o esgotamento no trabalho. O burnout é uma forma perniciosa de estresse crônico — são as exigências constantes ao longo dos anos, sem tempo para recuperação. Isso conduz a uma tríade tóxica e cíclica — exaustão emocional, sentimentos de cinismo e sensação de que você é ineficaz e não consegue ter um bom desempenho. Você mal consegue passar o dia. Os seus ritmos internos de sono e hormônios podem ficar desregulados — o cortisol pode ficar altíssimo ou, em alguns casos, baixíssimo.[8] Assim, a única saída verdadeira é mudar a sua maneira de agir *e* as suas condições de trabalho, e quando não for possível mudar as condições de trabalho, deixar o emprego.

Com frequência, as mulheres realizam mais trabalho oculto, incluindo trabalho orientado para o serviço, que não é devidamente reconhecido, e, por isso, sofrem mais de burnout. A Dra. Christina Maslach, pioneira na pesquisa de burnout, identificou ingredientes cruciais que protegem contra esse mal: colegas que dão suporte, algum controle sobre decisões e carga de trabalho, sentir-se valorizado e reconhecido pelo seu trabalho, sentir que as coisas são justas e igualitárias e encontrar significado em seu trabalho.[9] Percebi que diminuir a pressão do tempo diário, simplesmente desacelerar, é crucial para viver bem — permitindo mais momentos de presença incorporada, gratidão, restauração e a possibilidade de ver as pessoas como um todo, e não como se fossem parte de uma transação comercial. A necessidade constante de tempo é uma das principais culpadas pela redução da qualidade dos nossos dias — e reservar apenas alguns minutos entre tarefas para respirar com consciência, dar as boas-vindas à sua próxima reunião e definir intenções positivas pode ajudar.

Os compromissos sociais também são difíceis. Queremos estar presentes para as pessoas importantes da nossa vida. Mas, muitas vezes, ficamos sobrecarregados com um dilúvio de obrigações sociais que se tornam mais um esgotamento do que uma fonte de satisfação. Sim, a comunidade é muito importante. As pessoas com laços sociais fortes têm estresses menores. Mas os laços sociais sólidos não significam necessariamente ter muitos contatos. Por meio de estudos e pesquisas, verificamos que, ao envelhecermos, reduzimos o nosso círculo social porque à medida que o nosso tempo neste planeta se torna mais curto, descobrimos que já não estamos dispostos a investir em relações que não nos apoiam e satisfazem, que têm aspectos negativos significativos. A pergunta que todos podemos fazer a nós mesmos é: *Por que esperar para reduzir meus contatos sociais de modo a torná-los mais positivos e solidários? Por que não dar prioridade às relações positivas agora?*

Não se trata, de forma alguma, de uma recomendação para deixar de lado os amigos que estão passando por um momento difícil. Por vezes, as relações se tornam inclinadas numa direção ou na outra; às vezes nos apoiamos em alguém, e mais tarde essa pessoa se apoia em nós. Nenhuma relação será equilibrada para sempre. Quando você dá um passo atrás e olha o panorama geral da sua vida para ver onde pode reduzir as pressões e responsabilidades, tenha uma visão de longo prazo. Isso também o ajudará a se concentrar em quem é mais importante na sua vida e onde quer colocar o tempo e a energia. Esse tipo de perspectiva pode facilitar a "eliminação" dos fatores estressantes que estão perturbando o seu dia agora.

Pense da seguinte forma: retirar algumas dessas coisas o ajudará a *recuperar* o tempo para passar com alguém que ama.

Muitos de nós, principalmente aqueles que utilizam as redes sociais, têm esse medo de ficar de fora. Dizemos que sim porque não queremos perder nada. Queremos ir a todas as coisas. Queremos fazer parte do grupo, para nos mantermos atualizados. Mas todas essas coisas que você está sentindo pressão para aderir não são necessariamente coisas que vão manter os seus laços sociais prósperos — não se estiver se sentindo esgotado e frágil. Às vezes, a melhor coisa que pode fazer pelo seu bem-estar, pelos seus relacionamentos e pela sua capacidade de lidar com o estresse na sua vida é dizer "não".

Simplifique o seu dia

A pandemia da COVID-19 foi uma lição interessante sobre esse tema. Quando os confinamentos ocorreram em março de 2020, fomos obrigados a nos retirar do mundo, talvez da forma mais inesperada e extrema que qualquer um de nós jamais experimentou. Para muitos, os empregos ficaram remotos de repente. Seus relacionamentos se resumiram a apenas os familiares, e alguns nem isso tiveram. Algumas pessoas resistiram a meses de pandemia sozinhas. Um amigo com quem fiz videochamadas naquele ano me disse:

— Não toco em outro ser humano há seis meses.

Quando as vacinas estavam disponíveis e o distanciamento social extremo suavizou, a maior parte de nós estava ansiosa para voltar a se envolver com o mundo, para "voltar ao normal". Mas, ao mesmo tempo, acontecia um fenômeno interessante. De repente, muitos se sentiram relutantes em simplesmente retomar do ponto onde pararam. As pessoas fizeram uma pausa. Algumas das coisas que consideravam "obrigatórias" antes da pandemia eram agora, nitidamente, não tão obrigatórias. O reengajamento se tornou uma oportunidade para avaliar as várias vertentes da nossa vida e nos perguntar: *Será que preciso mesmo disso?*

Será que isso precisa de mim? Tenho atenção e tempo limitados — é aqui que quero colocá-los?

Talvez não fosse o nosso desejo voltar a pôr tudo isso de volta em nossa vida. Talvez quiséssemos voltar a nos envolver com o mundo de uma maneira que estivesse mais alinhada com nossas paixões e nossos valores. De repente, havia uma oportunidade de nos perguntarmos: *Que tipo de vida eu quero viver? E será que todas estas coisas estão de acordo com isso?*

Não precisamos de uma pandemia mundial para fazer esse tipo de balanço com um pouco mais de regularidade. Muitas vezes, não somos levados a ter uma perspectiva saudável e ampla da nossa vida até que algo grande aconteça. Por vezes, é um grande aniversário na meia-idade. Outras vezes, é algo muito mais triste, como perder alguém. Seja qual for a causa, isso nos arranca da perspectiva limitada e obstinada que tendemos a assumir por necessidade — para fazer tudo, para permanecermos no caminho certo. Mas esse "caminho" que seguimos pode lentamente, com o tempo, desviar-se da rota. E se não levantarmos a cabeça de vez em quando e observarmos à nossa volta, podemos nos encontrar muito longe de onde pensávamos que iríamos. Cada vez que dizemos sim a alguma coisa, estamos deixando menos tempo para as coisas de que gostamos mais. Ao analisar sua agenda semanal, você pode refinar o uso do seu tempo?

Refiro-me a coisas importantes, e hoje, claro, é apenas um dia. Você não reavaliará toda a sua vida hoje, não se preocupe! Quando estudamos o estresse, analisamos as grandes marcas na vida das pessoas, as condições gerais que aumentam o estresse, como um baixo nível de controle no trabalho ou responsabilidades excessivas para cuidar de outros; e os fatores que reduzem o estresse, como uma visão otimista ou um forte sentido de propósito na vida. Mas também olhamos para os hábitos do dia a dia, os alicerces da nossa saúde; os efeitos das nossas rotinas diárias são cumulativos e ampliados ao longo do tempo. Dentro dos nossos hábitos, das nossas rotinas, da nossa agenda diária, encontra-se o somatório da nossa vidas. É fácil dizer: *Vou tirar uma coisa da minha agenda no próximo mês*, mas tente não adiar por muito tempo — como a escritora Annie Dillard diz claramente: "A forma como passamos os nossos dias é, evidentemente, a forma como passamos a nossa vida. O que fazemos com esta ou aquela hora é o que estamos fazendo".[10]

Para determinar se pode eliminar o estresse tirando algo (ou várias coisas) da sua agenda, talvez seja necessário olhar para o seu dia, hoje, e a semana que tem pela frente e perguntar-se: *Será que tudo o que estou fazendo está de acordo com o que mais me importa?* Responder a essa pergunta pode gerar uma clareza valiosa sobre o que deve ficar (mesmo que seja estressante) e o que você pode deixar ir.

O que realmente importa?

Uma forma poderosa de descobrir o que pode eliminar e onde concentrar a sua energia é *fazer um retrospecto a partir da sua morte*.

Uma amiga e colega minha, Martica Hall, que vivia com um diagnóstico de doença terminal, reuniu recentemente as pessoas que haviam sido importantes para ela ao longo da sua vida e carreira — amigos, parceiros de pesquisa, ex-alunos — para uma reunião com todos numa chamada em grupo para se despedir. Nessa altura, ela estava em uma clínica paliativa e foi informada que, muito possivelmente, estava em seus últimos dias. Foi uma notícia chocante; todos tivemos dificuldades para lidar com a notícia. Eu estava nervosa para participar da chamada, mas, assim que começou, a minha ansiedade desapareceu. Acabou sendo uma hora incrível de alegria e risos, em que expressamos o nossa gratidão por ela e partilhamos memórias e o impacto significativo que ela teve em cada um de nós. Mas o aspecto mais marcante para mim foi que tudo o que ela disse sugeria que ela havia feito exatamente o que as pessoas desejam: viver plenamente, sem arrependimentos.

— Não me arrependo de ter dedicado toda a minha vida ao trabalho de pesquisa — disse. — O meu trabalho era importante para mim. E quero que os alunos olhem para a minha vida e pensem: *Posso fazer algo significativo mesmo em um curto tempo.* Tive uma vida muito gratificante.

Tica lutou com os mesmos desafios diários que nós: conciliar o trabalho e a família, as obrigações da vida competindo com as nossas paixões. Mas, de um modo geral, ela conseguiu olhar para a sua vida e ver que viveu seus valores e suas paixões o máximo que podia. Percebi que gostaria de ser capaz de dizer o mesmo.

Recentemente, recebi uma notícia fantástica: o médico da Tica foi persistente em experimentar novos medicamentos, e ela está melhorando! Mas viver com um diagnóstico como o dela significa ter de se confrontar constantemente com o fato de que o momento de fazer quaisquer alterações à forma como passar os seus dias é agora. Quando ela nos convidou para a sua experiência naquele dia, deu-nos um presente generoso: o estímulo gentil de olharmos para os nossos dias e nos perguntarmos, numa perspectiva geral: *Estou vivendo a minha melhor vida? Onde quero colocar a minha energia, e do que posso abrir mão?*

Há pouco, descrevi como, à medida que envelhecemos, nos sentimos mais positivos e as nossas relações sociais são mais positivas. Não se trata de idade. Tem a ver com a percepção do tempo: quanto menos tempo percebemos que nos resta na vida, mais mudamos os nossos objetivos para outros mais significativos emocionalmente, incluindo ajudar os outros.[11] Em outras palavras, quando pensamos que temos menos tempo de vida, gastamos o nosso tempo naquilo que é verdadeiramente significativo para nós. Isso pode ser chamado de *urgência espiritual* e é uma dádiva que podemos colocar na nossa mochila. Ter urgência espiritual pode nos dar uma sensação de liberdade: salte para os objetivos mais significativos. Viva *agora* como se fosse o seu último ano.

INVENTÁRIO DAS PRIORIDADES

Se você só tivesse um ano de vida, como gostaria de passar o tempo?

- Com quem gostaria de passá-lo?
- Como seria um dia ideal?

Fazer essas perguntas nos ajuda a identificar o que valorizamos. Isso nos ajuda a perceber as nossas prioridades, a alinhá-las com o nosso dia a dia e, quando possível, livrarmo-nos das coisas que não estão alinhadas.

Há pouco, pedi que você fizesse uma lista de fatores estressantes na sua vida, inclusive pessoas. Agora, concentre-se nas pessoas que enriquecem a sua vida: quem é o faz se sentir feliz, amado, elevado? Pode pensar em todas as pessoas que enriquecem a sua vida e em como dedicar mais tempo a elas. Talvez, possa tentar vê-las ou falar com elas com mais frequência, para começar.

Podemos não conseguir controlar quanto tempo vivemos, mas podemos nos ajustar para vivermos mais *agora* como se fosse o nosso último ano, para vivermos os nossos valores e prioridades. Como veremos mais adiante neste livro, viver uma vida com significado e propósito é uma das melhores formas de amortecer o estresse.

Claro que algumas coisas que não estão alinhadas podem ser inegociáveis — há muitas responsabilidades na vida que não podemos deixar de cumprir, como certas tarefas no nosso trabalho ou cuidados com alguém. O que fazemos em relação às coisas que não podemos mudar?

As coisas que não podemos mudar

Voltemos ao caso da Jane. Ela se encontrava numa situação particularmente marcada pela incerteza (um futuro médico incerto para a sua mãe, um futuro profissional incerto para si própria) e estava naturalmente tentando obter algum grau de poder sobre as suas circunstâncias. Tudo havia mudado rápido demais. Por vezes, quando Jane ficava acordada até tarde lendo revistas médicas sobre a neuroplasticidade após um derrame, sentia que, se encontrasse o conjunto certo de informações, poderia voltar no tempo e fazer com que a sua mãe voltasse a ser quem era. Enquanto isso, as coisas sobre as quais ela *tinha* um certo grau de influência (como o seu desempenho no trabalho) estavam lhe escapando por entre os dedos.

Gastamos uma tonelada de energia mental tentando resolver coisas que estão além do nosso controle. A nossa angústia reside nessa fricção entre o que acreditamos ser possível e o que é possível. Não podemos controlar outras pessoas. Não podemos controlar se um vaso sanguíneo se contrai no cérebro de alguém. Não podemos controlar o passado. Na terapia comportamental dialética, uma das práticas oferecidas às pessoas que estão realmente lutando com emoções extremas e ruminação (repetir várias vezes pensamentos ou situações que já ocorreram) é simplesmente se lembrar: *Isso já aconteceu. A realidade é como é.*[12] Com algum treino, Jane começou a dizer isso a si mesma com relação à doença da mãe: *Isso está acontecendo. Esta é a realidade.* Sim, por vezes ela se sentia triste. Mas também mais calma. Menos dispersa e exausta.

Estou muito contente por Jane ter conseguido fazer essa mudança mental. Porque o que vemos com os cuidadores em vários estudos é que não é o cuidado em si que acelera o envelhecimento celular. São as reações secundárias de desejar que a situação seja diferente do que é. Os cuidadores têm pensamentos mais frequentes de rejeição do seu momento presente, a que chamamos de *divagação mental negativa*: desejar estar em outro lugar ou fazer algo diferente.[13] Esses pensamentos são um indicador de menor felicidade. Descobrimos que isso também afeta o seu envelhecimento e está associado a telômeros mais curtos.[14]

Será que você deve aceitar passivamente todas as contrariedades que a vida lhe lança? Não, eu não recomendo isso! Mas pode trabalhar para melhorar a situação sem tentar exercer a sua vontade sobre fatores que nunca poderá realmente mudar. Jane não mudaria o rumo da doença da mãe, por mais pesquisas que fizesse, e não havia forma de garantir que a sua mãe estaria 100% segura em casa sozinha. O que ela podia fazer era pedir à mãe que usasse um colar de alerta médico. A mãe ficou irritada no início, mas Jane foi às compras e encontrou um bonito colar de ouro rosa, em forma de flor. Ela propôs isso como um favor:

— Preciso me concentrar no trabalho, sem preocupações, e me ajudaria se o usasse por mim.

E a mãe pôs o colar. Pouco depois, Jane conseguiu se mudar para sua própria casa. As condições no trabalho melhoraram rapidamente, pois havia mais espaço mental para se dedicar a ele. Era difícil não passar o tempo desejando que as coisas fossem diferentes — ela se viu pensando sobre "e se..." de vez em quando: *E se eu tivesse percebido os sintomas? E se os tivesse detectado mais depressa?* Mas, na maioria das vezes, conseguia perceber que estava caindo naquele padrão ruminante e recuava.

Quando me pego tentando mudar algo que não está sob o meu domínio, paro um momento e o visualizo como se estivesse puxando uma corda que está amarrada a algo imóvel, como uma pedra enorme. Estou gastando toda a minha energia tentando resolver algo que não pode ser resolvido. Essa rocha nunca vai se mexer. Pergunto-me delicadamente: *Posso simplesmente largar a corda e abrir mão?*[15] Ou, por vezes, em uma situação particularmente difícil de resolver, é necessário um "*Largue a corda!*" e uma aceitação radical, que praticaremos em seguida.

Aceitar e encontrar a paz na dor

Quando não podemos dominar uma situação, podemos controlar a forma como reagimos a ela. Neste caso, muitos optam pela meditação de atenção plena, porque se centra muito na aceitação de sentimentos e pensamentos. Num estudo, os pesquisadores compararam a eficiência de duas aulas de mindfulness, que orientavam os participantes por meio de curtas meditações diárias.[16] O primeiro grupo utilizou um aplicativo que incentivava a atenção focada tendo a consciência da sua atenção: assim, focavam a respiração sempre que se davam conta de que ela havia se desviado. (Muitos estudos concluíram que a prática é benéfica para a concentração e atenção — especialmente a parte da *consciência*, que é o que permite notar quando a mente começa a vaguear ou a ruminar.) O segundo grupo utilizou um aplicativo diferente, que acrescentava a *aceitação* do próprio estado — não apenas a consciência dos pensamentos e sentimentos, mas a aceitação gentil deles, especialmente das experiências negativas que normalmente afastamos. Ambos os grupos obtiveram benefícios ao nível da atenção. Mas apenas o segundo grupo, o grupo da *aceitação*, registou uma melhora no perfil de *reatividade ao estresse*, que é a nossa capacidade de responder aos acontecimentos e de nos recuperar de uma forma saudável, com mais emoções positivas.[17] A *aceitação* foi a peça que realmente conduziu à resiliência ao estresse.

A maioria de nós sabe que, quando somo pegos por uma corrente de retorno no mar, o conselho é sempre o mesmo: *Não lute contra ela*. Não discuta com a realidade. Você ficará cansado e será puxado para mais longe. As correntes marítimas são simplesmente muito fortes, não somos páreos para elas. A única maneira de nos mantermos na superfície é nadar *com* a corrente, surfar a maré. Vá com ela; veja onde ela o leva. Talvez possa aproveitar de uma forma diferente. Há formas inovadoras de trabalhar com fortes emoções negativas para crescer, em vez de as evitar — mais orientações sobre isso estão descritas em "Leitura e Recursos Adicionais".

A aceitação radical é, em um nível básico, aceitar que algo horrível ou traumático aconteceu. É uma atitude mental que abraça a realidade de que não podemos mudar o que ocorreu, e que a aceitação radical é uma opção melhor do que a alternativa: evitar, rejeitar a realidade, lutar contra a correnteza e sentir-se vitimizado (*por que eu?*). Pode diminuir as emoções dolorosas de vergonha, culpa, tristeza e raiva sobre o acontecimento. Esse tem sido um método útil para pessoas com oscilações emocionais excessivas, TEPT (transtorno de estresse pós-traumático) e dor crônica[18]. A aceitação radical foi o que ajudou Jane a aceitar a condição de sua mãe e sua nova vida como cuidadora.

Há inúmeras coisas que nos aconteceram ou acontecerão que não pedimos, que não queríamos, que são extremamente decepcionantes e dolorosas e que demandam muito tempo e trabalho para nos ajustarmos. A maioria são acontecimentos ou situações incontroláveis. São oportunidades para desenvolver a força e a resiliência, mesmo que não tenhamos pedido para as construir. Esses pontos baixos se tornam a base para o crescimento: quando não temos outras opções, descobrimos uma força que não sabíamos que possuíamos. Isso exige aceitação e gestão de nossas expectativas e emoções em torno disso. Comece a praticar a aceitação radical hoje, mas saiba que normalmente não é algo que se faz de um dia para o outro, ou de uma só vez. É um processo contínuo. Uma vez que sentimos a dor surgindo sobre uma situação, podemos dar meia-volta e tentar a aceitação radical da situação e das nossas respostas emocionais.

É claro que nem tudo pode ser classificado de forma simples em "o que posso controlar" e "o que não posso controlar". Há graus e zonas cinzentas. Temos de estar sempre avaliando onde colocar a nossa energia cognitiva e emocional, avaliando quando devemos ultrapassar um ponto difícil e quando nos libertar e seguir a corrente.

No Dia 1, falamos sobre a identificação da tensão inconsciente causada pela incerteza inerente à vida e como deixá-la ir. Praticamos "capturar e liberar" — treinando-nos para *perceber* quando retemos o estresse da incerteza e a liberá-lo. Hoje, damos mais um passo e olhamos para o exterior, reparando nas condições específicas da nossa vida que nos mantêm num estado de estresse.

A PRÁTICA DE HOJE

CONTROLE O QUE PODE... E ABRA MÃO DO RESTO

Item para sua mochila de emergência: Deixar ir quando já não serve mais

Faça o balanço

Faça uma lista com todas as situações estressantes na sua vida utilizando o Inventário do Estresse na página 46. Se já fez isso enquanto lia o capítulo, excelente, vá imediatamente para o próximo passo. Se não, volte e faça a sua lista agora. Nada é pequeno ou específico demais para esta lista. Para os grandes problemas (como trabalho, desafios familiares, problemas de relacionamento), tente escrever situações específicas, o que quer que seja que verdadeiramente o estressou.

Elimine o que for possível

Veja a sua lista e risque as situações que pode eliminar ou das quais pode sair. Por exemplo: se há um projeto para o qual não tem tempo, ou que está causando muitos conflitos, que tal deixar de lado esse objetivo ou delegar esse projeto? Visualize o seu dia *sem* esse estresse específico.

Se nada surgir como uma eliminação fácil, responda a estas perguntas: Se fosse obrigado a abandonar uma coisa, o que seria? Você (e os outros) poderia viver sem qual delas? O que perderia? Qual seria a pior coisa para deixar de lado? E quais seriam as consequências de manter algo negativo? (Consulte o box "Posso apertar o botão de excluir?", anteriormente neste capítulo.) Muitos acham que não têm tempo suficiente no seu dia, por isso, quando podamos o que não é necessário, simplificamos o nosso dia e nos concentramos em nossa lista de prioridades teremos não apenas a redução do estresse, mas a possibilidade de criar mais espaço para a tranquilidade e para adicionar coisas que nos trazem alegria e propósito.

Está preparado para experimentar?

Se a sua resposta sincera for "não", tudo bem. Voltaremos a isso no fim do livro, em "Ajustando sua dose". Mas se puder, experimente algo hoje. Veja como se sente ao retirar uma coisa de sua agenda, mesmo que seja pequena.

Defina a sua esfera de influência: Um círculo de controle

Observe a sua lista e circule quaisquer situações que você sente que pode influenciar ou aperfeiçoar. É aqui que você pode concentrar parte da sua energia mental hoje. Escreva ao lado de cada círculo uma pequena coisa que pode fazer para começar a melhorar a situação. Por exemplo, pode achar que a correria da manhã é estressante. Na verdade, essa é uma das horas mais comuns do dia em que as pessoas se sentem frequentemente estressadas. Será que você consegue ajustar a sua hora de dormir ou de acordar, ou planejar na noite anterior o que vai vestir comer e fazer? Em alguns casos (tensão financeira, parentalidade, trabalho), você não poderá mudar as coisas sozinho, por isso, talvez seja necessário ter algumas conversas iniciais com outras pessoas para iniciar o processo de pequenas mudanças. O estresse no trabalho é comum e pode ser dividido em elementos que podemos e não podemos dominar. Há um supervisor no trabalho que o trata mal? Essa é uma situação difícil, mas que vale a pena resolver, talvez com um amigo. Em casos extremos, mudar uma situação tóxica de trabalho pode significar a necessidade de encontrar um emprego diferente.

Saiba o que precisa aceitar: Uma caixa para os tijolos

Observando a sua lista novamente, desenhe um quadrado ao redor das situações ou dos fatores estressantes sobre os quais tem zero (ou muito pouco) controle. Exemplos: A doença ou o vício de um ente querido. Um projeto que não pode abandonar. A possibilidade de ficar preso em casa durante dias ou semanas devido ao clima extremo. Um evento traumático.

Permita algum controle. Para cada fator estressante, pergunte-se: *Há algo neste cenário que eu possa controlar que ajudaria e reduziria o sentimento de incapacidade?* Por exemplo, Jane não podia controlar se a mãe sofreria uma queda, mas poderia lhe comprar um colar de alerta médico. Não posso controlar quando o próximo grande incêndio perto da minha casa ocorrerá; é apenas uma questão de tempo. Mas agora tenho purificadores de ar suficientes (e uma mochila de emergência!). Muitas situações não são absolutamente incontroláveis, porque podem ser mais fáceis de resolver. Se houver uma tarefa simples que você pode fazer e que o colocará no banco do motorista (mesmo que aceite que não tem controle sobre as curvas que se aproximam!), então a adicione à sua lista de tarefas para fazer mais tarde nesta semana.

Permita a autocompaixão: Para alguns dos itens nos quais desenhou um quadrado, você terá de optar por uma abordagem diferente: aceitação e autocompaixão. Uma das coisas que pode fazer em situações que não pode mudar é reconhecer como isso é difícil; acolher seus próprios sentimentos em vez de os afastar. Consegue identificar quaisquer sentimentos de dor (como tristeza, rejeição, raiva ou ressentimento) e deixá-los de lado? Eles são válidos; são respostas naturais. O que diria para confortar um amigo próximo nesta situação? Consegue mostrar essa autobondade?

Finalmente, largue a bagagem! Imagine cada quadrado como um tijolo pesado numa mala que carrega consigo. Ela existe e não vai a lugar nenhum. Mas não precisa levar consigo. Pode colocar a sua bagagem no chão durante algum tempo. As histórias de dor são particularmente pesadas; verifique se carrega alguns tijolos feitos com elas. Se ajudar, desenhe uma pequena alça em cima de todos os quadrados que contêm situações estressantes, fora do seu controle. Agora, antes de avançar para a próxima parte do seu dia, imagine-se colocando esses tijolos no chão, em um lugar seguro, só por um tempo. Não pense se é realista ou possível nunca mais se preocupar com esse problema — ele voltará a surgir. Mas se estiver carregando esse estresse consigo *o tempo todo*, ficará esgotado. A sua saúde sofrerá. E você será menos capaz de enfrentar outros desafios quando eles surgirem. Para ora, largue a bagagem! Não precisa carregar esses tijolos o dia todo.

Prática extra

Para as coisas difíceis que não pode mudar, considere a possibilidade de praticar a aceitação absoluta. Isso significa aceitar a situação completamente: na sua mente, no seu coração e no seu corpo. É difícil. E é por isso que é uma *prática*: algo que você faz constantemente até assimilar. É quando deixamos de ignorar, de lutar ou de tentar alterar a realidade que podemos de fato sentir a calma, com todos os benefícios fisiológicos que ela traz. Aceitar a realidade não significa que a aprovamos. Pelo contrário, você está escolhendo não se tornar mais infeliz lutando contra ela.

Para praticar a aceitação radical, experimente este exercício:

Pense numa situação que o incomoda profundamente e que já aconteceu, ou que não pode ser modificada, e que é difícil de aceitar.

1. Feche os olhos e concentre-se na sua respiração.

2. Procure pensamentos dolorosos sobre a situação que possam surgir, tais como: *A situação não é justa ou não consigo viver com isso* ou *Por que eu?*
3. Enfrente o pensamento doloroso com uma declaração de aceitação e convicção, como por exemplo: *É o que é; Essa é a realidade; Isso aconteceu* ou *As coisas são exatamente como são neste momento.*
4. Permita e reconheça a tristeza, a mágoa, a desilusão. Repare nas sensações do corpo.
5. Coloque as mãos sobre o peito e espalhe sentimentos de calor e bondade pelo seu corpo. Lembre-se, com uma expiração longa e lenta: *Posso colocar a bagagem no chão agora.* Repita isso até se sentir mais leve.

Solução de problemas

Por vezes, é difícil pensar nas coisas específicas que pesam sobre nós. As nossas causas de estresse podem ser vagas, indefinidas, ou ocultas... ou podemos estar muito enganados. Pensamos que uma coisa dispara o nosso estresse (*todos aqueles pratos na pia!*), quando, na verdade, é outra coisa totalmente diferente (tensão em um relacionamentos, problemas financeiros, infelicidade na carreira etc.), ou são dez pequenas coisas. Se sentiu dificuldade em preencher o seu Inventário do Estresse, experimente este tipo de método que ajuda a identificar as preocupações. Esta prática também ajuda as pessoas que se preocupam demais a conter as suas preocupações em um período limitado.

A Janela de Preocupações

Pegue várias folhas de papel e algo para escrever, ou um computador ou tablet para digitar, ou então um gravador para falar, e ponha um temporizador no seu telefone para tocar em cinco minutos. Quando apertar o botão de início, só haverá uma tarefa: preocupar-se.

Você está criando uma janela de preocupações agora.

Passamos muito tempo tentando controlar a mente quando ela começa a se preocupar com coisas que não aconteceram e que podem nunca acontecer... e essa luta cognitiva tem um preço. Por isso, agora mesmo, nos próximos cinco minutos, permita que sua mente divague pelas áreas de perigo. Deixe-a se preocupar com o que quiser. Deixe-a se entregar à catastrofização até ao limite do seu coração. Não se censure — registre as preocupações que lhe vierem à mente. Grandes ou pequenas, coloque-as no papel para que possa olhá-las de forma mais objetiva, nomeando-as, decidindo se quer se preocupar mais com elas. Qual é a situação que causa preocupação? Se não conseguir identificar a origem da ansiedade, diga quais são as qualidades da ansiedade, tamanho, forma, temperatura e cor. Definir a ansiedade o ajuda a trabalhar com ela.

Perceba que muitas preocupações são apenas intolerância à incerteza, coisas improváveis de acontecer, como falamos no Dia 1. Pode visualizar essas situações de baixa probabilidade voando pela janela. Depois, concentre-se nas grandes situações de estresse que tem à sua frente, identifique o que pode mudar neste momento e o que não pode.

Paradoxalmente, definir um horário para se preocupar reduz a preocupação durante o resto do dia. Pode muito bem acabar o dia com a sensação de ter "resolvido o problema". Você coloca as suas preocupações no papel, por isso não precisa as manter circulando na sua mente. Você as conteve. E começa novamente a se preocupar dessa maneira contida amanhã! Defina um alarme no seu celular para fazer uma janela de preocupações na mesma hora amanhã. Se as preocupações aparecerem mais tarde, lembre-se de que, amanhã, você tem um tempo reservado para elas.

Se tem dificuldade em perceber o que o está estressando ou sente a indefinição geral e a tensão da incerteza, a janela de preocupações pode ser uma grande rotina para você.

Talvez queira uma Janela de Preocupações para Dois!

Uma janela de preocupações para dois serve se a situação estressante for com um familiar ou parceiro com quem mora. Quando há um conflito com alguém com quem você mora, a casa pode ser um local estressante. Mas como a nossa casa é o local onde dormimos e comemos, é importante colocar um limite para o conflito, mantê-lo numa caixa que vocês controlam juntos. Limite a quantidade de tempo que fala e pensa sobre o conflito. Pode reservar quinze minutos para uma janela de preocupação. Lembre-se que ver realmente o ponto de vista do outro e validar os sentimentos pode ser útil, e que a paz é, muitas vezes, melhor do que ter razão. O meu parceiro e eu estávamos lidando com uma situação contínua, aparentemente insolúvel, sobre a qual tínhamos opiniões diferentes e a terapia não ajudou. Planejamos uma hora por semana para nos ouvirmos, partilharmos as nossas opiniões e falarmos sobre os próximos passos e, então, quando o tempo acabava, parávamos. Tentamos não tocar no assunto até à próxima conversa da "hora do chá" (janela de preocupações).

DIA 3

SEJA O LEÃO

IMAGINE UM LEÃO CAÇANDO UMA GAZELA, ATROPELANDO-A SEM PIEDADE PELA selva quente. A gazela está apavorada e lutando, fugindo para sobreviver. O leão está entusiasmado, ansiando pela sua refeição duramente disputada à medida que se aproxima. Qual dos animais está sofrendo de estresse, o leão ou a gazela?

A resposta é: *os dois.*

Os dois sistemas nervosos estão altamente ativados, sofrendo alterações psicológicas que não conseguem controlar. Entretanto, sentem a estimulação do estresse de duas formas muito diferentes. A gazela está presa numa reação de ameaça. Ela está sentindo medo e adrenalina. O seu fluxo sanguíneo está contraído porque seus vasos estreitaram (*vasoconstrição*) para evitar sangramento excessivo. Há menos oxigênio chegando ao cérebro porque os recursos fisiológicos são direcionados para os membros. O seu corpo se tornou uma máquina com apenas um propósito: fugir do predador. Entretanto, o leão tem uma reação de desafio. O seu coração bombeia grandes volumes de sangue de forma eficiente, permitindo lhe uma velocidade máxima e prevendo a refeição que está prestes a fazer. Ele está centrado e motivado. Parece ter um estoque ilimitado de energia.

São dois perfis fisiológicos muito diferentes, mas o *estresse* é a constante. A diferença está na maneira como cada jogador reage ao estresse, como o percebe e, portanto, como o vivencia mental e fisicamente.

A diferença entre o leão e a gazela? A gazela percebeu uma ameaça: sua vida estava em perigo. O leão percebeu um desafio: a sua próxima refeição.

Obviamente, não estou sugerindo que, num cenário da vida real, uma gazela possa simplesmente mudar de perspectiva — ela será consumida! Mas, neste exemplo claro do mundo animal, há uma lição para nós. A maioria de nós não está sendo perseguida habitualmente por leões que põem a vida em risco. Mas o nosso corpo se comporta como se estivéssemos. Muitas vezes, respondemos aos estímulos de estresse que surgem ao longo do dia como se fossem uma ameaça à sobrevivência a qual combater ou da qual fugir, em vez de uma refeição a consumir. O nosso corpo entra em modo de luta ou fuga, despejando cortisol e adrenalina em nossa corrente sanguínea, levando nosso sistema nervoso a um estado de medo e vigilância. E, quando essa reação acontece, a cada evento estressante ou inesperado que surge, nosso corpo já não sabe como "sair" do estresse.

Você é mais leão ou mais gazela?

Todos lidam com o estresse de maneira distintas. Por que algumas pessoas mergulham todos os dias no estresse, reagindo exageradamente a pequenas coisas, enquanto outras repelem os acontecimentos grandes e ameaçadores como se tivesse um escudo ao seu redor?

Estudar o estresse significa, em parte, cavar fundo a respeito das formas universais pelas quais o cérebro humano funciona; por outro lado, também temos que olhar para o fato de cada pessoa ser única. Cada um de nós tem uma lente altamente pessoal através da qual vê o mundo, moldada pela nossa genética e experiências de vida pessoal, e por pequenas mudanças no nosso dia, como o quanto dormimos na noite anterior e o que comemos. Os acontecimentos se desenrolam e nós os percebemos de uma determinada maneira, através do nosso próprio filtro mental.[1]

Por que cada um de nós reage de forma diferente a acontecimentos semelhantes? Bem, o cérebro está constantemente processando os dados sensoriais do nosso corpo e do ambiente, e comparando esses dados com as nossas memórias para melhor prever o futuro. O cérebro humano é uma máquina de previsão; usa o nosso passado pessoal como dados. Até as experiências da nossa primeira infância moldam a forma como reagimos a pequenas coisas. As pessoas que sofreram muitas adversidades no início da vida geralmente desenvolvem hábitos mentais que as mantêm na mente amarela: sentem níveis de base elevados de estresse diário, quer aconteça ou não um acontecimento estressante. Elas sentem uma maior sensação de que sua vida está ameaçada por acontecimentos estressantes — não é preciso muito para levá-las a uma resposta catastrófica ao estresse da mente vermelha.

Temos mais um "cérebro de previsão" do que um "cérebro de realidade". Isso significa que podemos responder a algo que prevemos ou acreditamos que acontecerá, em vez do que *está* acontecendo. (Como disse Michel de Montaigne: "Houve muitos acontecimentos terríveis em minha vida, e a maior parte deles nunca aconteceu.") Mas há uma forma de intervir nesse processo.

A Dra. Stefanie Mayer da UCSF descobriu que as pessoas com traumas de infância têm uma avaliação exagerada da ameaça dos seus fatores estressantes diários, o que contribui para a depressão posterior.[2] No seu estudo seguinte com um grupo semelhante, ela os chamou durante o dia para convidá-los a ter um momento de percepção consciente de seus pensamentos e sentimentos de autocompaixão. Ela descobriu que, após uma breve autoanálise consciente, eles possuíam mais "avaliações de desafio", o que significa que sentiam que podiam lidar melhor com os acontecimentos diários e experienciavam mais emoções positivas.[3] Em outras palavras, quando podemos mudar a forma como *percebemos* os fatores estressantes diários para os vermos como menos ameaçadores, alteramos a nossa resposta ao estresse. Podemos nos sentir mais como um leão do que como uma gazela.

Abandonando o modo gazela

Steven trabalhou para a Kodak durante toda a sua carreira, gerenciando as principais contas de grandes varejistas como Target e Walmart. Foi então que a indústria dos filmes fotográficos foi por água abaixo. A mudança para o digital já estava prevista há algum tempo, mas, quando o mercado de ações colapsou em 2008, muitas empresas do setor fizeram uma redução radical numa tentativa de se manterem no jogo. E Steven fez parte dessa redução. Aos 60 anos, foi difícil recomeçar uma nova carreira — muitos caminhos que tentou percorrer acabaram se mostrando ser becos sem saída. Finalmente, decidiu fazer algo que sempre quis: candidatar-se.

Há muito tempo ele pensava em ingressar na política, mas nunca lhe parecia ser o momento certo para deixar uma carreira estável. Agora, no entanto, a atual prefeita da sua pequena cidade de New England tinha anunciado que não tentaria outro mandato. Parecia um bom momento para ir em frente.

Ele sabia que seria estressante. Só não sabia o *quão* estressante seria. A própria preparação para a eleição se tornou incerta. O seu oponente não tinha medo de jogar sujo, e fazia-o a todo momento. Ele não podia ler o jornal local ou ver o Facebook sem se perguntar se haveria algum novo ataque contra si. Estava constantemente tenso, analisando, em alerta. Dizia a si mesmo que era apenas a época das eleições — logo acabaria. Mas então, uma reviravolta: ele ganhou a eleição.

O que parecia ser "apenas alguns meses" se transformou em um mandato de quatro anos. Agora, os fatores estressantes apareciam à porta do seu gabinete sob a forma de cidadãos com queixas e problemas. O telefone tocava todo o dia. Havia emergências e problemas orçamentais. Se ele cometesse algum erro, os críticos se multiplicavam. As muitas perguntas que os eleitores lhe faziam e às quais ele não podia responder imediatamente lhe provocavam uma onda de pânico enquanto se esforçava para encontrar uma resposta. Steven ficava paralisado considerando como poderia ter feito as coisas de forma diferente. Começou a se preocupar: *talvez, esse trabalho não seja para mim.*

Se um médico entrasse no seu gabinete no meio de tudo isso para verificar os seus sinais vitais, teria encontrado uma respiração superficial, um ritmo cardíaco elevado e níveis de cortisol no sangue mais elevados do que o normal. Não era sustentável para um mandato de quatro anos — e ele sabia disso. Ele só não sabia o que fazer em relação a isso.

Uma vez que o estresse crônico não gerido desgasta os telômeros e acelera a fase de senescência das células, pode nos levar muito cedo para o "tempo de diagnóstico": o período da nossa vida em que começamos a desenvolver as doenças do envelhecimento. O estresse crônico altera o nosso comportamento e apetite. Leva-nos a consumir comida afetiva (com elevado teor de açúcar e gordura). Acreditando que precisa conservar recursos para sobreviver, o corpo desacelera o metabolismo e armazena gordura na zona abdominal interna. A elevada tensão do estresse nos impede de dormirmos bem, por isso estamos constantemente esgotados. É o motor da dependência. O "cérebro do estresse" ativa as vias cerebrais que anseiam por prazer e alívio, tornando alimentos densos em calorias mais gratificantes e ocasionando a resistência à insulina, a inflamação e a obesidade.

Ao mesmo tempo, nossa resposta ao estresse agudo — a resposta de curto prazo que ativamos quando estamos sob pressão— é uma capacidade espantosa que temos. O nosso corpo foi concebido para lidar com esse tipo de estresse transitório. Quando algo negativo ou desafiador acontece, ou quando antecipamos que isso acontecerá, montamos essa bela e afiada resposta de pico. Num piscar de olhos, a pressão sanguínea sobe, o sistema nervoso se torna mais vigilante e o cortisol e a adrenalina, os principais hormônios do estresse, são liberados reflexivamente na corrente sanguínea. O sistema nervoso simpático (luta ou fuga) aumenta o volume enquanto o parassimpático (descanso e digestão) reduz, permitindo-nos ter uma resposta intensa e energizante ao estresse. O rápido e poderoso efeito dominó biológico nos ajuda a nos concentrar no perigo, a ter mais energia e a reagir rapidamente. A nossa resposta ao estresse agudo é um grande trunfo — nunca desejaríamos estar sem ela. Mas precisamos de um "desligamento rápido". Precisamos que a resposta ao estresse *termine* quando o incidente indutor de estresse terminar.

Façamos uma pausa para dar boas notícias: você já está trabalhando nisso. As técnicas que praticamos nos dois primeiros capítulos foram concebidas para nos ajudar a regular melhor a nossa resposta ao estresse. Quando conseguimos esperar o inesperado e nos mantemos mentalmente abertos e flexíveis a uma série de possibilidades, isso torna inofensivos os imprevistos que surgem — você não tem aquela reação automática de "gazela". E quando temos uma ideia clara do que podemos e não podemos controlar, é menos provável que gastemos o nosso tempo para planejar o que não pode ser planejado. Ambas as estratégias vão ajudá-lo a mudar para uma experiência de estresse mais saudável e equilibrada. Mas há um próximo passo fundamental: ser capaz de ver os acontecimentos estressantes diários como desafios e não como ameaças. E isso é mais fácil dizer do que fazer.

Uma coisa é compreender que você "deve" abordar situações súbitas, perturbadoras ou estressantes da sua vida como desafios em vez de ameaças; outra coisa é fazer essa mudança mental, à medida que as coisas vão se desenrolando. Mas há algumas estratégias específicas que podemos utilizar para fazer exatamente isso. A primeira é começar a pensar na nossa resposta ao estresse como um recurso, para não nos sentirmos ameaçados pelo próprio estresse.

O seu estresse é a sua força

Para estudar a diferença entre o *estresse de ameaça* e o *estresse de desafio*, a minha colega Wendy Mendes trabalha com as respostas de estresse das pessoas no laboratório. Ela lhes dá situações que podem enfrentar e controlar, em vez de criar situações novas e realmente desconfortáveis que induzem respostas de ameaça tanto a nível emocional como fisiológico. Ela descobriu que quanto mais nos sentimos no controle e equipados com recursos — o que chamamos de *mentalidade de desafio* —, mais temos uma resposta positiva ao estresse. As respostas ao desafio são caracterizadas por um sentimento de emoção mais positiva e por mais bombeamento de sangue do coração (débito cardíaco), em vez da vasoconstrição (estreitamento dos vasos sanguíneos) que experimentamos com uma resposta de ameaça. Sentir-se mais desafiado do que ameaçado perante um fator estressante está até mesmo relacionado com telômeros mais longos, que, como sabemos, está associado à longevidade e à vitalidade.[4]

Muitos se sentem ameaçados pela própria resposta ao estresse. Mas a ciência mostra que, com alguma prática, *podemos* manipular a nossa resposta. Ensinar as pessoas a verem sua resposta ao estresse como um ponto forte leva a uma mentalidade e fisiologia de desafio, e a uma melhor capacidade de lidar com o estresse.[5] Conseguir isso pode ser tão simples como *dizer a nós mesmos* que a nossa resposta ao estresse nos ajuda.

Num estudo clássico, Mendes e os seus colegas ensinaram aos estudantes a verem a sua resposta ao estresse como uma ajuda para se saírem bem num exame importante e o seu desempenho aumentou — o oposto da ansiedade com a prova![6] A Dra. Alia Crum, pesquisadora em Stanford, desenvolveu uma Escala de Mentalidade sobre o Estresse para ajudar as pessoas a avaliarem suas crenças sobre o estresse.[7]

SUA MENTALIDADE SOBRE O ESTRESSE

Quanto você acredita em cada afirmação, numa escala de 1 (de jeito nenhum) a 10 (extremamente)? Pense em acontecimentos estressantes, e não no estresse tóxico crônico.

O ESTRESSE É PREJUDICIAL	**Classificação (1-10)**	**O ESTRESSE É ÚTIL**	**Classificação (1-10)**
O estresse deve ser totalmente evitado		O estresse deve ser procurado e utilizado	
O estresse inibe meu aprendizado e crescimento		O estresse aumenta meu aprendizado e crescimento	
O estresse esgota minha saúde e energia		O estresse melhora minha saúde e energia	
Total		**Total**	

A Dra. Crum descobriu que nossa mentalidade sobre o estresse é maleável: se informarmos às pessoas sobre os efeitos prejudiciais do estresse, elas se sairão pior. Se lhes dissermos os benefícios do estresse, elas tendem a se sair melhor. É simples assim. Quando nos centramos nos benefícios do estresse, sentimo-nos menos estressados com nosso estresse, prestamos atenção a sinais positivos em vez de ameaçadores e abordamos as situações com mais confiança em vez de as evitar. Com crenças positivas sobre o estresse, as pessoas se sentem mais empenhadas em seu trabalho, além de sentirem mais emoções positivas e menos reatividade fisiológica. O que você está dizendo a si mesmo importa! Se obteve uma pontuação elevada no lado prejudicial da Escala de Mentalidade sobre o Estresse, pode concentrar mais sua atenção nos efeitos benéficos do estresse e lembrar-se deles antes de lidar com uma situação complicada.

Portanto, antes de mais nada, quando sentir que a sua resposta ao estresse está chegando — onda de alarme, coração acelerado, palmas das mãos úmidas, alta energia ou nervosismo — lembre-se que a capacidade de lançar uma resposta ao estresse em uma situação difícil é uma força, não uma fraqueza. Pense desta forma: pedir apoio quando está passando por dificuldades é uma força (o que ouvimos muito durante a pandemia); isso é o seu corpo pedindo ajuda de que precisa em um momento estressante para que possa ser mais forte. Para Steven, a reformulação ajudou muito — quando começou a pensar na sua resposta ao estresse como algo para o ajudar a enfrentar os desafios de sua nova função, os momentos de grande estresse deixaram de ser tão tóxicos. Até foi capaz de os acolher (*Ok, vamos lá! Energizem-me!*), e ele se recuperou mais rapidamente depois.

O seu corpo foi concebido para se recuperar rápido do estresse. O sistema nervoso humano pode voltar ao estresse de base em poucos minutos, e a maioria dos hormônios volta aos níveis normais em meia hora (as citocinas inflamatórias ficam um pouco mais, caso sejam necessárias para a cicatrização de feridas). É o padrão de ouro de uma resposta saudável ao estresse: recuperar-se rapidamente do estresse agudo. Você já tem essa capacidade — só precisa se esforçar e permitir que seu corpo faça o que está programado para fazer. E é muito mais fácil para o nosso corpo "descer" de uma forma oportuna e saudável depois de uma experiência de *desafio*, em vez de uma experiência de *ameaça*. Os resíduos biológicos e mentais de uma experiência de ameaça permanecem — nós ruminamos e revivemos. Desafios são diferentes: como subir uma montanha, atingimos o topo e depois descemos pelo outro lado.

Quero que mantenha estes dois pontos importantes em mente durante o resto da semana:

> *A minha resposta ao estresse é um recurso: ela me ajuda a enfrentar o desafio.*
>
> *Consigo me recuperar facilmente do estresse: o meu corpo foi feito para isso.*

Tal percepção da biologia humana — que o estresse não é naturalmente doentio ou deve ser evitado, e que a sua resposta natural ao estresse não é "errada" — é a base fundamental para sair de uma resposta à ameaça e assumir a resposta ao desafio. No caso de Steven, isso o ajudou a ser menos reativo em relação ao estresse que sentia e à forma como reagia. Quando compreendeu a utilidade desse recurso, tornou-se mais tolerante e menos autocrítico.

Mas precisava fazer mais. A época das eleições era uma coisa — alguns meses de estresse alto não causam danos irreparáveis a ninguém; o corpo tem uma grande capacidade de se recuperar do estresse. Mas um mandato de quatro anos, ou mais, era uma preocupação. Os fatores estressantes desse trabalho não iriam a lugar nenhum, por isso, para que a carreira fosse sustentável para a sua saúde, ele teria de aprender a reagir a eles de forma diferente. Mas como fazer essa mudança?

Retirar a ameaça do estresse

Grande parte do desafio de Steven era pautada no fato de estar em uma função nova e desconhecida. Qualquer um pode entrar nesse modo de resposta à ameaça quando se sentir chocado, confrontado com o desconhecido. Um resultado decepcionante numa iniciativa de trabalho, um momento pior na vida parental, uma discussão com alguém importante para você — tudo isso e muito mais pode nos levar a sentir que falhamos, ou que estamos falhando, de alguma maneira fundamental.

A primeira alteração que temos que fazer é perceber que o fracasso faz parte do sucesso. Pode parecer que o caminho mais fácil é evitar novas situações, para minimizar o risco e evitar a dor. Sempre que perseguir algo que vale a pena — uma carreira científica, um novo papel na política, tentar abrir um negócio, tornar-se pai novamente — os erros serão inevitavelmente grande parte dessa jornada. Cometer erros é comum, genérico, faz parte do nosso processo de crescimento. *Encare* o fracasso como algo normal, não como um desastre e nem como algo exclusivo. Sabemos que as pessoas de sucesso correm riscos — elas dão a cara a tapa e se colocam numa posição vulnerável, experimentando múltiplos fracassos. O único verdadeiro fracasso é desistir de algo que exige persistência. Saber que os erros e os fracassos são simplesmente parte do processo para atingir objetivos nos ajuda a ter uma resposta menos ameaçadora e mais desafiadora.

CRENÇA NO ESTRESSE DA AMEAÇA:

Se eu fracassar, significa que não fui feito para isso.

REFORMULE:

Se eu fracassar, significa que estou me desafiando.

Steven percebeu que, na política, o fracasso era a regra, não a exceção (como nos negócios, nas artes, na ciência da descoberta e assim por diante). A maior parte das iniciativas que ele tomava não progredira — havia oposição política, restrições orçamentais, referendos eleitorais que determinariam o que realmente seria feito. Para cada sucesso que tivesse no cargo, experimentaria dez vezes mais fracassos — e isso fazia parte de ser um líder municipal eficaz. Os seus fracassos eram um sinal de que ele trabalhava em direção a algo que valia a pena. Com essa mudança, ele já não se sentia ameaçado pelos fracassos. Conseguiu sentir o estresse mais como um motor e motivador e menos como um predador respirando no seu pescoço. Chega de ser gazela!

CRENÇA NO ESTRESSE DA AMEAÇA:

Nunca serei capaz de fazer isso.

REFORMULE:

Eu tenho o que é preciso para resolver isso.
E se eu sentir dificuldade, posso pedir ajuda.

Uma das razões pelas quais pode sentir dores agudas em situações de desempenho é o fato de a sua conversa interna lhe dizer coisas que são exatamente opostas aos pensamentos úteis de uma mentalidade de desafio: que você não é suficientemente bom, não merece as suas credenciais, não pertence ao grupo, não está à altura. No caso extremo, isso se torna a *síndrome do impostor*: teme ser descoberto como uma fraude. Isso pode realmente nos desorientar. Pode nos impedir de estabelecer objetivos pessoais de carreira. O impostorismo está fortemente relacionado com uma baixa autoestima, dúvida e falta de autocompaixão, e coloca você em risco de insucesso e de esgotamento.[8] Pode levar tanto ao medo do fracasso como ao medo do sucesso.[9]

E o mais engraçado do impostorismo é que não importa quanta evidência você tenha de que está realmente tendo sucesso: é comum em pessoas com grandes resultados, mesmo em pessoas no mais alto nível de sua profissão. Cerca de 30% ou mais dos estudantes de medicina, residentes de cirurgia e assistentes têm a síndrome.[10]

A síndrome do impostor alimenta a mentalidade de ameaça. É como estar em terreno precário, quando o que está em primeiro lugar na sua mente são as razões pelas quais não é competente, experiente ou *seja lá o que for* para ter sucesso: é impossível se sentir como um leão.

A conversa interna é simples, mas uma ferramenta superpoderosa na nossa mochila de emergência: a forma como falamos com nós mesmos pode amplificar o estresse ou nos levar a um estado mais calmo.

A maior parte de nós já pensou: "*Não mereço isso, não deveria estar aqui, não sou tão bom nisto como deveria ser.*" Essa conversa interna soa da mesma maneira, quer estejamos falando sobre um emprego ou uma conquista pessoal. Para contrariar essa autossabotagem falsa, mas habitual, volte sua atenção para sua bússola interna: julgue-se em comparação com o seu desempenho passado, não com base no desempenho ou nas expectativas dos outros, e nem com os padrões excessivamente rígidos ou perfeccionistas.

Mesmo Steven sendo um novato na política, ele *possuía* as aptidões e competências necessárias para ser bem-sucedido na função. Finalmente, havia deixado de lado aquela conversa interior que lhe dizia que seria visto como um impostor. Ele estava obcecado com o conhecimento do setor sobre o qual se fundamentava na função anterior, e que lhe faltava na atual. No entanto, Steven havia desenvolvido outras aptidões cruciais que o tornavam único para a função, as quais simplesmente não focava: era bom em encontrar um consenso, aprendia rápido, se comunicava com clareza e era inovador na resolução de problemas. Quando passou a se concentrar nas capacidades fundamentais antes de uma conversa difícil, de um debate público ou de outra tarefa de grande estresse, e se lembrava das outras vezes em que tinha sido bem-sucedido numa situação semelhante, sentiu-se menos instável.

CRENÇA NO ESTRESSE DA AMEAÇA:

Se eu não tiver êxito nisso, tudo ficará arruinado.

REFORMULE:

Só posso dar o meu melhor; o resto está fora do meu controle.

Os pesquisadores testaram os efeitos de uma mudança de perspectiva chamada *autodistanciamento espontâneo*. Em muitos estudos, isso diminui a reatividade ansiosa e emocional a futuros agentes de estresse.[11] O que significa "autodistanciamento"? Significa que quando algumas pessoas se sentem estressadas com algo que está por vir, elas *dão um passo atrás*. Olham para a situação de uma perspectiva "autodistanciada", em vez de uma perspectiva "autoimersa". Elas analisam o panorama geral e seu corpo responde mais calmamente ao fator estressante. A lição: se você conseguir se "soltar" da tarefa principal que está fazendo e se concentrar no fator mais importante dessa atividade e para quem ela importa, poderá sentir um desafio mais positivo e uma ameaça menos tóxica.

Uma das melhores formas de conseguir um distanciamento psicológico saudável é inserir algum tempo entre você e o evento estressante.

É claro que você não pode viajar no tempo, mas pode fazer isso em sua mente.

Viaje ao futuro e pergunte-se: *Em longo prazo, qual será a importância desta coisa? Quanto ela vai me afetar daqui a uma semana, um mês, um ano ou uma década?*

É engraçado — às vezes, quando estou desabafando sobre uma situação à mesa de jantar, o meu filho faz uma das minhas perguntas:

— Mãe — diz ele —, qual será a importância disso daqui a cinco anos?

É sempre uma ótima redefinição. Isso diminui a importância da situação. Ela continua lá, só que não ocupa tanto espaço na minha mente ou na minha vida. Quando os fatores estressantes se tornam tão grandes que começam a preencher a sua mente, é hora de fazer uma verificação de perspectiva. Muitas vezes, os acontecimentos estressantes que se aproximam ganham um tamanho e um peso na nossa mente que simplesmente não merecem. Todos têm apenas uma vida. Podemos nos sentir mais *desafiados* do que *ameaçados* mantendo uma perspectiva saudável.

CRENÇA NO ESTRESSE DA AMEAÇA:

Isso é estressante demais. Odeio esta sensação.

REFORMULE:

É emocionante! Consigo apreciar esta sensação!

Isso pode parecer simples demais para ser verdade. Mas basta dizer a si mesmo que algo é emocionante, em vez de ameaçador, para poder ajudá-lo a mudar rumo a uma experiência positiva de estresse. Dizer coisas para mudar a sua visão sobre o estresse, ou fazer *afirmações de reavaliação*, foi algo testado em 36 estudos.[12] Enquanto as afirmações às vezes melhoram as respostas do seu sistema nervoso autônomo, elas também reduzem de forma segura o seu estresse emocional. Em outras palavras, suas crenças sobre o estresse podem tirar uma grande parte do estresse negativo que você sente e capacitá-lo para um desempenho melhor.

Isso pode consistir em encarar o próprio estresse como um fator de melhoria de vida (uma mentalidade positiva em relação ao estresse), ver a sua resposta física ao estresse como uma melhoria de desempenho (*as palmas das minhas mãos suadas e o ritmo cardíaco elevado me ajudam — meu corpo está empolgado!*) ou ver a si mesmo como se estivesse preparado e com poder, em vez de se sentir ameaçado. Se for capaz de dedicar algum tempo, uma prática regular de atenção plena pode ajudá-lo a inverter a resposta ao estresse de *ameaça* para *desafio*: num estudo que realizamos na UCSF, descobrimos que o treino da atenção plena permitiu aos participantes manter níveis mais elevados de emoções positivas de "desafio" (tais como sentimentos de empolgação e confiança) após um fator estressante, e que possuíam maior débito cardíaco e menor vasoconstrição.[13] Mindfulness ensina a metacognição, a capacidade de observar a nossa mente, o que facilita a adaptação às mudanças.

Por isso, tenha em mente o seguinte: até certo ponto, você pode definir a sua resposta ao estresse! Pode sentir o pico de adrenalina no trabalho, mas *pode escolher* como interpretar a resposta natural do seu corpo ao estresse e melhorar a forma como as coisas se desenrolam.

Até que Steven parou e refletiu nessas reformulações de ameaça para desafio, ele nem sequer tinha percebido que grande parte do seu estresse de ameaças vinha de um grande problema: ele havia assumido o cargo com um objetivo impossível. *Fazer todos felizes*. Estava habituado a fazer isso no mundo do marketing, onde o principal objetivo era ter clientes felizes. Administrar uma cidade era uma coisa bem diferente. Ele precisava reformular radicalmente a sua ideia de sucesso: se fizesse uma única coisa para melhorar a cidade nos seus quatro anos de mandato, decidiu que a consideraria uma vitória.

No fim, houve mais fracassos do que vitórias ao longo dos quatro anos, e sim, foram muitas vezes estressantes. Mas ele havia adotado uma mentalidade positiva em relação ao estresse e encarou os desafios como o caminho para o sucesso, uma ponte necessária para atravessar o caminho para as coisas que ele *conseguiu*, o que lhe permitiu reagir a eles de forma diferente. Na maior parte das vezes, Steven conseguia se sentir motivado, impulsionado e energizado pelo trabalho e não sempre estressado, atacado e esgotado. E quando ele se desviava para a zona ameaçada da "mente vermelha", poderia usar essas reformulações mentais para voltar ao caminho certo.

Após quatro anos (apesar de não ter feito todos felizes), Steven foi reeleito. No seu segundo mandato, enfrentou uma nova tarefa de resiliência ao estresse: não se identificar demais com o papel de "prefeito". Essa é a última e, sem dúvida, a mais difícil mudança mental a fazer quando procuramos nos tornar o leão: não ligar a nossa identidade e autoestima a um determinado papel ou faceta da nossa vida.

Não ponha todos os ovos num só cesto

Se você é fã de basquete, talvez conheça Kevin Love, ala-pivô do Cleveland Cavaliers. Love é um atleta muito talentoso: é cinco vezes All-Star da NBA, esteve nos Jogos Olímpicos e ganhou um campeonato da NBA com os Cavaliers em 2016. Ele também é filho de um jogador da NBA. Tem sido reconhecido pelos seus feitos no esporte durante quase a vida inteira. Tive a honra de conversar com ele num evento de rádio apresentado pelo Commonwealth Club, e conheci a sua experiência com o impostorismo e com o "estresse de ameaça à identidade",[14] que começou com um pedido de ajuda do seu sistema nervoso.

Em 2017, durante um jogo em casa contra o Atlanta Hawks, Love sofreu um ataque de pânico. Num ensaio que compartilhou alguns meses após o ocorrido, descreveu uma tempestade perfeita de estresse e pressão que antecedeu o jogo: problemas interpessoais com a sua família, dificuldades para dormir e expectativas elevadas em relação ao seu desempenho no jogo, que temia não conseguir satisfazer.[15] A sua luta começou no início do jogo. Sentia-se esgotado e sem fôlego. Suas jogadas não funcionavam, sempre errava cestas e seu cérebro parecia estar girando. Por fim, saiu da quadra com o coração acelerado e foi parar no hospital, onde fez uma série de exames. Estava bem. Mas, no jogo seguinte, aconteceu a mesma coisa.

Love começou a fazer terapia depois dos seus ataques de pânico e compreendeu que grande parte do imenso estresse que sentia era devido à ligação extrema de sua identidade com sua profissão e seu desempenho. Ele partilhou sua própria experiência com a esperança de ajudar outros atletas — ou qualquer pessoa cuja autoestima é fortemente moldada por seu desempenho numa determinada área da vida. O que ele queria dizer era que, se nos identificássemos como um "grande jogador de basquete" e tivéssemos um mau jogo, ficaríamos devastados. É difícil se recuperar. Ele escreveu: "Quando eu não estava jogando bem, não sentia que tinha sucesso como pessoa."

Quando sentimos que a nossa personalidade é atacada, estamos em modo gazela. Por isso, se está em modo gazela e não sabe bem o porquê, pare um momento e pergunte-se: *O que nesta situação faz com que o meu sentido de identidade se sinta ameaçado?* Quando a sua identidade central é ameaçada e tem "todos os seus ovos numa só cesta", trata-se de uma receita para se sentir ameaçado. Talvez, o que considere mais valioso em si (ou acredite que os outros considerem valioso) seja a sua capacidade de ser um bom pai ou uma boa mãe. Talvez seja a sua capacidade de ganhar muito dinheiro. Talvez seja o fato de produzir sempre excelentes resultados dentro dos prazos. Seja o que for, pode se dar conta de que os imprevistos normais que ocorrem nessas funções nos afetam com mais intensidade e frequência. Quando "quem somos" está em jogo, o seu "status" é ameaçado e o seu corpo reage como se estivesse sendo atacado.

Há uma mensagem cultural que recebemos e que forma os nossos valores inconscientemente, que é o fato de termos de alcançar, adquirir e ter um desempenho excepcional para termos valor. Isso nos leva a sentir uma baixa autoestima com qualquer contrariedade, especialmente quando está ligada a um resultado (cumprir o prazo, fazer a venda, publicar o estudo... o que você preferir). A solução?

Diversificar.

Não quero dizer *fazer* mais. Em vez disso, lembre-se de todas as outras coisas que você já é. Nenhum de nós é apenas uma coisa. Como Love disse: "O que você faz para viver não tem que definir quem você é."

Lembre-se das coisas que lhe interessam e dos outros papéis que desempenha na vida, além do que está em jogo. Enquanto Steven trabalhava no seu segundo e terceiro mandatos como prefeito, foi essa a forma pela qual ele se recuperou de um ciclo de estresse crônico. Muitas pessoas atrelaram sua identidade ao "prefeito". Parecia que era por isso que o valorizavam e respeitavam. Quando ele se via dessa forma, a perspectiva de perder esse título era devastadora. Por isso, quando surgiam grandes desafios no trabalho — desafios que poderiam influenciar futuras eleições — Steven administrava o seu próprio estresse se lembrando de todas as outras coisas que era. Ele era um pai maravilhoso e um marido amoroso; era um membro ativo da comunidade, contribuindo para vários conselhos de administração e organizações de voluntariado; era um filho dedicado que conduzia os cuidados de saúde e as finanças dos seus pais idosos. Sua identidade e seu valor para o mundo em geral tinham muitos aspectos. Não podiam ser reduzidos a apenas um papel.

Uma poderosa estratégia aqui é usar *afirmações de valores* para se reorientar de acordo com sua bússola interior e lembrar-se de tudo o que *já faz*. Algumas pessoas acham que as autoafirmações (as afirmações positivas sobre si mesmo) são banais e sem sentido, e sentem-se inseguras ao fazê-las. Compreendo — as afirmações me fazem lembrar de Stuart Smalley, um personagem de um famoso sketch de comédia do *Saturday Night Live* que dizia todas as semanas: "Sou bom o bastante, inteligente o suficiente, e maldição, as pessoas gostam de mim!" Mas esse não é o tipo de afirmação da qual falo. A ciência mostra que as afirmações de *valores* — quando você escreve os valores centrais e determinantes da sua vida e, em seguida, enumera todas as formas como viver e incorporar esses valores, são bem poderosas. Essas são muito mais eficazes do que afirmações positivas gerais sobre nós mesmos (desculpe, Stuart!). Quando sentimos que nossa integridade pessoal e nosso ego estão ameaçados, podemos aliviar o estresse nos lembrando de nossos valores fundamentais e das formas como já trabalhamos para aquilo que mais nos interessa.[16]

A pesquisa neste domínio é animadora: a afirmação de valores ajuda a melhorar as notas dos alunos, especialmente dos alunos pretos e latinos, e até aumenta o desempenho dos médicos residentes.[17] Elas podem reduzir os hormônios do estresse, como o cortisol e as catecolaminas. David Creswell, PhD, pesquisador da Universidade Carnegie Mellon, testou o papel da afirmação: mulheres com câncer de mama escreveram sobre como enfrentar a situação, uma vez por semana, durante três semanas, e as suas reações foram analisadas em busca de autoafirmações. Por exemplo, suas afirmações poderiam ser: "Rezei mais do que nunca, a oração sempre foi uma força pessoal minha." Aquelas que escreveram mais frases de autoafirmação estavam com uma saúde melhor três meses depois.[18] Em seguida, ele quis testar se as afirmações podem ser "vistas" na atividade cerebral, e descobriu que as afirmações de valor ativam as áreas de recompensa do cérebro (córtex pré-frontal ventromedial), tal como pensar em sexo ou em memórias felizes. Com a prática repetida, pensar dessa forma previne contra a resposta de ameaça.[19]

Experimente agora! Escolha alguns valores fortes ou pontos fortes pessoais, possivelmente da lista a seguir, e pense realmente por que cada um deles é importante para você e como o incorpora.

OS MEUS VALORES ESSENCIAIS

Escolha três valores na sua vida (ideias abaixo) e pense em um exemplo de como você os vive:

- Criatividade/artístico/musical
- Comunidade/relacionamentos
- Ser um bom amigo ou membro da família
- Adquirir conhecimentos/curiosidade
- Ajudar os outros/justiça social/equidade
- Honestidade/integridade/princípios morais
- Coragem/bravura
- Bondade/generosidade/compaixão
- Natureza/meio ambiente/sustentabilidade
- Espiritualidade/religião

Com uma base sólida sobre a origem do seu mérito e do seu valor, você fica muito mais capaz de lançar fisiologicamente uma resposta de desafio ao estresse e, em seguida, recuperar-se dele mais rápido. A capacidade de se ver com uma identidade diversificada é um ingrediente importante na resiliência ao estresse: com autoconhecimento, algo que ameace uma parte da sua vida não pode mais ameaçar todo o seu ser de forma tão completa.

Quando conduzo retiros de gestão do estresse, oriento as pessoas por meio da questão da "diversidade de identidade", de realmente expandir o seu sentido do "eu" para incluir tudo o que você é. É importante não permitir que a nossa autoestima dependa de uma pequena fatia do bolo — queremos ver o bolo todo, todos os dias.

E não se trata apenas do que você *faz* e valoriza — basta sermos você mesmo. Apesar de a sociedade nos dizer que nosso valor reside em nossas conquistas, temos que nos lembrar e confiar que o nosso valor natural e inerente está sempre presente, e que temos uma identidade expansiva se nos lembrarmos dela. Em nossos retiros, oferecemos aos participantes um mantra ao qual podem recorrer: *Eu sou o suficiente.* Diga isso a si mesmo nos momentos em que um problema numa área da sua vida parece um ataque, uma violação, uma ameaça. Essa pequena frase contém o conhecimento de que você é muitas coisas, e inerentemente digno e importante, não importa o que aconteça.

Eu sou o suficiente, possuo o suficiente e realizo o suficiente.

Dado o sexismo implícito e explícito com que nos deparamos ao longo da nossa vida, as mulheres, em particular, desenvolvem mais autovisões negativas, avaliam o estresse de modo mais severo e têm níveis médios mais elevados em todos os estudos que já vi. As pessoas com uma identidade social marginalizada enfrentam esse desafio, sendo que podem ter interiorizado um estigma e mensagens ofensivas. Por isso, é muito importante examinarmos o que estamos dizemos a nós mesmos. A voz da autocrítica pode ser tão alta e frequente que você nem a percebe mais — você a aceitou. Tina Fey, a comediante que começou em clubes de improvisação e depois ganhou fama no *Saturday Night Live*, já me fez rir inúmeras vezes. Aqui está uma coisa que ela disse que realmente me toca: "Estou constantemente espantada com a Tina Fey. E *sou* a Tina Fey".

Peço a todos na audiência do retiro que repitam isso usando o seu próprio nome. É muito desconfortável no início, mas experimente. Você sobreviveu a inúmeras dificuldades, perdas e rejeições ao longo da vida e, no entanto, ainda está aqui, dando seu melhor, tentando fazer o melhor. Repita a frase. Quanto acredita nisso?

Uma participante de um dos meus workshops, Cathy Caplener, disse uma vez (*brincando*, pensei) que colocaria um outdoor com letras enormes dizendo: "VOCÊ É O SUFICIENTE". Sem publicidade, sem site, sem nada para vender. Ela gostaria que as pessoas o lessem e soubessem que alguém se preocupava o suficiente para pagar por aquele espaço e divulgar aquela mensagem, contrariando a mentalidade de escassez generalizada que nos pressiona a fazer mais, conseguir mais, ganhar mais, melhorar, para nos sentirmos melhores.

Eu lhe disse que era uma ideia fantástica, mas estava preocupada que as pessoas não a entendessem. Mas eu estava enganada. Um ano depois, ela tinha *quinze* outdoors em Los Angeles e Silicon Valley. Ela passou a receber notícias de pessoas que veem um dos outdoors, copiam a mensagem e depois a encontram e compartilham quão poderosa foi a mensagem. Parece ter uma forte influência em pessoas com depressão e suicídio — muitos entraram em contato para lhe dizer que a mensagem os salvou. Atualmente, ela trabalha com organizações que desejam patrocinar mais outdoors com a afirmação. Cathy tem lutado contra a ansiedade e a depressão, e essa mensagem — você é o suficiente — a ajudou.

— Queria abraçar essas pessoas — disse ela. — Agora, as pessoas estão fazendo a mesma coisa comigo, espalhando cartazes com a nossa campanha Purpose.[20]

Ela espera que haja, pelo menos, um em cada estado.

Quando seu senso principal de autoestima for validado ou diversificado, você não se sentirá tão facilmente ameaçado pelo estresse. Pode ser *desafiado* por ele... e é justamente isso que queremos.

PRÁTICA DE HOJE

NÃO CORRA... RUJA

Item para sua mochila de emergência:
Conhecer o momento e recuperar-se bem

Reserve um momento e pense num acontecimento futuro com o qual se sente preocupado. Pode ser uma reunião importante, uma apresentação, um projeto. Também pode ser algo pequeno, mas comum do dia a dia — estar no trânsito, ir a um evento social ou brigar com alguém. Pense por que isso é estressante para você, o que está em jogo. Agora, pensando nesse acontecimento, faça o seguinte:

Crie um escudo contra o estresse: A sua dose pessoal para se proteger do estresse

Você pode impedir que o estresse das ameaças entre nas suas células dando a si um escudo de confiança. Por isso, vamos focar seus recursos para lidar com essa situação em particular e desenvolvê-los.

Na página seguinte, anote três ou mais razões pelas quais está preparado para este evento: pode incluir competências, recursos ou apoio de outras pessoas, ou lembrar-se de ocasiões semelhantes em que conseguiu passar por algo do gênero. Enumere as razões pelas quais tem o que é preciso para lidar com esta situação. Não tem a certeza de que acredita nisso? Bem, acredite nisto: só esse pensamento tem o poder de o tornar mais provável. Aborde o acontecimento estressante através de uma lente de confiança e competência: *Tenho o que é preciso para fazer isso.*

Proteção contra o estresse: Eu tenho isso porque...

Depois de escrever as frases de proteção contra o estresse, feche os olhos e imagine-se na situação com a qual estava estressado, da forma mais vívida possível. Com essas afirmações em mente, imagine um resultado positivo em que fez o melhor que poderia.

Prática extra

Lembre-se de quem você é, sob a perspectiva do panorama geral:

Ao pensar sobre o acontecimento estressante que se aproxima, lembre-se de alguns valores fundamentais que incorpora, os quais não têm nada a ver com a situação (veja o box de valores essenciais na página 86). A sua identidade multidimensional pode atenuar o sentimento de ameaça desta situação específica.

Obtenha alguma perspectiva de tempo — dê um passo atrás: Olhe para esse evento como se já tivesse ocorrido, por meio dos olhos de seu eu futuro. Quanto isso o afetará daqui um ano? Cinco anos? Dez anos? Na maioria das vezes, a resposta é que este acontecimento dificilmente terá qualquer impacto na nossa vida em um ano. Há sempre a hipótese de ter — nesse caso, há muito em jogo, porém, mesmo assim, lembre-se: só podemos fazer o nosso melhor e abdicar do controle sobre o resto.

Solução de problemas

Quando o estresse da ameaça é difícil de superar

Utilizar afirmações de desafio, mudanças de perspectiva e afirmações de valores nos ajuda a ruminar menos e a resolver situações na nossa mente. Essas práticas podem ajudar a nos sentir calmos, a reduzir o cortisol extra durante o período que antecede o evento — o estresse antecipatório comum — para podermos estar presentes no momento, ser o leão, se isso for necessário. Mas, por vezes, o nosso corpo não coopera e ficamos com uma ansiedade total, com pânico e com o coração acelerado — e depois? No momento, tente as táticas deste capítulo:

Utilize a energia do seu corpo! Essa sensação de estresse que experiencia quando está no meio da situação — energia nervosa, uma onda de adrenalina, a mente girando, ritmo cardíaco elevado — pode ser um recurso energizante e fortalecedor, especialmente se o enquadrar dessa forma para si próprio. Visualize o que o seu corpo faz enquanto prepara uma resposta de desafio: está enviando mais sangue e oxigênio para o seu coração e para o seu cérebro; está aumentando a sua energia disponibilizando mais glucose; está construindo uma mentalidade de energia positiva e criativa; está criando condições para você se concentrar e fazer o que é necessário para ter sucesso. É uma energia regenerativa, uma energia não exaustiva de esgotamento. Lembre-se: *esse estresse é um potente recurso energético que vai me ajudar a ter sucesso. O meu corpo está entusiasmado!* Escolha esse pensamento positivo ou outra afirmação de desafio deste capítulo, ou faça a sua — **você está se tornando o leão.**

De "Por que eu?" a "Pode vir quente!" Trabalhamos nisso no Dia 1, mas como discutimos, nunca podemos deixar de ter expectativas. Esperamos que nos tornemos melhores em perceber quando estamos demasiadamente ligados às nossas expectativas e a liberá-las para que não tenhamos uma reação de ameaça quando as coisas não correm como esperado. Mas, quando isso acontecer, mude o roteiro. Caso esteja se sentindo vítima das circunstâncias (*Por que eu?*), em vez disso, pense: *Pode vir quente!* Pense nas situações difíceis a que já sobreviveu — toda essa experiência e sabedoria arduamente adquirida estão incorporadas em você. A sua mentalidade de estresse molda os seus pensamentos e a sua experiência da realidade, incluindo as suas reações fisiológicas aos acontecimentos. Aborde a situação com a mentalidade de: "*O que mais tem para mim, Universo?*" e veja como poderá se sentir diferente.

DIA 4

TREINE A RESILIÊNCIA

EVY POUMPOURAS É EX-AGENTE ESPECIAL DO SERVIÇO SECRETO, UMA CARREIRA EM QUE é preciso estar literalmente pronto para levar um tiro. A incerteza é um dado; a resiliência é fundamental. Poumpouras, que mede 1,60m, com um rabo-de-cavalo loiro-claro e um delineado gatinho impecável, não deve ser subestimada: ela protegeu Bill Clinton, que adorava entrar em multidões não controladas, acompanhou George W. Bush no meio de uma multidão no Egito, e viajou pelo mundo com Barack Obama. Em 11 de Setembro de 2001, estava no World Trade Center e correu para o desastre em vez de se afastar, ganhando uma Medalha de Valor do Serviço Secreto dos EUA por suas ações. Hoje em dia, é uma oradora muito requisitada sobre resiliência mental. O seu conselho para situações estressantes? *Aceitar e adaptar-se.* Não lute contra as circunstâncias que não pode controlar. Aceite a realidade, adapte-se rapidamente e resolva os problemas a partir daí.

É um bom conselho, mas é mais fácil falar do que fazer! Como podemos nos ajudar a cultivar o pensamento para estarmos preparados quando o estresse da vida se aproximar? Uma das práticas de resiliência favoritas de Poumpouras é, talvez, surpreendentemente simples: ela toma banhos frios.

Por que isso ajudaria? Bem, Poumpouras disse que começou a fazer isso porque sentia medo do frio. Ela o odiava e costumava evitá-lo. Mas ela não queria ser impedida de nada por causa da repulsa ou do medo do desconforto. Por isso, começou a tomar banhos frios todos os dias para ensinar ao seu cérebro e corpo que podia suportar o frio muito bem. Depois disso, sentiu-se mais forte.

A ciência sugere que ela de fato *fica* mais forte depois. Ao entrar na água fria, ela expõe o corpo a um estresse menor e controlável. O seu sistema nervoso simpático se ativa. Mas depois se recupera. E acreditamos que no processo de pico e recuperação reside uma parte biológica crucial da resiliência ao estresse.

Até agora, concentramo-nos principalmente na forma como respondemos ao estresse à medida que ele surge e como compreender melhor essa resposta. Mas uma grande parte da resiliência ao estresse é treinar para o estresse *antes* de a m**** acontecer. Você trabalha a resposta ao estresse quando *não* está em um momento de grande estresse. Para tanto, o corpo é submetido ao estresse *de propósito.*

Não me refiro a provocar estresse psicológico em longo prazo. E sim, de explosões curtas e concentradas de estresse agudo, do tipo que você pode se recuperar fácil e gradualmente — como um breve exercício físico ou mergulhar em água fria para nadar. Acontece que a exposição do corpo a um estresse positivo controlável faz o *oposto* do que faz o tóxico em longo prazo: melhora a saúde e o tempo de vida regenerativo das suas células, em vez de as desgastar lentamente. Nós o denominamos estresse *hormético.*

E é uma palavra que todos deveríamos conhecer, porque tem a ver com aproveitar o estresse para o bem.

O termo *hormético* se refere a algo que, numa dose maior, seria prejudicial, mas numa dose menor é bastante benéfico. Compare beber café durante o dia com desfrutar de uma dose de café expresso. O primeiro não é muito bom para você e, provavelmente, deixa-o ansioso e nervoso; o segundo tem benefícios para o humor e para a saúde. Acreditamos que com o estresse é a mesma coisa. Não queremos experienciar demasiado estresse durante o dia. O *importante* é tomar "doses" curtas e intensas que levem o seu corpo a iniciar processos de recuperação que são benéficos para as suas células e que as ajudam a serem mais resilientes ao estresse futuro.

Estresse hormético: Uma equipe de limpeza para as suas células

Eis o que acontece com o estresse hormético (que é referido tanto como hormese e quanto por nomes mais simpáticos como "estresse positivo"): quando somos expostos a estresses controláveis em curto prazo, o corpo ativa respostas diferentes do que com o estresse crônico. No sistema nervoso, o ideal é termos um botão de desligar e ligar para nossa resposta ao estresse. Quando a resposta simpática liga, a resposta parassimpática desliga, e vice-versa. Assim, temos o pico do sistema nervoso simpático, que é seguido por um grande aumento de atividade no sistema nervoso parassimpático para ajudar a desligar a resposta ao estresse (chamada *rebote vagal*). É a resposta contrarreguladora do estresse que nos ajuda a nos recuperarmos. E não só recuperar, mas também *atualizar*. Imagine-se saindo daquele banho gelado e depois se envolvendo numa toalha quente: estresse e recuperação. Você se sente bem, e é bom para as suas células.

Nas células, os processos de estresse hormético podem criar restauração e rejuvenescimento.[1] Buscamos uma resposta aguda ao estresse para que ligue a engrenagem antienvelhecimento e pressione o botão de "autolimpeza" das suas células. A hormese desencadeia a autofagia, um processo em que as células ativam a sua equipe de limpeza, devorando os resíduos dos processos metabólicos do dia e reciclando-os. Por exemplo, nos vermes, o aquecimento ativa as proteínas de choque térmico, que aciona autofagia, e depois... a longevidade das minhocas! As minhocas ligeiramente aquecidas vivem de fato mais tempo.[2] Mas se lhes dermos demasiado calor durante um tempo, bem, isso leva a um funeral precoce. Portanto, há um ponto ideal para o estresse hormético.

O estresse hormético funciona quase como uma vacina — você recebe uma microdose do "vírus" (estresse) e, mais tarde, quando enfrenta um grande e intenso fator estressante, está basicamente vacinado contra ele. Tal como o seu sistema imunológico aprende a reconhecer e a combater um vírus, o seu corpo aprende a metabolizar o estresse quando você o enfrenta. Quando se depara com o estresse, o seu corpo diz: "*Ei, eu já vi isso. Eu sei como lidar com isso.*"

No domínio da ciência do estresse, já sabemos, há muito tempo, que a exposição a fatores estressantes de curto prazo torna os organismos mais resilientes, no futuro. É uma das razões pelas quais acreditamos que as pessoas que sofreram adversidades *moderadas* no início da vida experienciam frequentemente uma melhor resiliência ao estresse mais tarde. Há muitos fatores que influenciam isso, é claro; a adversidade na infância, quando crônica, sob a forma de instabilidade em longo prazo, pobreza e abuso, pode ter o efeito oposto na saúde. Muitas mentes brilhantes estudam a forma como as experiências adversas na infância afetam a saúde das pessoas na idade adulta, e que tipo de políticas públicas e intervenções de saúde podem ser aplicadas para detectar e tratar os efeitos persistentes do estresse tóxico quando criança. Portanto, quando falo sobre estresse hormético, não me refiro a esse tipo de circunstâncias prejudiciais. Refiro-me à adversidade controlável de curto prazo — em pequenas e repetidas doses —, do tipo que pode ensinar a mente e o corpo a metabolizarem o estresse e a se recuperarem dele.

O bom tipo de estresse e onde obtê-lo

Seu corpo *ama* o estresse agudo. Esse processo de pico e recuperação — de ação do sistema nervoso simpático seguido do parassimpático, desencadeando a limpeza e a reparação celular — é maravilhoso para nós. De fato, precisamos dele. Assim como sua casa, as suas células precisam de uma limpeza regular — e o estresse agudo é um processo através do qual essa limpeza acontece. Precisamos de repouso e relaxamento, sim, mas também precisamos de estresse positivo. Necessitamos de ambos. Especialmente à medida que envelhecemos, tendemos a ter um tônus vagal mais baixo em repouso, o que leva a respostas autônomas lentas ao estresse: obtemos menos respostas liga-desliga agudas nos ramos do sistema nervoso.[3] Isso torna o "estresse positivo" ainda mais importante.

Quando nos aplicamos "injeções" propositadas de estresse agudo, várias vezes, aproveitamos a nossa capacidade natural de nos fortalecermos. Sabemos que isso é benéfico, que é saudável para o corpo e que nos ajuda a enfrentar o estresse futuro. Em estudos com animais com organismos como ratos e vermes, verificamos que a exposição a curtos períodos de estresse hormético, na verdade, prolonga a vida.

É claro que existem diferenças biológicas entre as minhocas e os seres humanos. Por isso, uma das nossas principais missões no campo da ciência do estresse tem sido descobrir quais são as estratégias que produzem a resposta hormética no corpo humano.

A teoria do estresse positivo já existe há algum tempo no campo da ciência do estresse. Na verdade, o primeiro artigo que escrevi e publiquei como cientista, em 1998, foi sobre respostas positivas ao estresse.[4] A pesquisa inicial sobre o estresse hormético se baseava, primordialmente, em células individuais ou em animais, e os pesquisadores utilizavam frequentemente agentes não naturais, como choques, exposição à radiação UV ou químicos — fatores estressantes que os humanos evitam. Mas uma forma de os pesquisadores induzirem com segurança uma resposta positiva ao estresse hormético nos seres humanos era por meio do exercício.

Em estudos de laboratório, aprendemos que existe uma resiliência: as células expostas a um tipo de estresse (choque UV) são resilientes quando expostas a um tipo *diferente* de estresse (calor). Elas alteraram a sua engrenagem celular para lidar com o que quer que apareça no caminho e eliminam mais rapidamente os radicais livres. Em outras palavras, as células que são expostas a um tipo de estresse são mais capazes de enfrentar *qualquer* tipo de estresse!

Vejamos agora se isso se aplica aos seres humanos: se você se estressar com atividade aeróbica, responderá melhor ao estresse psicológico? As suas células parecem mais jovens?

Muitos estudos compararam pessoas em boa forma física com pessoas sedentárias e concluíram que o grupo em boa forma física responde a um estresse laboratorial agudo com menos ansiedade e menor frequência cardíaca.[5] Isso é empolgante, mas e as pessoas que não estão "em forma" para começar — elas podem se beneficiar, em termos de estresse, com o treinamento físico? A Dra. Tinna Traustadóttir, da Universidade do Estado do Arizona, submeteu pessoas sedentárias a um treino de oito semanas e as comparou com outras da mesma idade no grupo de controle.[6] Ao fim de oito semanas, os participantes foram expostos a um fator estressante físico que criava o estresse oxidativo (uma braçadeira de pressão arterial apertada, aplicada repetidamente, para induzir isquemia). Os participantes que haviam passado por oito semanas de treino responderam ao fator estressante fisiológico com menos estresse oxidativo. Em resumo? Funcionou — os corpos se tornaram mais resilientes ao estresse.

O Dr. Eli Puterman da Universidade de British Columbia é outro pesquisador do exercício com quem colaboro frequentemente. Ele recrutou pessoas que cuidavam o tempo inteiro de um parceiro com demência, um grupo de alto estresse que não conseguia fazer exercícios físicos.[7] Com o apoio de um treinador que os orientava, fizeram exercício durante 45 minutos, três vezes por semana. Seis meses depois, verificamos que não só relataram ter mais resiliência ao estresse[8] (menos estresse diário, ruminação e depressão; mais domínio e controle), mas também, quando fizemos a coleta do sangue para examinar as suas células, encontramos telômeros mais longos.[9] O treino físico funcionou como uma espécie de escudo protetor a nível celular contra o estresse crônico com que viviam.

Tome as suas doses de estresse

Para as pessoas que não praticam exercício físico há anos (o que normalmente inclui cuidadores e pessoas com depressão), é importante começar lentamente com algum tipo de movimento, como ioga ou caminhada, e aumentar gradualmente para níveis mais aeróbicos e de bombeamento cardíaco. Para todas as demais, o nosso objetivo é tornar a resiliência ao estresse verdadeiramente acessível, mesmo para as pessoas pressionadas pelo tempo ou pela economia, ou que fazem malabarismos com muitas responsabilidades na vida. Por isso, começamos a analisar um regime de baixo compromisso de tempo chamado de *treino intervalado de alta intensidade*, ou HIIT [do inglês high-intensity interval training].

Uma sessão de HIIT lhe pede que se envolva em atividades de muita energia e esforço cardíaco durante curtos períodos, seguidos de um breve descanso. O foco é elevar rapidamente o ritmo cardíaco para cerca de 80% da sua capacidade máxima, com intervalos de descanso suficientes para que possa mantê-lo, cerca de dez minutos. Agora, o treino intervalado também não é novidade — os atletas, especialmente os corredores, praticam-no há cerca de um século como parte do seu regime de treino. Mas, recentemente, os pesquisadores descobriram que esse treino de alta intensidade pode ser a melhor maneira de obter o melhor retorno possível em termos de benefícios para a saúde em relação ao tempo investido.

Durante a pandemia, confinada em casa, acabei cedendo, comprei uma bicicleta ergométrica. Pensei em realizar um estudo comigo mesma e ver como o treino HIIT me faria sentir. Escolhi um treino virtual aleatório liderado por uma mulher de quem nunca havia ouvido falar — Robin Arzón —, subi na bicicleta e resolvi experimentar. Cinco minutos depois de ouvir as suas instruções, fiquei de queixo caído. Ela falava a minha linguagem de estresse hormético! Todo o seu modelo de motivação dos participantes estava cheio de desafios como "desenvolva uma relação com o desconforto e empurrem-se para ele; ele nos tornará mais fortes".

A linguagem da resiliência ao estresse foi muito importante para mim. Tornei-me fã, e comecei a de fato desejar os treinos — por mais difíceis que fossem. Ela parecia uma psicóloga brilhantemente intuitiva, mas eu soube que, na realidade, era formada em Direito e que havia deixado essa carreira para se tornar preparadora física. Notei como a sua audiência mundial cresceu até atingir 50 mil pessoas ao mesmo tempo. Claramente, eu não era a única viciada nessa experiência de resiliência.

Estamos entusiasmados com o HIIT como uma forma potencial de melhorar a resiliência ao estresse. Trata-se de exercícios simples, de baixo custo e com pouco tempo de dedicação. Exercícios que as pessoas podem fazer em casa, imediatamente, para começar a melhorar a sua resiliência e desencadear a "equipe de limpeza" das células do corpo, o que melhora a saúde. Ao mesmo tempo, o nosso conhecimento sobre como induzir a hormese limita-se há muito tempo ao exercício físico, que é a única estratégia aprovada que aplicamos por meio dos rigorosos estudos duplos-cegos em que podíamos dizer: "Isso cria claramente um estresse positivo e é bom para nós mesmos em longo prazo". Passei dois dias nos Institutos Nacionais de Saúde dos EUA com os principais cientistas do estresse para discutir a melhor forma de construir e medir a resiliência ao estresse. A única coisa em que todos concordaram foi... o exercício. Saí das reuniões satisfeita com o fato de o exercício ser tão bem-visto, mas chocada, pois ainda é tudo o que sabemos. Voltei para o meu laboratório pensando: *É só isso? O exercício é tudo o que temos?*

A eficiência do HIIT é um desenvolvimento sólido — aprimorar o exercício para a "dose mínima necessária" torna-o mais acessível. Mas nem todos conseguem mexer o corpo dessa forma. Eu havia andado à procura de outras formas de criar estresse agudo e saudável no corpo humano; formas de as pessoas induzirem uma resposta ao estresse hormético que *não* se baseasse no exercício. Refleti sobre a questão por muito tempo — basicamente desde que escrevi o primeiro artigo sobre resiliência em 1998!

E foi aí que me deparei com o Homem de Gelo.

Lições do Homem de Gelo

Quando a Spa Industry Association me convidou para a Global Wellness Summit, em 2017, eu quase disse "não". Pareceu-me um evento interno da "indústria do bem-estar", e não vi como eu poderia acrescentar algo. Estava pressionada pelo tempo no laboratório e relutante em dedicar os dias necessários para a viagem. Na ida de avião para a Flórida, comecei a me sentir angustiada e arrependida da decisão de ir. Seria um peixe fora d'água — o meu trabalho se encaixava melhor em conferências sobre pobreza, trauma e disparidades na saúde. Deveria utilizar o meu tempo dessa forma? Por fim, interrompi essa linha de pensamento e me lembrei: *"Há sempre algo que vale a pena em qualquer conferência; devo tratá-la como uma aventura."* Fechei os olhos e tentei me abrir mentalmente para as incógnitas que me esperavam, para o que poderia ver e aprender, e quem eu poderia conhecer.

Cheguei à conferência e me preparei para a minha apresentação. Chegou a minha vez e, na minha cabeça, eu estava pronta. Mas o orador que me antecedeu chamou a minha atenção assim que entrou no palco. Ele parecia um pouco com um homem das cavernas: alto, magro, bronzeado, com a aparência de ter sido açoitado pelo vento e com uma grande barba grisalha. Usava calções e uma camiseta simples. Todos os outros na sala estavam de terno e gravata. Ele era uma completa exceção. O meu interesse foi oficialmente despertado.

Seu nome é Wim Hof, mas é mais conhecido pelo apelido de "o Homem de Gelo". Ganhou visibilidade internacional pelas suas proezas radicais, a maioria das quais envolve exposição ao frio intenso: caminhar parte do Monte Everest vestindo apenas shorts; correr uma maratona descalço, no círculo ártico; e ficar sentado em um banho de gelo durante horas. Ele passou a maior parte da sua vida experimentando como o seu corpo poderia suportar a exposição ao frio. E, para meu prazer, a sua palestra foi sobre as suas próprias experiências de resiliência ao estresse por meio da exposição ao frio ou ao gelo durante longos períodos.

Ele descreveu ter sido "atraído pelo gelo" desde a adolescência, atirando-se em um lago gelado no inverno e sentindo-se estranhamente revigorado depois. Já adulto, perdeu a sua mulher, que se suicidou. De um momento para o outro, tornou-se pai solteiro de quatro filhos, com dificuldades financeiras. E uma das formas de superar a situação, para se tornar psicologicamente mais resiliente, foi mergulhar na natureza e no frio extremo: água gelada.

— Os meus filhos me salvaram — disse ele. — O gelo me curou.

Parece uma metáfora, mas, nesse caso, pode muito bem ser literalmente verdade. Hof tem sido objeto de fascinação científica há anos: ele demonstrou que é possível que a mente triunfe sobre o sistema nervoso autônomo de formas drásticas. Os pesquisadores estão muito interessados na capacidade de Hof de controlar processos que sempre julgávamos involuntários, como as respostas inflamatórias. Seria fácil classificar tudo isso como uma casualidade — talvez seja apenas porque esse indivíduo tem um sistema nervoso realmente incrível. Mas então, surgiram alguns estudos que utilizaram o método de Wim Hof (que combina a exposição ao frio e um tipo de respiração que envolve inspirações profundas, expirações poderosas e contenção da respiração) e procuraram ver se os benefícios eram transferíveis para outros. E... eram.

Cientistas dos Países Baixos (o país de origem de Hof), o Dr. Matthijs Kox e o Dr. Peter Pickkers, injetaram em Hof uma endotoxina (toxina de bactérias) com o propósito de observar a sua resposta imune involuntária. Ele fez o seu treino de respiração antes, para preparar o corpo para uma resposta resiliente ao estresse. Hof mostrou uma resposta pró-inflamatória significativamente menor do que outras pessoas que receberam a mesma endotoxina.[10] Em seguida, os pesquisadores treinaram dez jovens saudáveis para fazerem as técnicas de exposição ao gelo e de respiração durante quatro dias. Eles tiveram a mesma resposta que Hof: menos resposta inflamatória após a endotoxina.[11] Eles alteraram os processos autônomos (resposta inflamatória, resposta imune, resposta ao estresse) no corpo num período muito curto. Não se tratava apenas de uma pessoa com um sistema nervoso incomum que andava por aí escalando o Everest vestindo uma camiseta. Isso era algo que podia ser ensinado, que potencialmente qualquer pessoa podia fazer. Era o que eu procurava há anos, e havia caído diretamente no meu colo. Poderia o método de Wim Hof promover a resiliência ao desgaste emocional e a hormese?

Depois de terminarmos as nossas apresentações, Wim Hof e eu conversamos, e ele descreveu o seu programa de treino — como guia as pessoas por meio de práticas de respiração e de exposição ao frio. Um casal também na conferência, que tinha recentemente iniciado uma fundação especificamente para pesquisar exercícios e outros tratamentos integrativos (não farmacêuticos) para a saúde mental, juntou-se à nossa conversa. Ficaram tão intrigados que se ofereceram para financiar de imediato um estudo para analisar o impacto do método de Hof na melhoria da saúde mental.

Voltei para casa feliz por ter ido à conferência. Tolerei a incerteza, optando pela curiosidade, e deixei que a experiência viesse até mim. Valeu a pena: os meus colaboradores na UCSF, Wendy Mendes e Aric Prather, estavam sempre abertos para um bom estudo rigoroso, especialmente para testar modelos de estresse positivo. Realizamos o estudo e ainda estamos fazendo as análises de sangue e registrando os dados. Mas, em termos de saúde mental, parece que o método Wim Hof, durante três semanas, pode ser tão eficaz quanto o exercício aeróbico na redução do estresse e da depressão. Foi surpreendente que esses processos de estressar brevemente o corpo — por meio da respiração controlada ou da exposição à água fria — tivessem benefícios emocionais tão significativos quanto o exercício, o estressante hormético muito pesquisado que é seguro para os seres humanos e conhecido por melhorar o humor. Além disso, o método Wim Hof parecia ser superior em estimular um humor positivo. Aqueles que o praticaram sentiram mais emoções positivas no fim de cada dia durante as três semanas de prática, em comparação com antes de começarem e com as pessoas que praticavam exercícios físicos.

Wim Hof pode ser o campeão em tomar banhos de gelo durante horas ou em escalar o Kilimanjaro só de shorts. Mas muitas pessoas experimentaram suas técnicas e relataram benefícios. E há muitas práticas antigas que envolvem exposições semelhantes ao calor e ao frio e respiração (como a respiração tibetana do Tummo). Os benefícios para a saúde e a resiliência das práticas repetidas de estresse agudo são acessíveis a qualquer pessoa. Todos podem "ativar" a hormese em seu corpo. Não é preciso muito tempo ou esforço, e a recompensa pode ser gigantesca.

Lynne Brick viveu os benefícios transformadores das práticas de estresse agudo, e as tornou um hábito diário. Muitos anos atrás, ela trabalhou como enfermeira em traumatologia. Seu trabalho com os pacientes era intenso: para se qualificar para admissão na unidade de trauma de choque, os doentes tinham de apresentar lesões em vários sistemas, tais como traumatismo craniano, lesões na medula espinhal, fraturas ou ruptura do baço. Seu trabalho consistia em tentar salvar vidas, e também se comunicar com as famílias tristes e em luto, com os médicos e outros enfermeiros sob extrema pressão. Era uma adrenalina incessante — tanto positiva quanto negativa.

Positiva: trabalhava longos dias para ajudar os pacientes a sobreviverem e se recuperarem após uma lesão, e isso era gratificante.

Negativa: o estresse mental de tomar decisões contínuas e de alto risco, utilizando o processo de enfermagem (avaliar, diagnosticar, planejar, implementar, avaliar); o estresse físico de estar de pé de oito a doze horas por dia, por vezes com pouco ou nenhum tempo para fazer uma pausa ou tomar banho; e o estresse emocional de perder um paciente, mesmo depois de todos os seus esforços para o salvar. Todo esse estresse era exaustivo e tinha um preço.

Lynne começou a combater o estresse por meio do exercício físico — tênis, ciclismo e balé. Os efeitos positivos em seus níveis de estresse e em sua experiência de trabalho e de vida surgiram rapidamente. De repente, afirma, percebeu o poder medicinal do movimento.

— O movimento ajudou a me dissociar da intensidade e do trauma que eu vivenciava em cada dia de trabalho — diz ela agora. — O movimento me ajudou a encontrar energia e alegria em cada dia. Me ajudou a ser uma pessoa mais gentil com a minha família e comigo mesma.

O exercício físico foi tão compensador que Lynne decidiu se tornar professora de aeróbica. Aprendeu sozinha sobre a atividade e, depois, começou a oferecer aulas a outras pessoas que também queriam fazer o mesmo — local, nacional e mundialmente. Com o seu parceiro, Victor, fizeram do fitness o negócio da sua vida e acabaram se tornando proprietários de muitas academias Planet Fitness. Desde então, ela passou a incorporar a exposição ao calor (sauna infravermelha) e ao frio (imersão no oceano perto da sua casa) à sua vida, junto a técnicas de relaxamento profundo, como a respiração lenta. Às vezes é difícil arranjar tempo? Claro. Mas, como diz Lynne:

— Eu sabia que, se quisesse continuar ajudando os outros, precisaria ajudar a mim mesma. Precisaria colocar a minha própria máscara de oxigênio primeiro. Precisaria conseguir um tempo para isso todos os dias.

Lynne e Victor experienciaram a sua parcela de situações traumáticas, incluindo a perda de um membro da família devido à uma doença mental. O exercício, diz ela, influenciou todos os aspectos da sua vida — mas especialmente a sua resposta ao estresse.

Estresse seu corpo de propósito

Veja o que sabemos a respeito: quando se trata de desencadear a hormese no corpo, o exercício — qualquer atividade física — funciona. É o clássico de longa data. Mas sabemos agora que episódios muito *breves* de atividade física — como o treino intervalado de alta intensidade — também desencadeiam esse processo benéfico de recuperação.

Não se trata especificamente do que você faz ou por quanto tempo. Não precisa fazer exercício durante uma hora. Só precisa estressar o corpo *o suficiente* para que ele "ligue" o processo de recuperação.

É importante buscar o inchaço parassimpático, a ativação do nervo vago e a limpeza das células internas. E, como podemos ver, Wim Hof realmente descobriu algo importante há muito tempo quando se trata do poder do estresse hormético para desencadear a capacidade natural de rejuvenescimento das nossas células: você também pode obter esse efeito se expondo ao frio durante apenas alguns minutos ou praticando certos tipos de respiração hipóxica com a ajuda de um especialista (não exagere!).

A respiração hipóxica funciona da seguinte forma: é basicamente um tipo de hiperventilação cíclica. Você inspira de forma profunda, vigorosa e rápida, e faz expirações poderosas... mas não até ao fim. Você inspira rapidamente e expira lentamente; depois repete. No canal de YouTube de Hof, ele oferece orientação sobre esse método de respiração. Algumas pessoas experimentam sensações leves com a respiração hipóxica; outras relatam se sentir tontas, quentes ou mesmo eufóricas. Após cerca de trinta a cinquenta respirações vigorosas, você inspira profundamente, expira parcialmente e depois prende a respiração o máximo de tempo possível sem sentir tonturas ou desmaios. Você pode começar com trinta segundos, embora as pessoas melhorem e consigam aguentar até dois minutos. Você faz cerca de três ciclos disso — a respiração hipóxica e depois a retenção da respiração. E é só isso. O que você está fazendo é passar de um nível baixo para um nível alto de oxigênio no sangue, e causando muitas outras alterações no sangue: um aperitivo ideal de estresse hormético.

Os Drs. Kox e Pickkers passaram a coletar sangue das pessoas enquanto elas faziam a respiração hipóxica no laboratório, e os exames mostraram um pico natural de epinefrina — que faz parte da resposta de estresse à hipóxia. O corpo está dizendo: "*Não consigo respirar, mobilize uma grande resposta de estresse!*" Quanto maior for o pico de epinefrina, melhor será a resposta anti-inflamatória posterior. Em outras palavras: a intensidade da resposta benéfica "recarregar e reparar" está associada à intensidade. Um banho frio funciona da mesma forma: dá um choque ao seu sistema, coloca-o em estresse agudo e depois colhe os benefícios à medida que o seu corpo se "recupera". Desde o primeiro estudo dos Drs. Kox e Pickkers, uma pequena pesquisa descobriu que, para pessoas com um tipo inflamatório de artrite, o método parecia reduzir os níveis de inflamação no sangue.[12]

Quando experimentei o método de respiração de Hof, me senti rapidamente diferente. Eu me senti como um lago tranquilo — você não poderia me agitar. Sentia-me tranquila, com um burburinho de energia. Com o passar do dia, me senti mais imune a fatores estressantes que normalmente me deixariam um pouco abalada. Quando usamos métodos de estresse hormético, podemos reduzir o nosso estresse, torná-lo mais maleável e mudar a forma como o vemos para que nos sintamos mais alegres do que ameaçados por ele. Para mim, muitas vezes, os métodos *body-up* [a partir do corpo para cima], comparados com os métodos *top-down* [a partir da mente para baixo], são mais fortes, cortam a conversa da minha mente e qualquer tensão que eu esteja mantendo em meus músculos. Em outras palavras, muitas vezes, tentamos confiar na mente para pensar em como sair do estresse, mas o corpo foi criado para nos ajudar a metabolizá-lo; devemos usá-lo também. Se você sentir que tem camadas de estresse guardadas no corpo que precisam ser eliminadas, expor-se a algumas "doses" breves de estresse pode permitir que você metabolize o estresse armazenado em seu corpo. Você o congela, o aquece e o expira. Você muda suas propriedades físicas para que ele se mova pelo seu corpo de forma produtiva, saudável e revigorante.

Resumindo: você pode submeter seu corpo a *qualquer* uma dessas experiências positivas de estresse (se feitas com segurança) e desenvolver resiliência. Dito isso, muitas dessas práticas positivas de estresse não foram muito estudadas, exceto o exercício; estou generalizando aqui sobre fatores estressantes horméticos, portanto, você terá que experimentar com sabedoria. Sabemos com certeza que, em vermes, muitos tipos de fatores estressantes repetidos em doses moderadas promovem hormese e longevidade saudáveis para as células; em humanos, o estresse corporal curto e repetido pode promover a resiliência ao estresse, mas esse é um campo novo e ainda há muito a descobrir sobre quais tipos de estressores são saudáveis, quais doses são essenciais e quais são prejudiciais. O HIIT, em particular, é extremamente eficaz não apenas para fazer com que as pessoas se *sintam* melhor, mas também para melhorar a resposta do sistema nervoso e do sistema imunológico, além de promover fatores de crescimento no cérebro e no corpo que o ajudam a se recuperar do estresse.

É importante não passarmos por estresses de baixo nível o tempo todo — o corpo humano não foi criado para esse estado mental amarelo contínuo. Ele foi criado para experimentar o estresse agudo da mente vermelha e depois se recuperar com algum relaxamento da mente verde. E não podemos chegar à recuperação a menos que submetamos intencionalmente nosso corpo a uma experiência positiva de estresse — mesmo que seja breve, já resolve.

Então, é exatamente isso que faremos hoje.

A PRÁTICA DE HOJE

UMA DOSE DE ESTRESSE SAUDÁVEL

Item para sua mochila de emergência:
Use a sua resposta ao estresse para a saúde e a vitalidade

Quando ensinamos o corpo a absorver bem o estresse, dando-lhe "doses" de estresse hormético positivo, tornamo-nos instintivamente mais resilientes aos fatores estressantes que surgem. Hoje, ensinaremos o corpo a reagir ao estresse com uma resposta aguda de pico e depois a se recuperar depressa com uma ação parassimpática restauradora e uma limpeza celular. Se estiver disposto a isso, sugiro que o experimente pela manhã, quando o seu ritmo diurno exige atividade (cortisol elevado, glicose elevada).

"Estresse fitness" significa treinar o corpo com descargas curtas de estresse várias vezes por semana. Temos muitas opções para esse tipo de estresse físico positivo, qualquer uma das quais produzirá uma resposta hormética saudável no corpo. A melhor maneira é nos esforçarmos para sentirmos um pouco de desconforto com exercícios curtos e intensos ou exposição ao frio. O método de respiração Wim Hof também é muito eficaz, mas requer um pouco de prática e pode provocar tonturas. E você pode experimentá-lo — as orientações são facilmente acessíveis em seu canal do YouTube [conteúdo em inglês]. Note que pode ser uma boa escolha para pessoas que não podem fazer exercício (devido a deficiência ou outros motivos). Mas, para hoje, se puder, considere escolher um destes dois métodos.

Escolha seu desafio...

Opção 1: HIIT!

Faça uma série de treino intervalado de alta intensidade. Não se preocupe — parece mais difícil do que é! Um ciclo de HIIT dura cerca de sete minutos. As regras básicas: escolha uma seleção da seguinte lista de exercícios. Pode escolher quantos quiser, mas para começar, mantenha-os sempre simples.

Uma observação relevante: se já não faz exercício físico há algum tempo, não comece com HIIT! Ignore a tabela abaixo e comece com algo acessível como uma caminhada lenta ou um pouco mais rápida. A ideia é a mesma: ir em direção ao topo da sua capacidade e permanecer lá durante alguns minutos. Coloque música para manter o ritmo, utilize um marcador de passos ou inclua um parceiro — o que você achar melhor! Pode experimentar os benefícios do estresse do exercício físico de inúmeras formas.

Se tentar fazer HIIT: recomendo que procure na internet um vídeo de HIIT guiado de sete minutos (devem aparecer muitas opções). Se o fizer, basta escolher três exercícios e depois alternar entre eles. Programe o tempo em seu celular para sete minutos. Coloque a sua música favorita para tocar, se isso o ajudar a se manter motivado, e comece. Faça cada exercício durante trinta segundos, seguidos de dez segundos de descanso. Repita, com exercícios diferentes ou com os mesmos exercícios, até terminar os sete minutos.

Polichinelo	Agachamento isométrico na parede	Flexões	Flexões de joelhos
Prancha	Prancha com joelhos	Abdominais	Step Ups
Agachamentos	Flexões de Tríceps	Levantamento de joelhos	Lunges

Se não estiver habituado com alguns dos exercícios, pode encontrar vídeos online, bem como muitas versões orientadas do exercício anterior (escreva "7 minutos de exercício" no seu navegador).

O treino é bastante personalizável — estes são os seus sete minutos para estressar o seu corpo de uma maneira saudável e positiva. Não é necessário ser "bom" em exercício ou ter um nível particular de aptidão física para se beneficiar. Ao mesmo tempo, pode ser um atleta de ponta e *não* se beneficiar se não se esforçar um pouco.

Não importa quais exercícios escolha ou qual seja a sua capacidade física ou experiência, a sua missão é a mesma: encontrar o seu limite, onde você sente um certo desconforto ou dificuldade. Acolha o desconforto e a dificuldade como parte da experiência — não lute contra eles. Concentre-se *nestes* trinta segundos — depois, pode descansar. Em seguida, toque os próximos trinta segundos. Concentre-se no que o seu corpo está fazendo nesse momento específico: queimando o estresse metabolicamente com esse esforço. O seu corpo gosta disso!

Opção 2: Gire o registro para frio

Não é necessário correr descalço no Ártico para colher os benefícios horméticos de um choque frio no organismo. Hoje, no fim do seu banho quente de costume, gire o registro para o frio [ou mude a chave no chuveiro para frio] — o mais frio que conseguir suportar. Consegue ficar sob a corrente fria durante quinze ou trinta segundos? Um minuto? Pedimos aos nossos participantes da pesquisa que ficassem na água fria até três minutos. Empurre-se até ao seu limite, exatamente da mesma forma que faria com o exercício, e depois... *relaxe*.

Isso é essencial. Sentirá vontade de se apertar, de se fechar, de resistir, de se encolher e de respirar fundo — estar imerso em água fria é desconfortável! É assustador! É *justamente* assim que respondemos a fatores estressantes inesperados e repentinos, de uma certa forma que nos faz lutar para os superar e nos recuperar. Com o estresse físico, podemos perceber que não é necessário ter uma resposta de estresse psicológico também, o que ajuda a nos recuperar do estresse mais cedo. Num banho frio, podemos ranger os dentes e contrair os ombros e aguentar... ou então, podemos utilizar esse momento precioso para desenvolver a resiliência ao estresse. Associe o choque da resposta ao estresse com uma mente relaxada tanto quanto possível. É isso que desenvolve a resiliência.

Pode terminar o seu banho quente com água fria (e verá que o seu corpo se aquece por dentro) ou, se preferir, começar com água fria e acabar com água quente. Isso é preferível ser feito de manhã para que possa desfrutar da dose de energia para o dia — mas cada pessoa reagirá de forma diferente.

Lembre-se: *O meu corpo ama isso. O meu corpo precisa disso. O meu corpo foi feito para isso.*

Nas opções 1 e 2, o que tentamos alcançar é uma sensação de estar energizado. De ser capaz de "aproveitar o dia". Você está treinando ativamente para "ser o leão", como discutido no capítulo anterior. Quanto mais *treinar* a resiliência antes de o estresse ocorrer, mais preparado estará para o enfrentar e processar de uma forma saudável e eficaz. Como relatou uma mulher no nosso estudo Wim Hof: — "Tenho mais energia para lidar com o estresse. Consigo lidar bem melhor com as coisas.

A resiliência ao estresse corporal é acompanhada pela resiliência emocional — elas andam de mãos dadas. Suportar o frio e o desconforto e nos forçar ao limite da nossa zona de conforto físico nos habitua a tolerar também as emoções desagradáveis. Isso não significa que não sintamos emoções desconfortáveis — significa que lidamos com elas e as metabolizamos melhor quando as temos.

Ambas as opções são, de certa forma, semelhantes à meditação: concentramos a nossa atenção no corpo, em encontrar o nosso limite de desconforto e em nos sentirmos no controle dessa resposta benéfica ao estresse agudo.

Prática extra:

Suba a temperatura!

A exposição ao frio ativa o estresse hormético positivo... assim como o calor, nas devidas circunstâncias. Isso está na seção de "crédito extra" porque a melhor maneira de experimentar a exposição positiva ao estresse usando calor é em uma sauna. E nem todos terão acesso fácil e imediato a uma! No entanto, caso tenha e esteja interessado em experimentar, é uma opção em conjunto com as outras estratégias que já analisamos.

Temos uma grande quantidade de pesquisas que mostram os benefícios emocionais e físicos da utilização da sauna. A "hipertermia" é eficaz para ativar o estresse hormético no corpo. Por exemplo, cerca de trinta minutos após a utilização da sauna, as proteínas de choque térmico aumentam e, se o fizermos repetidamente, permanecem mais elevadas do que nas pessoas não climatizadas ao calor. O seu ritmo cardíaco aumenta durante a sauna, como se estivesse se exercitando moderadamente. Nos seres humanos, a utilização regular da sauna reduz a pressão arterial e melhora os índices da função cardiovascular, à semelhança dos efeitos do exercício físico.[13] Conhecemos alguns dos mecanismos: em ratos com doença cardíaca (alimentados com uma dieta equivalente à comida do McDonald's), os tratamentos térmicos repetidos ativaram as proteínas de choque térmico, que ativaram as vias anti-inflamatórias e levaram a melhorias na aterosclerose e até a uma vida mais longa.[14]

A hipertermia também pode ajudar a tratar a depressão.[15] Os pesquisadores descobriram pela primeira vez que uma sessão de sauna de uma hora a uma hora e meia, que normalmente pode levar a temperatura central das pessoas até cerca de 39,4°, melhorou os sintomas de depressão até seis semanas depois.[16] Esse fato foi interessante, porque é difícil encontrar tratamentos eficazes para a depressão.

As pessoas com depressão também têm frequentemente desregulação nos seus sistemas de termorregulação. Ao colocá-las em uma situação de hipertermia em que obrigamos o corpo a ativar os mecanismos de refrigeração (a resposta natural do corpo a um aquecimento artificial é tentar se arrefecer), também "ativamos" o mecanismo que não tem funcionado apropriadamente. Quanto maior foi a redução da temperatura corporal central nos dias após o aquecimento, maior era o alívio da depressão. Em sua pesquisa[17] sobre os mecanismos de hipertermia até agora, a Dra. Ashley Mason, professora associada da UCSF, descobriu que uma sauna infravermelha comercial facilmente acessível que pode ser adquirida online (em oposição a uma sauna infravermelha cara de nível médico) pode reduzir os sintomas depressivos. Embora sejam necessárias mais pesquisas, a utilização da sauna parece ser uma forma única de desencadear o estresse hormético no seu corpo e melhorar o seu humor e a saúde.

Solução de problemas

Se o HIIT não "bater" imediatamente...

Se experimentar a opção 1 hoje, poderá não sentir muitos efeitos positivos logo na primeira vez que o fizer. De fato, espere que a primeira semana seja a mais difícil. No entanto, se fizer isso regularmente (apenas de sete a catorze minutos várias vezes por semana), *aumentará* a resiliência ao estresse nos sistemas cardiovascular e nervoso, e desenvolverá emoções mais positivas em resposta ao exercício. O seu corpo começará a aprender rapidamente: *isso é bom, sinto-me melhor depois do exercício.* Como acontece com qualquer novo hábito, dê ao seu corpo a oportunidade de se habituar a este para que possa realmente sentir os benefícios no seu dia a dia.

Se está lutando contra a depressão...

Qualquer tipo de exercício, mesmo os de curta duração como o HIIT, é realmente eficaz no tratamento da depressão. O problema é que, quando estamos deprimidos, não queremos fazer exercício. Pode parecer impossível conseguir a motivação. Se é uma pessoa que sofre de estados mais graves de depressão ou ansiedade e se sente impedida de experimentar estes métodos, eis o que sabemos: há uma barreira no início; a sensação não é boa. Mas você pode ultrapassar o obstáculo inicial de se sentir "pra baixo". Saiba que qualquer movimento, mesmo que seja por cinco minutos no início, é significativo e importante para o seu cérebro. A ioga suave pode ser uma ótima escolha. Se puder, tente contratar um *personal trainer*. Ou peça a um amigo ou vizinho para ser um parceiro motivacional — façam isso juntos durante uma semana. Troquem mensagens de texto, sugestões e encorajamento. É muito útil precisar dar satisfações a outra pessoa e sentir que tem um parceiro neste processo.

Se tem ansiedade grave...

Do ponto de vista da saúde mental, há algumas nuances sobre quais condições de saúde mental o exercício pode ajudar. Uma prática como o HIIT é ótima para a depressão, mas pode ser um desafio para alguém que se encontra na extremidade superior do espectro da ansiedade. Para alguns, o exercício e outros fatores estressantes horméticos podem deixá-los *mais* ansiosos.

Se você tende a sentir forte ansiedade no seu corpo, e sabe disso, pode achar que o exercício HIIT piora a sua ansiedade em vez de a melhorar. Dito isso, continuo aconselhando que experimente uma prática de estresse hormético a um ritmo lento, porque pode ser que, depois de algumas tentativas, à medida que isso se torna mais familiar e menos uma "ameaça desconhecida", o seu corpo vai se ajustando aos poucos, acostumando-se às alterações fisiológicas que podem parecer ansiedade (como o batimento cardíaco acelerado). Isso pode vir a contribuir para reduzir a sua ansiedade. Mas se não for a escolha certa para a sua mente e para o seu estado corporal, respeite essa verdade e seja gentil consigo mesmo. Um método diferente, como banhos frios ou sauna, pode ser mais indicado para o seu corpo.

DIA 5

DEIXE A NATUREZA TRABALHAR

IMAGINE O SEGUINTE: VOCÊ É OBRIGADO A FICAR EM CASA POR MAIS DE UM ANO. Tudo está fechado; não há para onde ir. Você faz todo seu trabalho pelo computador, banhado pela luz azul de seu notebook ou monitor. Não há socialização. Você só pode se comunicar ou interagir com outras pessoas por meio da tela grande do seu computador ou da tela pequena do seu celular.

Muito familiar, eu sei. A não ser que você tenha sido um socorrista ou um trabalhador essencial (o que trouxe seus próprios fatores estressantes exclusivos e intensos), essa, provavelmente, foi sua realidade durante, pelo menos, parte da pandemia. Passamos muito tempo dentro de casa, olhando para nossas telas durante a maior parte do dia: de repente, era onde fazíamos tudo, desde o trabalho até a socialização e a colaboração com os colegas. Não havia outra forma. Mesmo antes da pandemia, a quantidade de tempo que passávamos dentro de casa, longe da luz do dia e dos ritmos da Terra em que vivemos, já estava em um nível intensamente alto. Agora, quanto mais ficávamos em frente às telas para trabalhar, mais constantemente verificávamos as notícias, as mídias sociais e outras fontes de más notícias globais. Em todos os setores, as pesquisas revelaram níveis sem precedentes de ansiedade, depressão, problemas de sono e burnout.

Durante o confinamento, havia uma maneira comum de as pessoas lidarem com a ansiedade da pandemia: elas saíam para a natureza. Com tudo fechado, essa se tornou a única opção para sair de casa e fazer uma pausa. Desde então, estudos mediram a quantidade de "espaço verde-azulado" que as pessoas estavam recebendo — exposição a parques urbanos, bosques, rios e áreas costeiras. Uma pesquisa realizada pela Fundação de Saúde Mental do Reino Unido mostrou que 62% das pessoas no Reino Unido relataram ter encontrado alívio ao fazer uma caminhada em áreas abertas.[1] E parece haver um efeito dose-resposta: quanto mais tempo as pessoas de qualquer idade passaram ao ar livre no mundo natural (a pesquisa analisou pessoas de todas as idades, desde crianças até adultos mais velhos), melhor era sua saúde mental. Na Espanha, durante a onda inicial da COVID-19, quando o país estava sob rigoroso confinamento, as pessoas que não tinham nenhuma visão ou acesso à natureza tinham uma saúde mental muito pior, independentemente da renda.[2] A natureza, ao que parece, era um poderoso ansiolítico.

Eu moro na cidade grande e tenho uma mente urbana — estou acostumada com os sons de ambulâncias, carros de bombeiros e motores de carros, que, certamente, aumentam o meu estado de vigilância mental amarela, mesmo que eu não tenha mais consciência disso. Todos os dias, levo meu cachorro para passear. Não importa o quanto eu esteja ocupada, parar de fazer isso não é uma opção. Preciso deixar de lado minha lista de afazeres e simplesmente sair. Eu o levo para passear à beira-mar, onde posso ouvir as ondas, ou no Golden Gate Park, entre as árvores, onde o farfalhar musical do vento nas folhas faz com que eu — mesmo que brevemente — esqueça minhas preocupações e entre em sintonia com o mundo ao meu redor. O contraste me faz lembrar que preciso de mais natureza! E os efeitos da natureza *bruta* — quando posso me afastar totalmente da cidade e mergulhar em um lugar selvagem — são ainda mais poderosos.

Minha fuga favorita é para uma casa bem distante à beira-mar. Em um dia, meu sistema nervoso se regula, apenas por estar perto do mar aberto. Meus pensamentos se afastam dos ciclos ruminativos sobre trabalho e família e se voltam para o som rítmico e paralisante das ondas. Todos os meus problemas parecem encolher em comparação com a impressionante enormidade do Pacífico. Meu corpo parece se sincronizar com o ambiente ao meu redor. Enquanto em casa estou sincronizada com o relógio digital e as telas que comandam minha vida e meu trabalho, aqui estou sintonizada com o nascer do sol, o pôr do sol, a mudança de temperatura do dia, os aromas, os sons e as sensações.

Se houve um lado positivo da pandemia, talvez tenha sido este: durante um dos momentos mais estressantes e incertos que qualquer um de nós já vivenciou, as pessoas foram forçadas a sair para a natureza, quando ela estava acessível. Claro, foi por necessidade, realmente não havia outras opções, mas acontece que a exposição à natureza, em todas as formas e contextos, é uma das maneiras mais poderosas e imediatas de reduzir o estresse.

O problema é o seguinte: a maioria de nós está de volta ao "déficit de natureza". Em nosso dia a dia normal, em nossas rotinas típicas, experimentamos a superestimulação e a perda de perspectiva. Literalmente, ficamos perdidos nas particularidades de nossos problemas.

Em um esforço para resolvê-los, nos concentramos mais neles, e eles ficam cada vez maiores. O estresse torna-se enorme, preenchendo toda a lente. É tudo o que podemos ver.

Quando o estresse cria uma sobrecarga intelectual: Mente Amarela

O cérebro humano funciona como uma máquina profissional de previsão: com base em nossas experiências passadas, nossas memórias e os sinais do nosso corpo, estamos constantemente prevendo o que os próximos momentos trarão. Portanto, se estamos habitualmente superconectados a telas e eletrônicos, o resultado é que estamos sempre antecipando a chegada de grandes quantidades de estímulos. Nós esperamos isso. Ficamos viciados nisso. Até mesmo buscamos isso.

Com o hábito e a expectativa de estarmos conectados, engajados e estimulados, pode parecer impossível mudarmos para um estado mais tranquilo, fazendo menos ou nada. O cérebro nos diz que deveríamos estar fazendo algo, nos preocupando com isso ou aquilo, verificando as notícias ou o e-mail, e assim por diante. Na mente vermelha ou amarela, nossa mente prefere fazer *qualquer coisa* que não seja ficar sentada em silêncio. Em um estudo,[3] as pessoas foram deixadas para pensar livremente por dez minutos ou mais. Se os participantes quisessem algo para fazer durante esse período, poderiam optar por aplicar um pequeno choque elétrico em si mesmos. Quase 20% dos participantes aplicaram um pequeno choque em si mesmos: alguns estavam curiosos, mas outros o fizeram para escapar do tédio ou de seus próprios pensamentos.

Devido a essa superconexão a estímulos e a um impulso cultural para o excesso de trabalho, tendemos a ficar dentro de casa a maior parte do dia e na frente das telas. Quando perdemos a conexão pessoal com os outros enquanto tomamos grandes doses de mídia social, é uma fórmula mortal. As redes sociais crescem à base de emoções negativas e emojis raivosos; é isso que é amplificado.[4] E agora sabemos que os algoritmos do Facebook têm agravado ainda mais esse problema, divulgando materiais com emojis raivosos cinco vezes mais do que aqueles com curtidas.[5] Além disso, há a maneira como as redes sociais são criadas para nos fazer acreditar que todos os outros estão vivendo de maneira mais ideal do que a nossa, um efeito que atinge mais duramente nossos jovens: as taxas de suicídio em adolescentes nos EUA permaneceram estáveis de 2000 a 2007 e depois aumentaram 57% até 2018.[6] O vício em tecnologia se reflete em algumas das políticas que tentam controlá-lo — a França, por exemplo, aprovou uma lei de "direito de desconectar-se do e-mail" para que as pessoas possam se desconectar à noite e não tenham que responder a e-mails urgentes de trabalho —, mas a maioria de nós não tem essa proteção. Em vez disso, sofremos da síndrome de desconexão — estamos desconectados de nós mesmos, de como nos sentimos, de nosso corpo, uns dos outros e da natureza.

Os moradores urbanos podem sofrer ainda mais com isso. Nós, que vivemos em ambientes urbanos, nos acostumamos a um certo nível constante de estímulo, mas isso não significa que não somos afetados. O "efeito da urbanicidade" se refere às taxas mais altas de depressão, ansiedade e esquizofrenia em pessoas que crescem em áreas urbanas, que também tendem a reagir de forma exagerada a fatores estressantes sociais em comparação com pessoas que crescem em áreas rurais.[7] Até mesmo as abelhas urbanas são diferentes das rurais — elas têm níveis mais altos de estresse oxidativo, aparentemente por causa dos níveis mais altos de poluição, ruído e outros estimulantes.[8]

Vivemos num mundo em que simplesmente há muita coisa acontecendo, muito estímulo nas telas, interação constante, muitas distrações que chamam nossa atenção. Mas nosso estado mental e os graus de estresse são moldados pelo nosso ambiente. Ao visitarmos a natureza, usamos isso a nosso favor.

Deixe a natureza regular seu sistema nervoso

É simples: ao mudar nosso ambiente físico, podemos mudar nosso estado mental. Podemos mudar tanto o conteúdo de nossos pensamentos quanto nossos processos de pensamento. Para muitas pessoas, essa mudança é quase automática quando elas se colocam no mundo natural: a mente se move de padrões de pensamento condicionados — pensamentos rápidos, autoconsciência negativa, antecipação do que está por vir — para o pensamento discursivo, que é mais lento, calmo, criativo e curioso. A imersão na natureza diminui drasticamente a quantidade de estímulos sensoriais criados pelos humanos aos quais estamos acostumados — telas, informações, sons urbanos. Provoca uma pausa mental. É um ambiente de santuário que tranquiliza a mente e alivia o corpo.

Sim, podemos treinar o cérebro para fazer isso no nosso ambiente típico (pela da prática de "mindfulness", por exemplo, como discutimos), mas a natureza é uma forma rápida de o fazer, e vem com toda uma série de outros benefícios para o nosso estado mental e para o sistema nervoso.

Os efeitos benéficos das florestas estão bem documentados. Muitos estudos mostraram que a imersão regular em florestas melhora uma vasta gama de problemas de saúde. Em alguns países, chama-se *banho de floresta*. É uma prática estabelecida na Ásia, em particular — pesquisadores na Coreia do Sul e em outros países estudaram o efeito da imersão no ecossistema da floresta durante várias horas, várias vezes por semana, enquanto se caminha calmamente e prestando atenção ao ambiente, ou se sentando e observando a paisagem. Em ensaios clínicos, foi demonstrado que reduz a pressão arterial, o cortisol e a inflamação.[9] Na Nova Zelândia, os médicos prescrevem uma "receita verde": *é recomendado passar duas horas na natureza, três vezes por semana.* É tão eficaz, que foi incorporada na medicina tradicional em muitos lugares.

Uma das maneiras pelas quais os banhos de floresta têm esse incrível efeito no sistema nervoso humano é por meios dos nossos canais sensoriais: os cheiros de plantas ou árvores, como o da madeira de cedro, podem reduzir o estresse biológico, e nas florestas, o ar não só é menos poluído, como também mais ionizado,[10] principalmente quando há quedas d'água ou chuva recente. O som desempenha também um papel importante: o vento nas árvores, o canto dos pássaros e os sons das águas ou do oceano são todos inerentemente calmantes e relaxantes para os seres humanos. Não sabemos exatamente por que, mas uma teoria é que isso se baseia em velhos sentimentos evolutivos de segurança. Visualmente, o mesmo efeito pode estar acontecendo quando estamos rodeados por tons de verde — podemos estar evolutivamente condicionados a nos sentirmos calmos e seguros nesse ambiente. Por outro lado, uma paisagem mais urbana pode ser superestimulante para os seres humanos, porque em vez de formas e horizontes naturais, vemos e ouvimos demasiadas formas e sons não naturais. A paisagem urbana, para muitos, não desencadeia a segurança e sim a vigilância e o estado de alerta.

A transformação drástica que vivenciamos na natureza se chama *efeito de restauração da atenção*: aliviamos a carga de atenção, abrimos espaço na nossa mente, sentimo-nos melhor. Estudos examinaram as ondas cerebrais, ou atividade cerebral, enquanto as pessoas olhavam para imagens da natureza ou de paisagens urbanas. Descobriram que, quando comparadas com cenas da natureza, as paisagens urbanas exigem imediatamente mais atenção e processamento cognitivo e ativam áreas relacionadas com o estresse, como a amígdala.[11] A Dra. Pooja Sahni, uma pesquisadora do Instituto Indiano de Tecnologia em Nova Deli, constatou que, ao ver um vídeo sobre a natureza, os nossos cérebros apresentam mais ondas alfa e teta (estados neurais que criam relaxamento) e uma maior capacidade cognitiva para superar distrações.[12] Curiosamente, as cachoeiras e os rios parecem ser os estímulos naturais mais fortes no estudo de Sahni.

O Poder da água

Muitas são as pessoas que se sintonizam com o som relaxante das ondas rítmicas do mar — isso influencia a nossa respiração, tornando-a mais lenta e encoraja a respiração mais profunda do que a respiração superficial e insuficientemente oxigenada que é o nosso hábito (veremos mais sobre isso no próximo capítulo). E há algo de especial na água: o biólogo marinho Dr. Wallace Nichols chama-o de "efeito Mente Azul", e é exatamente isso que buscamos em nossa missão nesta semana. "Mente azul", como temos discutido neste livro, refere-se a um estado de repouso profundo que gera bem-estar e restauração, mas o ponto de vista de Nichols (no seu livro também intitulado *Blue Mind*) é que a água é uma forma especialmente eficaz de alcançar o bem-estar. Ele descreve a água como um medicamento. Por meios dela, podemos alcançar estados mentais azuis que de outra forma não conseguiríamos.

A exposição à água — quer seja no mar, numa piscina ou flutuando num tanque de água salgada — traz benefícios psicológicos de paz e bem-estar. Há séculos que as pessoas utilizam a água para a saúde: quente ou fria, de fontes termais naturais ou em tanques de flutuação construídos com tecnologia de ponta. Os tanques de flutuação estão cheios de água e grandes quantidades de sal para que o corpo possa flutuar em segurança e sem esforço. As pessoas relatam que, nesses tanques, sentem uma sensação generalizada de que todas as suas necessidades são atendidas, que estão seguras e à vontade. Um grupo tem estudado os efeitos da flutuação em tanque com *silêncio*, uma forma poderosa de alterar o seu contexto mental, retirando os estímulos auditivos, e descobriu que, com uma sessão de noventa minutos de flutuação, as pessoas com ansiedade grave ou com transtorno de ansiedade viram os seus níveis de ansiedade baixar para perto dos de uma pessoa normal.[13]

Por quê? Uma teoria é que flutuar na água pode modificar os sinais do corpo, reduzindo significativamente a tensão muscular e a pressão arterial, o que tem efeitos em cascata em todo o corpo e na mente. Flutuar na água também parece melhorar a *interocepção*, a ligação entre a nossa consciência sensorial e o nosso corpo. A atenção se volta para dentro — não para processos de pensamento repetitivos, mas para a respiração, o batimento cardíaco, os sentimentos e as sensações do corpo. A tensão arterial baixa, em média, dez pontos, e quanto mais baixa, mais serenidade — uma calma que dura o dia inteiro.

Andamos por aí com uma enorme carga cognitiva. Carregamos muita coisa na nossa memória de trabalho — preocupações e tarefas, pensamentos que surgem do nada, reações aos estímulos que nos rodeiam. Na natureza, a nossa atenção se foca com menos esforço. O nosso controle da atenção melhora. No laboratório, vemos que isso acontece nos testes neuropsicológicos. A carga cognitiva é aliviada, abrindo espaço para a criatividade, o pensamento espontâneo e a experiência do momento presente. Tudo isso remete ao que falamos ao longo deste livro: que estamos inconscientemente estressados na maior parte do tempo. Somos sobrecarregados de maneiras das quais nem sequer temos consciência.

As pessoas geralmente não percebem o quanto estão estressadas até entrarem na natureza e notarem a *ausência* de estresse pela primeira vez em muito tempo. Uma amiga minha que adora a vida em São Francisco disse recentemente, depois de um fim de semana na floresta:

— Eu não sabia, mas a cidade é tão estressante!

Como chegar à mente azul

Como seres humanos, temos uma afinidade com a natureza estar na natureza nos permite acessar estados mentais de relaxamento verde e até mesmo estados mentais azuis. A mente azul pode ser um estado de relaxamento intenso (como discutimos na introdução), mas também pode reagir como um momento de transcendência no qual você se sente conectado ao seu corpo e ao ambiente e experimenta uma expansão calma do pensamento. Na verdade, a exposição imersiva à natureza é uma das maneiras mais rápidas de alcançar um estado de mente azul.

Venho estudando a resiliência ao estresse há décadas e, verdadeiramente, fico impressionada com a eficácia da imersão na natureza para moldar a atividade do sistema nervoso autônomo. A natureza é única em sua capacidade de acalmar, tranquilizar, colocar as coisas em perspectiva e reduzir fatores estressantes que antes pareciam gigantes. A maior parte disso se deve ao fato de que experimentamos sentimentos de admiração e respeito com a beleza crua do mundo natural.

A exposição à natureza nos coloca em contato com a beleza e com um mundo que é muito maior do que nós. Quando pesquisadas, as pessoas que buscam a natureza descrevem que são fortemente impactadas pela "vastidão" do oceano, pelo tamanho "gigantesco" das montanhas, pela "enormidade" da paisagem do deserto ou do céu aberto. O que parece trazer às pessoas calma, paz e alívio do estresse é uma mudança de perspectiva que vem da pura escala do mundo natural; estar na natureza nos lembra de nosso tamanho relativamente pequeno no contexto maior do universo.

Dacher Keltner, professor de psicologia da Universidade da Califórnia, em Berkeley, é um pesquisador de emoções que conheço há vinte anos. No início de sua carreira, ele se concentrou muito em uma emoção positiva: deslumbramento.

Naquela época, eu não entendia seu encanto, mas agora parece ser uma das experiências humanas mais interessantes a serem compreendidas. Ele continuou fazendo uma longa pesquisa sobre o que chama de "experiência exclusivamente humana de deslumbramento" e revelou que, quando sentimos deslumbramento, experimentamos efeitos biológicos imediatos, como melhor variabilidade da frequência cardíaca, redução da pressão arterial e uma queda mensurável nos níveis de estresse. Nos adultos, um simples "passeio de deslumbramento" (observar coisas, tirar fotografias em casal), em comparação com um passeio comum levou a menor estresse diário e a mais emoções positivas e, em suas fotos, sorrisos maiores.[14] O deslumbramento é transformador — a impressão de estarmos na presença de algo maior do que nós próprios coloca imediatamente as coisas em perspectiva. Quando nos lembramos da grandiosidade do mundo, as questões que pareciam grandes e intimidadoras, causando estresse no corpo, de repente encolhem. As nossas preocupações simplesmente não conseguem competir.

Keltner considera que o deslumbramento pode vir a ser uma poderosa "receita" para coisas como o estresse, a ansiedade, a depressão e o TEPT (Transtorno de estresse pós-traumático). Sua equipe realizou um estudo em que levaram veteranos com TEPT para o meio do mato. No decurso de uma única semana, registaram uma redução de *30%* nos sintomas de TEPT.

— As pessoas escrevem sobre o deslumbramento desde o início dos tempos — diz Keltner. — Deslumbramento é quando nos confrontamos com coisas vastas que não compreendemos. Estudos de laboratório mostram que o nosso senso de identidade fica menor. Sentimos que estamos ligados a coisas maiores, como ecossistemas. Ficamos muito curiosos sobre o mundo. As nossas mentes se abrem. O deslumbramento nos torna comprometidos com a comunidade que compartilhamos;

nós deixamos de lado as nossas diferenças e nos interessamos mais pelas outras pessoas. Os dados estão chegando e, na verdade, penso que o deslumbramento é o caminho mais importante para a cura e a resiliência que podemos encontrar.

Deslumbramento: Um remédio antiestresse de longa duração?

A pesquisa de Keltner sobre o deslumbramento e a resiliência humana está em andamento, e uma das questões que está a investigar é quanto tempo duram os efeitos do deslumbramento. Sabemos que as experiências de deslumbramento não só reduzem o estresse, como também têm uma assinatura neural — o deslumbramento pode desativar a rede cerebral que alimenta a ruminação e a divagação negativa relacionadas com a própria mente. Mas será que isso é duradouro? É algo passageiro e temporário, atuando apenas naquele momento, ou tem efeitos residuais que permanecem com você?

A minha opinião é a seguinte: pode durar uma vida inteira.

O meu colega George Bonanno, um dos maiores especialistas mundiais em trauma e autor de *The End of Trauma* [O fim dos traumas, sem publicação no Brasil], teve uma infância complicada. Enquanto crescia, teve de lidar com um pai abusivo. Ele saiu de casa quando adolescente, meteu-se em drogas pesadas e viu a sua vida começar a desmoronar. Aos dezessete anos, decidiu deixar a sua cidade natal para se afastar dos padrões de dependência e das más influências e tentar começar de novo. Começou a pedir carona para a Costa Oeste. Um caminhoneiro amigável levou George, conheceu sua história e acabou dirigindo centenas de quilômetros fora de seu caminho para levá-lo ao seu destino. George não se lembra do nome do homem, mas se lembra do que ele disse:

— Rapaz, o que você está fazendo é, sem dúvida, a melhor coisa. Você vai assumir o controle da sua vida. Você vai cometer erros. Mas não faz mal, porque serão *seus*, e vai aprender com eles e amadurecer.

Ao anoitecer, o motorista teve que voltar para a outra direção. Ele sugeriu que George se afastasse um pouco da autoestrada e dormisse nas colinas — mostrou o caminho — e que voltasse a pedir carona pela manhã. Então, George subiu a colina na escuridão total, estendeu o saco de dormir e dormiu sob as estrelas. Quando despertou ao amanhecer, percebeu que estava no meio de uma cadeia de montanhas. Ele nunca havia visto montanhas na sua vida. O céu era gigantesco, cheio de pontos rosas e roxos brilhantes, e ele experienciou a sensação mais impressionante que ainda tem dificuldade em descrever — refere-se a isso agora como "uma sensação de Deus, em uma forma não conceitual".

— Naquele momento, vi uma ordem clara no universo — diz ele agora, tantas décadas depois. — Atemporal, nem boa nem má, e me senti em contato com ela. Soube, naquele momento, que tudo melhoraria. A minha vida correria bem. E, literalmente, a partir daquele momento em diante, a minha vida ficou bem.

George é hoje um pioneiro da resiliência humana, e o seu trabalho mostrou que a maioria das pessoas, depois de passar por uma situação traumática, recupera o seu estado anterior de bem-estar de forma relativamente rápida, em poucos meses, e a grande maioria dentro de um ano ou dois. Somos resilientes. Nosso corpo, nossas células e nosso espírito são construídos para a resiliência. E o medo é um trunfo que temos no nosso bolso — ele pode encontrar um atalho em meio aos momentos difíceis e fortalecer a resiliência interior. Talvez você já passou por momentos em que, de repente, a sua vida tinha mais propósito; viu o seu lugar nela e como todas as peças do quebra-cabeça se encaixam. Essas descobertas surgem quando estamos em estados mentais verdes ou azuis, raramente vermelhos ou amarelos.

"Sentir deslumbramento" não é normalmente algo que apareça nas nossas listas de tarefas diárias, semanais ou mensais. Mas precisa estar. Keltner me falou sobre um período recente em que se esqueceu da importância de experiências que levam ao deslumbramento.[15] Em 2019, perdeu o seu irmão mais novo, de quem era muito próximo. Depois a COVID chegou e, com ela, os fatores estressantes que todos sentimos:

o afastamento dos amigos e da família, as preocupações com a doença, a incerteza quanto ao futuro. Passaram-se dois anos, durante os quais sentiu que estava apenas aguentando com a cabeça baixa e com os dentes rangendo. E um dia percebeu: sentia-se muito mal.

— Senti a tensão constante do estresse crônico — afirma ele. — Senti o calor da inflamação. A minha mente estava fixada em problemas. Minhas células estavam provavelmente envelhecendo prematuramente! E tive esta epifania: eu estudo o deslumbramento. Tenho que ir e vivê-lo.

Era a época da COVID-19, então as grandes viagens estavam fora de questão. E ele tinha se comprometido a viver com baixa emissão de carbono: nada de grandes viagens de carro, nem voos, nem comprar muitas coisas. Ele tinha de vivenciar o deslumbramento de forma simples. Começou a procurar esse sentimento em todo o lugar. Ele dava um passeio e encontrava algumas árvores novas que não havia reparado. Ouvia música. Observava o céu ao pôr do sol. Começou a ler por prazer novamente, para voltar às grandes ideias que costumavam ampliar a sua mente e entusiasmá-lo. E funcionou. A dor e as preocupações ainda lá estavam — elas não desaparecem —, mas já não o consumiam.

Recalibre o seu sistema nervoso, não importa onde você viva

Estar conectado com a natureza não é algo fácil para todos. Temos a tendência de gostar daquilo com que crescemos e a que estamos habituados. Para muitos, estar inesperadamente imerso na natureza bruta pode não ser de imediato calmante, porque não é familiar. Aqueles que cresceram numa paisagem mais urbana, que se acostumaram aos seus ritmos e sons, podem inicialmente se sentir mais seguros e calmos nesse ambiente movimentado e familiar. Mas quero sugerir que, se dermos oportunidade, se dedicarmos algum tempo a nos acostumar a essas paisagens verdes ou azuis, há uma parte mais íntima de nós que pode sentir uma sensação ainda mais intensa de calma, de atenção concentrada, de uma mente tranquila, quando estamos rodeados pelo mundo natural em vez do mundo criado pelos humanos. A "imersão total" na natureza pode proporcionar uma espécie de "megaefeito", e por isso o encorajo a experimentar. Mas quando falamos de administrar o nosso estresse do dia a dia, a natureza urbana também tem um grande impacto.

Em estudos, a presença de vegetação urbana está associada a melhor atenção, menor frequência cardíaca, menos ansiedade e mais tranquilidade. Por outro lado, a fraca vegetação urbana está associada a maior violência, pior saúde mental, menor atividade física e maior mortalidade.[16] As crianças também são atingidas — maior hiperatividade e problemas comportamentais estão associados a zonas com menos natureza — e tudo isso é controlado por fatores socioeconômicos.[17] Os telômeros também parecem gostar de espaços verdes! Um estudo realizado em Hong Kong revelou que as pessoas que viviam nos subúrbios, com mais vegetação e espaços naturais, tinham telômeros mais longos do que as pessoas que viviam nas zonas mais no centro da cidade (mais uma vez, controlados por fatores socioeconômicos).[18] Os peixes de rios rurais têm telômeros mais longos do que os peixes de rios urbanos, mais contaminados.[19] O mesmo acontece com as aves rurais e urbanas.[20] Há inúmeras maneiras pelas quais os jardins e as árvores promovem o bem-estar e a calma, incluindo no espaço urbano.

Numa conversa recente com um amigo, desvalorizei a natureza urbana, dizendo:

— Tenho fome de natureza!

Eu estava comparando os meus passeios na cidade com uma longa experiência de imersão na natureza. O meu amigo gentilmente chamou-me a atenção (e com razão) para o fato de a natureza estar em todo o lado, se a procurarmos.

Construímos cidades em cima da natureza, e ela aflora com alegria em todo o lado. Os pássaros constroem os seus ninhos nas árvores, ou onde quer que possam (calhas, saídas de emergência e até mesmo em vasos de plantas). As plantas resistentes nascem em fendas no asfalto.

Os jardins explodem em pequenos pedaços de relva ou em caixas de janela e outros recipientes. A natureza vai sempre se infiltrar, e isso é algo que podemos notar e até cultivar. Valorizo o meu jardim mais do que nunca e abro os meus canais sensoriais para toda a natureza. Posso obter todos os dias uma dose de natureza urbana que me ajuda muito, ao mesmo tempo que sei que desejo a natureza selvagem e me benefício dela. Por isso, agora vou para o meu quintal diariamente para sentir o chão sob os meus pés descalços, para sentir o sol no meu rosto e para ouvir os pássaros.

A sua missão hoje

Experimente a natureza. Experimente o deslumbramento. Lembre-se do seu lugar no mundo. Lembre-se do "tamanho" real dos seus problemas a partir de uma perspectiva mais ampla. O contato sensorial com a natureza envia sinais de segurança, calma e enraizamento — isso é profundo e evolutivo. Até a natureza urbana pode fazer isso. Este é o estado da mente verde.

Durante a pandemia, fomos muito bons nisso e vimos benefícios significativos. Vamos aprender com isso. A pandemia foi um momento decisivo em termos de ciência do estresse: aprendemos muito sobre o que realmente aumenta a resiliência ao estresse e conduz a mais bem-estar e alegria. E a natureza foi uma parte muito importante desse processo. À medida que as pessoas começaram a ser vacinadas, os locais de trabalho voltaram a abrir e a vida começou a regressar — pelo menos por enquanto — aos ritmos pré-pandêmicos. Lembro-me de algo que a minha colega Elizabeth Blackburn, minha parceira na pesquisa dos telômeros, me disse:

— Não deixemos que a pandemia seja um desperdício.

As crises criam oportunidades de mudança. Chamamos isso de *crescimento pós-traumático*. A natureza foi um mecanismo de sobrevivência comum utilizado durante a pandemia, e aprendemos com estudos em grande escala como é verdadeiramente benéfica. Vamos aprender com isso. Não volte para dentro de casa. Saia sempre que tiver oportunidade e experimente o banho sensorial do mundo natural, que faz maravilhas para o seu estresse, movendo-o em direção à mente verde.

Há uma certa estabilidade e lentidão na natureza — que é paciente e resiliente, e inspira isso também no nosso corpo. Dentro de nós, temos as pressões de tempo do nosso dia autoconstruído. No exterior, percebemos que o período que importa é medido em anos e séculos. Caminhamos no mato e vemos que uma grande árvore caiu e morreu, e depois reparamos no novo crescimento, e todos os novos brotos, a descendência que crescerá durante o próximo século. Você vê a história da Terra e o futuro. E devo observar aqui que, devido à crise climática, também sinto tristeza e, por vezes, desespero com a ameaça à natureza, e tenho a certeza de que você também. Precisamos da natureza para o nosso bem-estar e para a nossa sobrevivência, e precisamos de ações drásticas para protegê-la que sentimos que terão impacto — falaremos mais sobre isto um pouco mais tarde.

Hoje, aproveitaremos o forte poder calmante da natureza em qualquer forma que lhe seja acessível. Se puder mergulhar na natureza crua hoje, ótimo. Mas lembre-se: a natureza é potente e útil para você em todas as formas. É através dos canais sensoriais que a natureza nos afeta, por isso há muitos caminhos que podemos seguir. Um passeio no seu bairro pode funcionar, ir para o seu quintal pode funcionar. Você pode trazer os sons e os cheiros da natureza para casa ou escritório. Seja qual for o método que escolher, a sua missão é voltar a calibrar o sistema nervoso, utilizando as pistas do mundo natural. Ao criar um santuário que evoca a natureza dentro ou fora de casa, você muda o seu contexto e, ao fazê-lo, altera os processos da sua mente e do seu corpo para ficar mais calmo, mais alegre e mais resiliente. Hoje, deixe a natureza trabalhar em seu favor.

A PRÁTICA DE HOJE

DEIXE A NATUREZA REDUZIR O ESTRESSE

Item para sua mochila de emergência: Ganhe Perspectiva e conecte-se

Hoje, você pode escolher entre três opções diferentes para a sua prática, dependendo da sua possibilidade. O que não puder fazer hoje, saiba que pode sempre tentar no futuro. Qualquer uma destas práticas funcionará para reduzir o estresse, recalibrar o sistema nervoso e proporcionar um "reset" calmante para continuar o seu dia com mais resiliência.

Opção 1: Imersão

Pense num lugar aonde possa ir hoje que seja de natureza crua, um local que pareça uma verdadeira natureza selvagem, longe das vistas e sons da vida urbana. Hoje, você deve caminhar na natureza para uma imersão total, sintonizando a sua mente com o exterior, reparando tanto nos pequenos pormenores como nos detalhes visuais. O meu amigo Mark Coleman, que conduz regularmente retiros na natureza[21] e que é britânico, gosta de chamar esse tipo de caminhada de lazer. É como vagar sem objetivo. Você não está tentando chegar a lugar nenhum. Não está tentando terminar uma caminhada ou atingir um pico. Está passeando lentamente, reparando nas coisas à medida que caminha.

O melhor é ir sozinho. Caso se sinta mais confortável com outras pessoas, isso também funciona. Mas lembre-se de que não é hora de falar e pôr a conversa em dia. É uma experiência sensorial. Caminhe em silêncio, devagar e longe de qualquer pessoa. A sua principal missão é deixar que os seus sentidos estejam totalmente envolvidos. Esse é um momento para se concentrar no exterior e abrir-se ao que vê, ouve, cheira, degusta e sente. Caso contrário, é fácil ficar imerso em outra coisa: seus pensamentos giratórios. Se estiver caminhando em silêncio e devagar, mas a sua mente está longe, no fim da caminhada, não terá visto nada.

Deixe que o portal mágico da sua atenção se abra para o que está à sua volta. Respire fundo e comece a sua caminhada com estes objetivos em mente:

- **Caminhe em silêncio com os ouvidos abertos.** Escute pássaros, brisa, movimento, água. Conte o número de sons que ouve. Quando começar a ouvir, pode sentir como se ouvisse a rica mistura dos sons da natureza pela primeira vez.
- **Perceba a sensação do vento no seu corpo enquanto se move e seus pés na terra a cada passo.** Como Thich Nhat Hanh diz: "Imprima paz e serenidade na Terra. Caminhe como se estivesse beijando a Terra com os seus pés."[22]
- **Observe a mudança de cenário à medida que você passa lentamente.** Observe o solo, as plantas, o céu, as cores, a luz.
- **Faça uma pausa para se aproximar, o mais perto que puder.** Toque folhas, cascas de árvore, flores. Cheire-as. Caso não se sinta tolo ao fazê-lo, abrace um tronco de árvore ou, pelo menos, apoie-se em seu peso e solidez.
- **Lembre-se de que você é feito de natureza.** A água em você é a água deste planeta, do seu lençol freático local ou dos seus reservatórios. Os quilos de microbioma de que depende (em seu intestino, seus pulmões, sua pele) são formados pelo seu ambiente local, os produtos que come, o ar que respira (sim, existem milhões de micróbios transportados pelo ar). Conheça e seja conhecido pelo mundo natural, do qual você faz parte.

Quando você caminha na natureza dessa forma, com os portais sensoriais abertos, a mente pensativa faz uma pausa, e qualquer estresse que esteja segurando pode se dissipar, sem o seu esforço consciente. Quando começa a voltar para casa, você sai revigorado e pronto para regressar ao seu dia exigente com mais reservas e uma base de referência mais próxima da mente verde. Pode tirar uma fotografia de uma imagem que o comova para voltar a experienciar essa sensação mais tarde.

Experimente a caminhada de lazer durante pelo menos quinze minutos — ou o máximo de tempo que conseguir! Se possível, demore uma hora. Não existe imersão "exagerada" na natureza.

Opção 2: Recalibre-se com a natureza urbana

Para uma fuga urbana mais eficaz, encontre um local onde não vê nem ouve carros. Pode ir para um parque próximo ou à beira-mar/rio, até mesmo um bairro tranquilo. Funciona melhor se puder estar rodeado de árvores ou outro tipo de vegetação, ter algum tipo de paisagem ou estar perto de água. Mas use o que tem. Há sempre o céu.

O objetivo aqui é usar os seus sentidos e desligar a sua "vigilância da cidade". Se conseguir aproveitar a sua experiência sensorial aqui, pode obter uma miniversão útil do efeito da natureza.

Tire o tempo que tiver — até mesmo quinze minutos podem ajudar o seu sistema a se reiniciar. Caminhe lentamente. Tente abrandar a sua respiração ao seu ritmo. Concentre a sua atenção nos elementos do mundo natural que o rodeiam — veja o que consegue notar. Observar a vida selvagem, mesmo numa paisagem urbana, tem um efeito calmante adicional. Poderá ver pássaros ou outros animais. Pode colocar um comedouro e atrair beija-flores para o seu quintal. Observar um beija-flor, cujas asas podem bater até oitenta vezes por segundo, pode induzir sentimentos de admiração.

Opção 3: Traga a natureza até você

Para este método, traga a natureza ao seu espaço. Os sentidos são potentes. As sensações, os cheiros e os sons afetam o sistema nervoso. Estudos sobre óleos essenciais (de plantas como o cedro e especialmente a lavanda, que liberam compostos orgânicos voláteis) mostram que a inalação leva a uma breve — mas significativa— redução dos sentimentos de estresse e ansiedade,[23] que funciona naturalmente melhor com uma curta massagem (esfregando-o nas mãos, pés, pescoço ou costas). Existem muitas ideias por aí sobre o impacto dos aromas dos óleos essenciais na neuroquímica.[24]

Encontre um espaço em sua casa onde possa estar sozinho e sentar-se confortavelmente (numa cadeira ou no chão) ou se deitar. Se tiver acesso a óleos de aromaterapia calmantes, utilize-os. Também pode trazer objetos da natureza para dentro de casa — flores, relva, folhas, bolotas, nozes, qualquer coisa que evoque o ar livre e o mundo natural. Ative os sinais sonoros da natureza. Encontre um áudio de sons da natureza que tenha repercussões para você. Vento, chuva, ondas (basta escrever "sons da natureza" no YouTube ou em um aplicativo de streaming de música; há inúmeras opções). Depois, faça uma curta atividade de respiração para o ajudar a entrar no estado de "mente verde para azul":

- Observe o seu fluxo de respiração, com uma mão sobre a barriga e uma sobre o peito. Pode sentir a sua barriga encher mais do que o peito.
- Faça cinco respirações pelo nariz, mas expire mais lentamente do que inspira.
- Agora, volte a sua atenção para fora, para os seus sentidos e para o cômodo onde está.
- Concentre-se nos sons. Qual é a sensação do ar quando respira? O que cheira? Quer sentir ou examinar alguns objetos da natureza?

- Imagine que está no meio de um cenário natural, quer seja à beira da água ou em uma floresta, e visualize uma imagem detalhada.
- Diga a você mesmo que essa imensa extensão de natureza pode conter qualquer de seus pensamentos e suas emoções; é suficientemente grande para a sua experiência. Deixe que ela o segure e apoie neste momento.

Seja qual for a forma como decida obter uma dose de natureza, beleza, ou admiração, gostaria de deixá-lo com uma citação de John Muir: "A paz da natureza fluirá para você assim como a luz do sol flui para as árvores. Os ventos soprarão seu próprio frescor em você e as tempestades sua energia, enquanto as preocupações cairão como folhas de outono."[25]

Solução de problemas

Não sente a sensação maravilhosa de que os outros falam? Alguns a sentem com facilidade e são rapidamente capazes de a identificar. Outros apenas não sentem. Talvez você não a sinta da forma descrita, ou pode não vir até você facilmente. Mas isso não significa que a natureza não funcione para você. O mundo natural continuará fazendo o seu trabalho no seu sistema nervoso, independentemente disso.

Não há uma receita única para o deslumbramento, e não é um requisito, por mais linda que seja a paisagem. Não é preciso forçar. Pode haver outros tipos de experiências que lhe trazem a sensação de maravilha e expansão que algumas pessoas sentem em frente a uma cadeia de montanhas ou ao oceano. Ver vídeos de feitos humanos heroicos ou do espaço provoca frequentemente sentimentos de deslumbramento, que é uma experiência que podemos cultivar com a nossa atenção e curiosidade aberta sobre coisas que não reparamos regularmente. Observe o que o rodeia, desde os pequenos detalhes até uma visão completa e panorâmica. Pode tentar tirar cinco fotografias por semana de algumas paisagens lhe deem calma, e descrever em poucas palavras as emoções ou os pensamentos que inspiram.

Caso não se sinta confortável na natureza...

Caso se sinta desconfortável com a natureza selvagem, não tenha pressa. Espere o seu tempo. Um ambiente que você considera estranho ou mesmo ameaçador fará com que a sua vigilância vá na direção errada. Isso não significa que não possa aproveitar o poder da natureza. Tente reparar em plantas e árvores em seu bairro, ou trazer os sons e odores da natureza para um espaço onde se sinta seguro. Pense em construir progressivamente experiências mais envolventes na natureza.

Talvez você tenha uma forte preferência por um tipo de natureza em vez de outro. Há muito que sabemos que as pessoas procuram ambientes que se adaptem à sua personalidade. Os extrovertidos, por exemplo, têm uma maior necessidade de ligações e atividades sociais, e sentem mais alegria depois disso do que os introvertidos, que se sentem cansados ou sobrecarregados; os extrovertidos se sentem confortáveis em locais mais barulhentos como os cafés. E, ao que parece, têm as suas próprias naturezas: vários estudos realizados psicólogo cultural Shigehiro Oishi e colegas mostraram que os extrovertidos preferem mais o oceano aos introvertidos, enquanto os introvertidos preferem florestas, montanhas e outros locais mais calmos e isolados.[26]

Vale a pena respeitar as suas preferências pessoais e os seus níveis de conforto, mas tente se esforçar um pouco mais. A novidade e a exploração são também formas de expandir a nossa resiliência. Mesmo que se sinta um pouco "em alerta" na primeira vez que entrar em um ecossistema desconhecido, aposto que vai se adaptar rapidamente e começar a colher os frutos que reduzem o estresse.

DIA 6

NÃO SE LIMITE A RELAXAR... RESTAURE-SE

DESDE O SEGUNDO EM QUE NASCEMOS, RESPIRAMOS. A RESPIRAÇÃO É primordial para a nossa sobrevivência — contudo, grande parte de nós dificilmente dedica tempo para pensar sobre a respiração. A maioria de nossos processos respiratórios é involuntária, controlada pelo tronco cerebral. Você respira enquanto dorme, come e fala. É claro que você também pode exercer controle sobre sua respiração — geralmente percebemos e ajustamos nossa respiração quando estamos nos exercitando, por exemplo, ou quando estamos chateados, para nos acalmarmos. Mas também estamos influenciando nossa respiração de outras maneiras — que nem sempre temos consciência.

Vários estudos concluíram que, quando as pessoas trabalham, sua respiração muda. Respiram mais vezes por minuto; sua respiração é mais superficial. No trabalho, respiramos mais rápido. Há até um fenômeno a que alguns apelidam de "apneia do e-mail": ao verificar o e-mail, é provável que esteja segurando a respiração.

Quando seguramos a tensão — quando a linha de base do estresse é alta, tendemos a respirar mais vezes por minuto, e essas respirações tendem a ser superficiais em vez de profundas. Respondemos ao estresse com respiração leve e acelerada, muitas vezes pela boca. Um ofegar discreto! Ao mesmo tempo, esse tipo de respiração *provoca* uma resposta de estresse no corpo.[1] A respiração superficial e rápida envia um sinal ao corpo: preparar para a ação. Isso significa uma versão sutil de lutar ou fugir: vigilância no nosso sistema nervoso. Os nossos padrões de respiração — que estão normalmente em piloto automático e são em grande parte inconscientes — *influenciam* e *são influenciados pelo* estresse e pela tensão que mantemos no corpo. Em última análise, isso pode se tornar uma espécie de "espiral de estresse" — o estresse do dia desencadeia um padrão respiratório mais leve e rápido, marcado por períodos de retenção inconsciente da respiração, e que, por sua vez, mantém o corpo em um estado de ativação do sistema nervoso simpático. Acabamos naquilo a que podemos denominar de "mente laranja" — respirando até chegar a um estado entre a carga cognitiva e a estimulação do estresse.

Por isso, permita-me perguntar:

Até que ponto está segurando a respiração?

Quão profunda ou superficialmente está respirando?

Quanta tensão está mantendo em seu corpo, em seu peito?

Agora, neste momento, até que ponto está respirando *completamente*?

O problema: Não estamos descansando de verdade

Quando analisou as perguntas acima, o que notou? Percebeu que os seus ombros estavam tensos? Seu corpo ou sua mente estavam inclinados para a frente? A sua respiração era lenta e completa, ou leve e superficial? Pause por um momento e respire uma vez, completamente — toda a entrada e toda a saída — e reflita: como se sente em comparação com a sua respiração normal? Diferente?

O estado de mente amarela de constante ativação do sistema nervoso e a respiração insuficiente, leve e acelerada que o acompanha, é *normal* para nós. Estamos acostumados a ele. Nós o aceitamos como nossa linha de base. Assim, quando nos deparamos com um período de maior estresse, ou um fator estressante diário que provoca um pico no nosso sistema nervoso simpático, aumentamos ainda mais — ficamos com a mente totalmente vermelha. Quando voltamos à nossa linha de base da mente amarela, parece que "relaxamos". O problema é que não relaxamos. Ou talvez mais precisamente: "relaxamos" de volta ao nosso estado padrão, que não é relaxante o suficiente.

Não basta voltar à linha de base. Desejamos ir *abaixo* da nossa linha de base de estresse habitual — para o verdadeiro repouso. Ou, ao que eu descrevi neste livro como "repouso profundo" ou "mente azul". Quando conseguimos atingir tal estado de repouso intenso, isso traz uma restauração fisiológica à mente e ao corpo de que precisamos urgentemente, e ajuda-nos a sair do padrão de manter e estimular o estresse.

Quando conseguimos atingir a mente azul, mesmo que apenas por curtos períodos, isso não só conduz ao rejuvenescimento biológico, como também tem o poder de baixar a nossa linha de base de estresse. Como discutimos no início deste livro, diminuir nossa linha de base padrão nos permite operar em um nível de tensão do sistema nervoso mais saudável e biologicamente mais sustentável.

Não podemos estar sempre em repouso profundo — é impossível. Mas sabe com que frequência a maioria de nós tem um repouso profundo?

Quase nunca.

Por isso, hoje, quero falar sobre o repouso profundo. Se quisermos experienciar uma vida vibrante com boa resiliência ao estresse, o repouso profundo não é opcional. É um requisito. É tão necessário quanto o oxigênio. E, de fato, tem muito a ver com o oxigênio.

Estados permanentes de elevada tensão significam uma respiração superficial e um desgaste crônico das nossas células. A mente amarela gasta as nossas baterias mais depressa. Ao fim do dia, sentimo-nos esgotados; no fim da semana, sentimos que não nos "recarregamos" nada. Necessitamos de uma pausa. Precisamos verdadeiramente nos recarregar e reiniciar. Temos de criar condições para que o corpo possa realizar alguns processos cruciais de rejuvenescimento da mente, do corpo e das células que temos ignorado. O nosso nível de estresse se manifesta em nosso ritmo respiratório, como um dos muitos fatores que o determinam. Alerta de spoiler: o repouso profundo de que precisamos *também* tem a ver com a respiração.

Quando estamos em repouso profundo, o nosso padrão de respiração se torna lento e mais oxigênio atravessa a barreira entre os pulmões e os vasos sanguíneos. Os níveis de óxido nítrico aumentam, o que faz com que os vasos sanguíneos se dilatem, permitindo que o sangue e o oxigênio viajem mais rapidamente pelo corpo. A pressão arterial baixa e o ritmo cardíaco diminui. Esses processos fisiológicos estão intimamente ligados aos nossos padrões de respiração. E tais acontecimentos no corpo indicam que estamos entrando num estado de mental azul — um estado de verdadeiro e profundo repouso.

Então, como chegamos lá?

Entrar em repouso profundo — mais difícil do que parece!

Você fica no sofá assistindo a um programa que ama. Leva o seu cão para passear ou correr. Faz sua refeição favorita, perdendo-se nos cheiros e processos de preparação da comida. Dá uma pausa no trabalho para ler as redes sociais e trocar mensagens com amigos.

Qualquer uma dessas atividades parecem profundamente relaxantes. Mas será que são mesmo?

Um erro que cometemos é confundir pausas e lazer com verdadeira restauração. Fazer pausas no trabalho ou na prestação de cuidados e fazer coisas de que gostamos, como passar tempo com aqueles a quem amamos, desfrutar de livros e filmes — tudo isso é fundamental! E sim, trata-se de uma forma de relaxamento: a categoria *mente verde*. Mas isso não o leva a uma restauração profunda por duas razões. A primeira é que possivelmente, ainda tem uma mente ocupada. Em segundo lugar, você *está* ocupado, e a mente azul é mais facilmente alcançada não quando você está fazendo, mas quando está sendo — sentado ou deitado, receptivo e focando algo que não seja o seu conteúdo mental. Muitas coisas que as pessoas fazem para relaxar não são verdadeiramente restauradoras. São valiosas por si só, mas superficiais em comparação com os estados de repouso profundo. Há uma grande diferença entre a mente verde e a mente azul.

Tente se lembrar de uma situação em que se sentiu verdadeira e completamente relaxado. Quando sentiu que seu corpo e sua mente estavam fazendo uma pausa total do trabalho. Talvez estivesse em um determinado lugar — muitas pessoas apontam para a natureza, porque vimos no capítulo anterior que a natureza pode induzir a esses tipos de estados mentais azuis. Talvez tenha sido mais sobre onde *não estava* — quem sabe você estava longe da agitação habitual e das exigências cotidianas. Normalmente, não atingimos estados de relaxamento intenso quando estamos rodeados de pilhas de roupa para dobrar, ou do computador com a promessa de mais e-mails. Provavelmente também se sentiu seguro, porque a segurança é um pré-requisito do relaxamento profundo. O repouso profundo se sobrepõe muitas vezes à reclusão física. Há um "estreitamento sensorial" ou mesmo privação — uma ausência de estímulos. Estamos em um estado receptivo de consciência (não nos inclinando para a frente, avançando para o futuro imaginado, mas sim nos inclinando para trás, ou reclinando totalmente). Há uma sensação de atenção flutuante aberta e suave — não estamos preocupados com nada em particular ou sendo apanhados em ruminação, mas ao invés disso podemos nos sentir sonhadores, criativos ou distraídos; somos capazes de deixar calmamente que os pensamentos surjam e passem.

Para alguns, quando peço para recordarem um momento de relaxamento profundo, vêm-lhe à cabeça as férias — um verdadeiro escape. Uns mencionam uma viagem à natureza e outros citam uma longa massagem. Para mim, é a parte final de uma longa aula de ioga. A maioria das aulas de ioga termina com uma postura chamada *Savasana*, ou postura do cadáver, e o objetivo é se deitar no chão, sem fazer nada, enquanto os recursos energéticos do corpo são recarregados. Ao término da Savasana, levanto-me com relutância e continuo com o meu dia — mas me sinto tranquila e recarregada. Esse estado de relaxamento profundo é típico depois de práticas mente-corpo como a ioga, a meditação ou o treino de qigong. Se já o sentiu, é provável que não queria que acabasse! É isto: mente azul. Uma pausa total da atividade mental ocupada, um período de despertar e de restauração alerta.

Pode ser que ainda não tenha tido esta experiência — não há problema. A maioria de nós tem pouco disso por semana ou mesmo por ano. O repouso, ao que parece, deveria ser a coisa mais fácil de fazer — natural, sem esforço, automático — mas, na verdade, é uma das mais desafiadoras. A ideia de tirar um tempo para descansar é difícil, e a ideia de "não fazer nada" é ainda mais complicada. Por mais que quiséssemos, não podemos simplesmente deitar no sofá e experienciar rapidamente um repouso profundo. Nossa mente e nosso corpo não conseguem fazer um desvio tão rápido e fácil. Por isso, são certas atividades como as práticas mente-corpo que realmente nos ajudam a chegar lá. Savasana é conhecida na ioga como a postura mais importante, porém a mais difícil de fazer bem. Pode parecer estranho, em uma prática em que algumas posturas envolvem feitos incríveis de força e flexibilidade! Mas o princípio central da postura do cadáver é *deixar ir, entregar o controle e relaxar.* Há uma razão para o Savasana vir no fim da prática de ioga: deixar ir é tão difícil que precisamos preparar a mente e o corpo para conseguir.

Biologia celular do repouso profundo

Quando o repouso profundo acontece, algo único ocorre no cérebro e no corpo. É o oposto do nosso estado padrão de alerta. No início desta semana, falamos sobre como o processo de recuperação após o estresse hormético cria um "processo de limpeza", ativando os removedores que consomem os radicais livres e eliminam as partes velhas e matam as células antigas. Esse processo de limpeza acionado pelo estresse positivo é excelente para o seu corpo a nível celular. Mas o repouso profundo faz algo diferente. Algo a mais.

O repouso profundo causa uma restauração biológica: melhora o hormônio do crescimento e os hormônios sexuais e, à medida que aumentam, o corpo é mais capaz de restaurar, curar e regenerar os tecidos. Ter estados de repouso profundo enquanto estamos acordados cria uma forma potente de restauração para a mente e o corpo. Durante o sono, experienciamos também uma fase de repouso profundo: a fase de sono profundo (também chamada de *sono de ondas lentas*) é o estado mais reparador que temos. Existe uma pulsação do líquido cerebrospinal, que limpa as proteínas amiloides e outros resíduos do nosso cérebro.

No campo da ciência do estresse, uma das formas de medir o impacto do repouso profundo tem sido estudar pessoas que fazem retiros. *Retiro* pode significar muitas coisas. Muitas vezes, refere-se a um workshop de meditação estruturado ou a um retiro silencioso, organizado num centro de retiros, com orientadores formados. Mas isso é apenas um extremo do espectro. *Retiro*, no verdadeiro sentido da palavra, pode significar simplesmente se retirar do seu ambiente usual, aquele cheio de estímulos e exigências. Por exemplo, ficar sozinho numa cabana no campo.

Os centros de retiro proporcionam o conjunto ideal de circunstâncias que permitem às pessoas descontrair mais do que o normal. É um tempo protegido; os limites são impostos. Você está seguro; afastado das coisas que muitas vezes fazem disparar o seu sistema nervoso simpático (trabalho, e-mails, tecnologia, exigências de cuidados, relações difíceis — seja lá o que estiver acontecendo no seu meio ambiente habitual que possa levá-lo a um estado de tensão ativado).

Sei que, pessoalmente, já senti os estados mais profundos de repouso durante os retiros, e os efeitos permanecem comigo há semanas. Em longo prazo, vale a pena pensar em como pode arranjar espaço para um retiro de algum tipo — quer seja um programa formal em um centro ou apenas um fim de semana na floresta. Passar esse tipo de tempo de inatividade com proteção intensa, sem tecnologia e focando o repouso é algo que poucas vezes priorizamos, mas precisamos fazer. No entanto, hoje em dia, não temos uma semana longe da correria do nosso dia a dia. Mas temos este exato momento — enquanto lê este capítulo, e nos poucos minutos que utiliza para experimentar uma nova prática hoje. Será que podemos criar uma mentalidade de "retiro" num período muito mais curto — algo para o qual não precisamos tirar uma semana de férias, mas que podemos fazer *agora* e todos os dias?

Um estado de espírito de "retiro"

O cérebro humano, um órgão isolado na escuridão do crânio, é totalmente dependente dos estímulos sensoriais para obter informações atualizadas. O cérebro funciona usando toda essa informação e prevendo o que pode acontecer. As emoções são, basicamente, o melhor palpite do cérebro sobre como deve reagir a uma situação, levando em conta os sinais que recebe do corpo, junto às suas memórias de situações semelhantes.[2] Por exemplo, se tem enfrentado inúmeras crises no trabalho — respondendo a um e-mail difícil após o outro —, da próxima vez que ouvir o som de um e-mail chegando à sua caixa de entrada, pode ficar um pouco mais tenso e vigilante antes mesmo de abrir a menagem. A reação do cérebro se baseia na experiência e no hábito. Mas podemos quebrar esse ciclo e mudar a nossa tendência para estados de repouso mais profundos.

Podemos moldar a nossa função cerebral e os nossos estados usuais de estresse alterando os sinais que o cérebro está recebendo do corpo. Podemos criar uma experiência corporal que envie sinais "corretivos" para o cérebro, o que molda as pistas interceptadas, que, por sua vez, determinam como nos sentimos no momento. Em outras palavras, se aumentarmos todas as pistas e condições que dizem ao nosso corpo que estamos seguros e confortáveis, não há nada a fazer, a não ser relaxar, essa é uma fórmula sólida para começar. Podemos usar estímulos como luz fraca ou escuridão, almofadas macias ou máscaras para os olhos, estar em uma determinada sala segura e fechada, imagens ou símbolos calmantes — tudo isso pode enviar o sinal de que não há problema em relaxar e baixar a guarda. Neste estado, o corpo acaba fazendo o resto. Ele reconhece que está em um ambiente seguro para direcionar a energia para a limpeza das nossas células. E, o mais importante, isso cria um *feedforward*. A experiência em repouso profundo cria memórias corporais. Isso influencia a forma como o cérebro prevê os mesmos estímulos sensoriais e interceptados no futuro. É um ciclo de feedback positivo. Estamos adicionando novos estímulos que constroem um repouso profundo nas nossas futuras previsões cerebrais. Chegaremos a estados de repouso profundo com mais facilidade e rapidez da próxima vez.

Os retiros tornam o repouso profundo mais fácil. Seria maravilhoso criar o estado de espírito de "retiro" todos os dias. Tento fazer isso à noite, durante o meu ritual de relaxamento antes de dormir. Se você observar os elementos de um retiro bem-sucedido, pode viver uma experiência semelhante onde quer que esteja: está desconectado das exigências. O celular está desligado — de verdade, nem sequer tem a opção de o verificar. Você se sente socialmente seguro — ou está confortavelmente sozinho, em um silêncio agradável, ou com outras pessoas que partilham o mesmo interesse. Nessas condições, o sistema nervoso volta a se recalibrar. Desligamo-nos das fontes de estresse e voltamos a nos autoconectar — a um núcleo interior de calma. Ao retirarmos as exigências do mundo exterior, aliviamos a nossa enorme carga cognitiva; ao fazermos isso durante longos períodos, também reduzimos o nosso estresse inconsciente acumulado.

O que acontece no interior das nossas células quando estamos em retiro? Essa é a pergunta exata que os meus colegas e eu nos propusemos a pesquisar em um estudo que realizamos em parceria com os Drs. Rudy Tanzi e Eric Schadt.[3] Eric é um matemático que, com modelos sofisticados, consegue identificar padrões de mudança na atividade de mais de 20 mil genes. Para esse estudo (o mesmo discutido no Dia 1), escolhemos participantes que nunca haviam meditado antes — novatos — e levamos todos a um centro de retiro. Em seguida, dividimos o grupo ao meio. Uma metade recebeu treinamentos de meditação com mantras nessa semana, oferecida por Deepak Chopra e outros professores. A outra metade simplesmente viveu no belo centro de retiro, consumiu as mesmas refeições saudáveis ayurvédicas (alimentos naturais e pouco processados) e passeou pelo mesmo terreno adorável. *Todos* se desligaram do trabalho, dos celulares e dos computadores.

Verificou-se que o simples fato de viver no centro de retiro — independentemente de os participantes terem treinado meditação — criava alterações radicais na atividade de expressão genética das células imunitárias, tanto que a aprendizagem automática conseguiu prever os perfis pós-retiro com 96% de precisão. Ou, dito de forma mais simples, a atividade das células depois de viverem no centro de retiro era drasticamente diferente do que era no dia em que os participantes chegaram! Vimos reduções na atividade inflamatória, atividade de estresse oxidativo, danos no DNA e degradação mitocondrial. Só coisa boa! Os processos relacionados com a autofagia — processo benéfico de limpeza das células — aumentaram. As pessoas de ambos os grupos relataram se sentir cheias de vitalidade no fim da semana e tiveram grandes reduções na depressão, na ansiedade e no estresse. A questão é: você não precisa aprender a meditar para sentir os benefícios para a saúde. Simplesmente colocamos pessoas em um ambiente relaxante e bonito (sem e-mail), e isso criou mudanças rápidas e poderosas no corpo.

O efeito do treino de mindfulness e da meditação pode ser profundo. O forte contraste entre a mente e o sistema nervoso de uma pessoa que está no meio de uma prática meditativa e uma pessoa que está envolvida em um contexto de estresse elevado é drástico. Os benefícios são reais. Um jovem que completou uma aula de meditação mindfulness para refugiados orientada pelo meu colega, Professor Amit Bernstein, descreveu a sensação da seguinte maneira:

— É um estado de repouso da mente e, depois que a mente descansa, você pode ter um estado de pensamento muito nítido e limpo. É como um remédio para mim. Pode ser um luxo para você, mas é como um remédio para mim. Eu o uso como um remédio.[4]

Direito ao repouso

Nem todos temos o mesmo acesso ao repouso, em função da nossa vida pessoal e de fatores estruturais. Todos temos os próprios desafios únicos; somos diferentes, com sistemas nervosos cuidadosamente calibrados, estímulos diferentes, coisas diferentes que nos acalmam e nos fazem sentir seguros. Em torno de 30% das pessoas sofreram trauma de infância, o que, para a maioria, significa se sentir mais ameaçado e vigilante em relação aos fatores estressantes diários.[5] Também sabemos agora que as pessoas com traumas de infância se beneficiam particularmente de práticas mente-corpo que criam um repouso profundo.

O repouso é uma questão de justiça social — existem barreiras socioeconômicas e raciais ao repouso profundo. Nem todos têm a mesma liberdade e capacidade para dormir o suficiente. Os grupos que são alvo de marginalização, principalmente os negros nos EUA, têm repouso inadequado. De fato, os estudos mostram que os indivíduos negros, latinos e asiáticos nos EUA têm um sono mais curto e de pior qualidade em comparação com americanos brancos.[6] Tricia Hersey, uma artista performativa e curandeira comunitária, fundou o Nap Ministry com base no princípio de que o repouso é uma forma de resistência.[7] Como ela escreve em seu site: "Acreditamos que o repouso é uma prática espiritual, uma questão de justiça racial e de justiça social."

O repouso profundo é um direito, não um luxo. Essa é uma mudança social e cultural que teremos de realizar, com a ciência (e dados concretos!) a liderar o caminho. Lutamos em conjunto contra o sono por causa da forma universal em que a mente humana funciona — ela tende para o estado mental amarelo de vigilância constante — e devido às pressões da sociedade e do trabalho sobre o nosso tempo. O repouso em si — o verdadeiro repouso, o repouso profundo — é um remédio poderoso, e escasso. Precisamos torná-lo mais acessível — para todos. Além de procurar as formas pelas quais você pode criar mais espaço para descansar, que esfera de influência mais alargada pode ter na sua vida quotidiana, onde pode ajudar os outros a obter o repouso de que necessitam? Pode ser o seu círculo familiar mais próximo, mas também pode se estender a amigos, pessoas que trabalham para você, pessoas com menos privilégios ou oportunidades. Há formas de defender o repouso?

É possível sentir até que ponto a mensagem antirrepouso está enraizada em você só por reparar em suas reações à sugestão de que reserve um tempo para um repouso profundo. Ao ler este capítulo, quantas vezes se pegou pensando: "*Não tenho tempo para repousar*", ou "*Vou pular este capítulo*", ou "*Não posso parar; outras pessoas dão conta tendo ainda mais coisas para fazer*", ou "*Talvez depois de cumprir este prazo*". Caso tenha se pegado dizendo alguma dessas coisas, é porque *você precisa repousar ainda mais.*

É sobre sua saúde. Sua vida. É sobre onde está e para onde vai, como se sentirá, e quais serão as suas capacidades quando chegar lá. É prevenção, como escovar os dentes, que, como já deve ter reparado, consegue fazer todos os dias. Combater o estresse diariamente é cuidar do nosso bem-estar, da nossa qualidade de vida e da nossa capacidade de ter um impacto no mundo, de alguma forma. Qualquer que seja a nossa esfera de influência. *Se não dedicar tempo para cuidar de si mesmo, incluindo o repouso profundo agora, será forçado a reservar tempo para a doença mais tarde.* Todos os dias, podemos criar um terreno fértil para o envelhecimento precoce e a doença, ou podemos criar as condições para o rejuvenescimento e o bem-estar. Permita-se recarregar as energias.

Respire até o repouso profundo... neste momento

Não há uma única maneira de criar um repouso profundo — há muitos caminhos para alcançar. Pode chegar lá durante um longo retiro; no fim de um treino; durante a Savasana, ao término de uma sessão de ioga; ou estar profundamente na natureza, enquanto os nossos processos corporais entram em sincronia com o mundo natural. Mas há uma mudança comum em todas essas atividades: uma mudança na respiração, que se torna mais devagar e rítmica, o que leva a um maior tônus vagal (maior equilíbrio entre o parassimpático e o simpático) e a maios oxigênio no corpo.

Quando criamos circunstâncias que são ideais para o repouso profundo — sentindo-nos seguros, participando em uma prática mente-corpo ou estando na natureza —, a nossa respiração muda naturalmente à medida que o corpo se ajusta. Hoje, inverteremos isso. *Começaremos* com a respiração. Quando praticamos o tipo de respiração que o nosso corpo quer fazer em um estado de repouso profundo, sinalizamos ao corpo que está tudo bem em descansar. Não faz mal deixar ir. Em vez de uma forma "de cima para baixo" para criar uma mentalidade de repouso, como a meditação, usamos uma forma "de baixo para cima": mudamos os nossos estados mentais e físicos por meio da respiração. A respiração, ao que parece, pode ser o caminho mais direto e curto para o repouso profundo. Quando você não pode ir a um retiro, pode trazer o retiro até você. E tudo o que precisa é da sua respiração.

As técnicas de respiração são um dos mais poderosos atos que podemos fazer para mudar o nosso estado fisiológico — e rápido. É surpreendente: podemos regular a nossa respiração, o que significa que podemos regular o estado do nosso sistema nervoso autônomo e até o nosso estado de consciência. Ao alterarmos a nossa respiração, também influenciamos o nosso estado emocional, conduzindo-nos à calma, à alegria e à tranquilidade.

Primeiro: perceba que, provavelmente, não está respirando adequadamente na maior parte do tempo! Passamos a maior parte do nosso tempo respirando depressa e ineficiente — uma receita perfeita para uma mente laranja, uma linha de base de estresse superior ao ideal. Também respiramos pela boca com muita frequência. Respirar pelo nariz permite que os nossos seios nasais criem óxido nítrico, que vai para os pulmões e tem um efeito vasodilatador saudável. O jornalista James Nestor, autor de *Respire*, fez um experimento em si próprio fechando o nariz com fita adesiva durante dez dias para poder respirar apenas pela boca.[8] Isso demonstrou o que ele pensava que aconteceria, e pior — ele se sentiu ansioso, o seu corpo foi tomado pela dominância simpática, sua epinefrina disparou e não dormiu bem. O seu ronco passou de alguns minutos para horas por noite — e até desenvolveu apneia do sono. Voltar a respirar pelo nariz resolveu tudo isso.

Uma prática popular atual é a utilização de uma fita adesiva especial para manter a boca fechada durante o sono, como a Myotape, desenvolvida pelo especialista em respiração Patrick McKeown. Depois de curar sua própria asma, McKeown dedicou a carreira para mostrar aos outros como a mudança na respiração pode ajudar em muitos problemas de saúde.[9] A fisiologia da respiração é complexa e fascinante, mas a prática efetiva da respiração funcional ideal é — ainda bem — simples e agradável. Experimente o método mostrado no box da página seguinte, que McKeown chama de respiração leve, lenta e profunda [LSD, do inglês Light, Slow and Deep]. Não respire muito! Inspirar demais pela boca cria respiração excessiva, estreitamento dos vasos sanguíneos e menos oxigênio no sangue. A respiração leve e suave nos deixa com mais oxigênio no sangue! Isso parece diferente da forma como você respira normalmente? Esse exercício de respiração leve, lenta e profunda envolve trabalhar com uma sensação tolerável de fome de ar para aumentar o CO_2 nos pulmões e no sangue, e abrandar a respiração. No início, a sensação de falta de ar pode ser desconfortável, mas à medida que a sua tolerância ao CO_2 aumenta, ficará mais fácil.

McKeown sugere que você tente fazer isso suavemente no início, em séries de trinta segundos com um minuto de descanso entre elas. Ele recomenda que comece com uma respiração ligeira para causar a fome de ar, acrescentando depois a expansão e a contração das costelas inferiores e, finalmente, abrandando a respiração, mantendo o volume respiratório mínimo. Em conjunto, isso normaliza a bioquímica e a biomecânica da respiração, e o ritmo. A respiração leve, lenta, nasal e diafragmática constitui a base da respiração funcional diária.

É *assim* que devemos respirar, sempre que possível.

RESPIRE MELHOR

Sente-se com as costas retas para deixar as suas passagens de ar abertas e livres: peito para cima, queixo para baixo. Respire com a boca fechada, pelo nariz. Respire de forma fácil e confortável, utilizando o método *leve, lento* e *profundo*:

Respire **levemente** — de forma suave, gentil e calma

Respire **lentamente**

Respire **profundamente** — pelo diafragma (as costelas se alargam para os lados)

Muitos de nós não têm consciência do controle que exercemos sobre o nosso sistema nervoso através da respiração. Alterando o nosso ritmo respiratório, podemos manipular os níveis de oxigênio e CO_2 nos pulmões, no sangue e nos tecidos. Durante milhares de anos, as pessoas têm usado práticas de respiração para energizar, relaxar e até criar estados estáticos. Há um espectro incrível de estados fisiológicos e mentais que você pode criar por meio da respiração. Sim, ela pode relaxá-lo. Também pode aumentar o estresse hormético (como no método Wim Hof já descrito), levando-o a um nível máximo de resposta ao estresse — através dos padrões de respiração. Existem outras práticas de respiração, como a respiração holotrópica ou, na ioga, a respiração kundalini, que podem alterar muito o seu nível de consciência e seus estados emocionais. Podemos usar a respiração para sentir tudo, desde o estresse à felicidade e ao relaxamento intenso.

A nossa prática de respiração de hoje, que começaremos em breve, envolverá uma breve *contenção da respiração*. Por quê? Porque quando retemos a respiração, mesmo que brevemente, aumentamos a quantidade de CO_2 no sangue. Isso permite que a hemoglobina, que transporta o oxigênio, libere-o em nosso sangue e nossos tecidos. Em resumo: aumenta a quantidade de oxigênio disponível para o nosso corpo e cérebro por um curto período, até ser consumido. Níveis mais elevados de oxigênio podem ser energizantes *e* relaxantes, diminuindo o estresse e aumentando a calma, a clareza e a concentração. E o fato é que uma breve retenção da respiração pode aumentar o nosso "nível de tolerância ao CO_2". Quanto mais tolerância ao CO_2 tivermos, menos ansiedade sentiremos. Faremos uma breve contenção da respiração na nossa prática de hoje.

Estudos sobre exercícios de respiração lenta, em que os participantes são guiados a expirar mais tempo do que inspiram, mostram que isso pode alterar o sistema nervoso autônomo quase *imediatamente*.[10] à medida que você desacelera a sua respiração, o resto do seu corpo se alinha: ritmo cardíaco mais baixo; aumento das ondas alfa do cérebro; sensações gerais de bem-estar e relaxamento; e maior variabilidade da frequência cardíaca, o que é significativo porque, quando aumentamos a variabilidade do nosso ritmo cardíaco (também chamado "tônus vagal"), enviamos mensagens ao nosso cérebro informando que estamos seguros. Damos um descanso ao nosso sobrecarregado sistema nervoso simpático e reduzimos a taxa metabólica das nossas células, permitindo o rejuvenescimento celular. Inúmeros estudos indicam que a respiração lenta a um ritmo de dez respirações ou menos por minuto, várias vezes por semana, durante um mês, cerca de quinze minutos por sessão (a duração exata varia de acordo com o estudo), reduziu a pressão arterial sistólica em cerca de seis pontos. De forma geral, os pesquisadores concordam que mais devagar é melhor. Quando reduzimos a nossa respiração para seis respirações por minuto, podemos aumentar de forma mais confiável a variabilidade da frequência cardíaca e reduzir a pressão arterial. Isso se chama *respiração ressonante* ou *respiração vagal*.

A nossa frequência respiratória normal é de doze a vinte respirações por minuto, com uma média de cerca de dezesseis. Alguns de nós até chegam mesmo a estar à beira da hiperventilação. No nosso estado habitual de estresse de mente amarela, a nossa respiração é muito rápida e superficial. E quando respiramos rápido e superficialmente, o corpo reage com uma resposta ao estresse; é um ciclo vicioso.

Cada um de nós tende a ter uma mente amarela, ou uma linha de base elevada. É um reflexo do nosso bom instinto de sobrevivência: a nossa atenção é mais voltada para as ameaças, uma vez que essas são exponencialmente mais salientes do que os sinais sutis de segurança e amor. É preciso intenção e a criação de um recipiente seguro para nos colocarmos abaixo da nossa linha de base típica durante um período estendido. Isso implica mais trabalho do que é preciso para reagir ao estresse, que é automático. O repouso profundo exige um esforço consciente no início, e tempo.

Por isso, hoje, gostaria que você tentasse reduzir o ritmo de sua respiração, sempre que puder. E, na nossa prática, aprenderemos uma técnica específica para uma respiração lenta e restauradora. É uma ferramenta que pode — e deve! — usar sempre que precisar de um sistema nervoso restaurado. Provavelmente, ela não o levará a um estado de repouso profundo sem ajustar alguns dos outros parâmetros que lhe darei para esta prática, mas quebrará a ativação crônica do sistema nervoso. A respiração é algo que você sempre tem à mão como uma forma poderosa de alívio do estresse.

Recapitulando

Quando respiramos de forma superficial e rápida, enviamos sinais de estresse ao corpo.

Quando fazemos expirações longas, enviamos sinais ao corpo de que estamos seguros. A atividade do sistema nervoso parassimpático aumenta; a variabilidade da frequência cardíaca aumenta (o que é bom). O tônus vagal melhora.

A mudança da respiração pode mudar a mente. Pode alterar o estado de provocação de estresse do corpo. Pode lavar a ansiedade e deixar-nos relaxados, positivos e resilientes.

O relaxamento não é suficiente; ele não altera de forma significativa a nossa linha de base padrão de estresse. E a nossa linha de base padrão provavelmente está mais próxima do estresse do que do *repouso*. Isso significa que andamos sempre com estresse. Nunca entramos no estado mental de verdadeira restauração que precisamos. Para mudar a linha de base, precisamos de períodos de restauração. A restauração prolongada é ótima. Mas mesmo breves períodos de restauração podem ser muito poderosos. Fazer um "minirretiro" hoje ajuda muito.

Por isso, respiraremos até lá agora.

PRÁTICA DE HOJE

ATINJA O REPOUSO PROFUNDO PELA RESPIRAÇÃO

Item para sua mochila de emergência: Acesso a estados de repouso profundo

Esta prática tem alguns pré-requisitos. O repouso profundo não ocorre quando estamos ligados ao e-mail, ou antecipamos mensagens de texto ou chamadas telefônicas. Não acontece em locais onde nos sentimos inseguros ou desconfortáveis. Exige isolamento, sentir-se seguro e estar desligado das exigências diárias. Por isso, o primeiro passo é preparar o seu espaço e ligar-se ao seu corpo. Como Thich Nhat Hanh diz: "Respire profundamente para trazer a sua mente para casa: seu corpo."

Prepare o seu espaço

Crie o seu recipiente! Escolha um lugar onde se sinta mais seguro e relaxado. Esse local é onde você terá mais privacidade e estará longe do trabalho, das tarefas ou de outras exigências. O ambiente que escolher deve ser relativamente sossegado e livre de desordem.

Será preciso deitar-se, portanto, pegue um tapete de ioga ou um cobertor, o que for mais confortável para você. Se tiver uma máscara para os olhos, uma manta pesada ou almofadas que possa usar como apoio para o pescoço ou os joelhos, pegue-os também. Mas saiba que pode fazer isso sem qualquer tipo de suporte. Uma mãe ocupada que conheço vai para o banheiro (o único espaço onde ninguém vai incomodar!) e coloca uma toalha grande no chão.

Respiração para a Restauração (4-6-8)

Lembre-se do método "respire melhor" de respiração mais lenta, profunda e intencional que experimentamos anteriormente neste capítulo. Consulte o box da página 153, se necessário. É o que queremos fazer durante todo o dia, quando nos lembramos de abrandar a respiração. Para um breve exercício de respiração, estamos agora nos aprofundando em uma prática que tem como objetivo absorver toda a sua atenção, aumentar o tônus vagal e a oxigenação.

Programe um temporizador para cinco minutos (sugiro que selecione um toque ou uma música suave para o alertar quando o tempo acabar). Deite-se no seu tapete ou cobertor, utilizando almofadas de suporte para ficar confortável, se quiser. Feche os olhos. Pode mentalmente soltar a mala de tijolos (do Dia 2). Agora, durante os próximos cinco minutos:

- Inspire durante quatro segundos pelo nariz.
- Segure a respiração durante seis segundos.
- Expire muito suavemente durante oito segundos. Tente expirar através dos lábios franzidos para abrandar a expiração, se isso lhe parecer mais fácil.

Inspire durante quatro, segure durante seis, expire durante oito: Repita esse padrão, tentando respirar profundamente com o diafragma e imaginando a sua respiração se irradiando pelo seu corpo, até as pontas dos dedos das mãos e dos pés.

Para muitas pessoas, apenas alguns minutos dessa respiração de relaxamento profundo afetarão profundamente o sistema nervoso, fazendo uma espécie de "reset". A minha expectativa é que você regresse ao seu dia recalibrado, fundamentado e com a mente menos amarela. Mas não desista se não vir efeitos imediatos logo no primeiro dia. O impacto de uma prática como esta aumenta com o tempo. Se isto lhe parecer desconfortável, comece com 4-4-6 (inspire por quatro segundos, segure por outros quatro e expire por seis segundos). Respire com suavidade. Não desista!

Prática extra

Cinco por cento a mais com Mindfulness

Se tiver um pouco mais de tempo hoje, dedique outros cinco a dez minutos depois da sua prática de respiração para um breve momento de mindfulness. Pesquisas demonstraram que mesmo breves sessões regulares de prática de mindfulness podem melhorar a atenção e reduzir o estresse. Podem também lhe oferecer uma visão profunda sobre os fatores estressantes que você tem em sua mente e corpo.

Mindfulness é, em poucas palavras, prestar atenção à nossa experiência momentânea sem julgamento e com bondade. Isso é simples, mas não é fácil! Por isso, faça-o com 100% de empenho e 100% de perdão. Não há como fazer isso "errado". O nosso corpo respira por si só, por isso, tudo o que temos de fazer é observar esse processo, e pode ser uma experiência rica e relaxante.

Preste atenção à sua respiração. (Não se preocupe mais em contar — apenas respire naturalmente). Observe as sensações relacionadas com a respiração no seu corpo à medida que o ar entra e sai. Quando a sua mente se desviar para preocupações ou pensamentos, volte sua atenção para a respiração e as sensações no seu corpo.

Verifique em seu corpo:

- Que sensações e nível de energia você sente? Consegue sentir a energia silenciosa do seu corpo? Pode parecer um sussurro, zumbido ou vibrações. Onde ainda retém estresse? Lembra-se do exercício de "capturar e liberar" com que começamos a semana? Isso se encaixa exatamente aqui: enquanto respira, procure no seu corpo o estresse armazenado e deixe-o ir. Repare em qualquer sensação de tranquilidade.

- Ao inspirar, pense na palavra *recarregar*. Expire, e pense em *relaxar*. Ou visualize um círculo colorido ou uma mandala se expandindo e encolhendo a cada inspiração e expiração. **Consegue deixar o seu sistema nervoso relaxar apenas 5% a mais?**

E, finalmente, se puder, deixe o seu espaço de relaxamento preparado para amanhã, e planeje fazer esta prática novamente à mesma hora. O nosso corpo pode ser condicionado a relaxar mais automaticamente! Tiremos partido disso. Fazer esta prática à mesma hora, no mesmo espaço e com um gatilho sensorial (aromaterapia ou sons calmantes) com tempo e repetição, condicionará o seu corpo a passar mais rapidamente para um estado de repouso e rejuvenescimento.

Solução de problemas

Se mudar a respiração fez você se sentir ansioso...

Se analisarmos atentamente os estudos sobre a respiração, verificaremos que, para muitos, quando nos lançamos em novos métodos de respiração lenta, desenvolvemos uma hiperventilação sutil (tonturas, formigamento, tensão) causada por diminuições em vez de aumentos de CO_2 no sangue. Isso significa que podemos nos sentir mais ansiosos do que relaxados. Isso é particularmente verdadeiro para pessoas com asma ou ansiedade. Há uma solução rápida, e sei que parece contraintuitivo: *Respire de forma superficial (leve), natural e lenta. Evite a respiração profunda.* Apenas essas instruções ajudaram as pessoas a se beneficiar imediatamente da respiração vagal.[11]

Alguns podem ter níveis elevados de sensibilidade à ansiedade, por vezes chamada de *medo do medo* — isso é uma intolerância aos sintomas físicos de ansiedade. Por exemplo, sentir o seu próprio coração bater depressa pode deixá-lo ainda mais ansioso. Durante a COVID, verificamos que uma elevada sensibilidade à ansiedade previa o desenvolvimento de ansiedade e depressão mais graves, bem como mais visitas ao médico.[12] Caso você tenha uma elevada sensibilidade à ansiedade, precisa especialmente retreinar a si mesmo para respirar de forma mais longa e lenta. Em casos extremos, para pessoas com transtorno do pânico, alterar a respiração dessa forma, buscando a hipoventilação, pode até reduzir os ataques de pânico.[13]

Nos estudos de retreino respiratório, as pessoas por vezes pioram antes de melhorarem. Por exemplo, em estudos de respiração lenta e ressonante (seis respirações por minuto), as pessoas — especialmente aquelas com elevada ansiedade — apresentam mais sinais de hiperventilação quando começam o processo. Elas se sentem mais relaxadas após algumas semanas. Por isso, comece devagar, persista e saiba que pode se sentir pior antes de se sentir melhor, mas valerá a pena.

DIA 7

COMECE BEM, TERMINE BEM

QUAL É A PRIMEIRA COISA EM QUE PENSA QUANDO ABRE OS OLHOS DE MANHÃ?

Você acorda com um alarme tocando e imediatamente começa a pensar, *Que horas são? Estou atrasado*? Rola e pega o celular? Acorda com o som de uma criança ou animal de estimação o chamando? Já está pensando na logística do dia e como vai fazer tudo?

Ao acordar, adoraríamos saudar o novo dia como um quadro em branco. Um novo começo, uma tábula rasa de possibilidades. Mas não é assim. Temos todos os tipos de preocupações para lidar — restos de ontem, e novas para hoje.

Mas a maneira como acordamos, aqueles primeiros minutos preciosos depois que nossos olhos se abrem (ou relutantemente se abrem, em alguns casos), tem uma enorme influência no resto do nosso dia — e, de fato, em nossa resiliência ao estresse e nossa fisiologia. O mesmo acontece com a forma como terminamos o dia. Pense nesses dois curtos períodos de tempo como suportes de livros — a primeira coisa na manhã e a última à noite — que emolduram e contêm a sua experiência diária. Esses breves momentos são decisivos para como você se calibra para o dia seguinte antes que ele aconteça, e depois para a forma como se acalma e reflete sobre o seu dia — o que escolhe para focar e destacar — no fim do dia.

A atitude com que você acorda para receber o dia calibra sua reatividade aos fatores estressantes. A forma como você relaxa determina seu sono e sua recuperação. Essas escolhas no início e no fim do dia podem afetar o funcionamento das suas mitocôndrias — as "baterias" das suas células. Essas escolhas podem levar a dias em que sente mais alegria. E é de *alegria* que estamos falando hoje, porque quanto mais alegria tiver ao longo do dia, menos estresse sentirá.

Doses de alegria

Sabemos que quando sentimos mais alegria — não um prazer momentâneo, mas aquilo a que chamamos *eudemonia*, ou "felicidade com propósito", somos mais resilientes ao estresse por uma razão simples: não sentimos tanto estresse. Não temos de nos esforçar tanto na forma como reagimos ao estresse, ou com que rapidez nos recuperamos. Simplesmente não o registramos em primeiro lugar. Tornamo-nos imunes.

Na introdução deste livro, falamos sobre quanto do nosso estresse tem origem na incerteza. Do medo do que pode acontecer, do desconhecido, de todas as formas como os nossos planos podem correr mal. Outra forma de ver isso é que muito do nosso estresse tem origem em nosso amor. Sentimos estresse porque nos preocupamos. Somos movidos pelo amor — a outra grande força na nossa vida, depois do medo. Sentimos estresse e preocupação porque nos preocupamos com as pessoas que amamos. Preocupamo-nos em ter um bom desempenho no trabalho. Preocupamo-nos com o país em que vivemos, o planeta em que vivemos. Preocupamo-nos tanto, e tanta coisa pode correr mal, que é fácil sentir que estamos afundando — como se o nosso estresse fosse muito grande, muito pesado, muito esmagador.

Chade-Meng Tan, um antigo engenheiro de software e pioneiro do Google, tem uma bela analogia para esse fato: passamos pela vida como se estivéssemos em um pequeno barco. O nosso barco está no oceano, viajando sobre as ondas. E ele flutua! Só afunda quando entra água. Se o seu pequeno barco está afundando, o problema não é a água em si. A água simplesmente existe. O problema é que ela *entrou*.

Estamos todos rodeados por esse oceano de estresse e dor. E isso estará sempre presente. Não podemos drenar esse oceano. Mas não precisamos. O problema não é o oceano. O problema acontece quando a água do oceano entra. Então, como podemos ser resilientes? Como podemos manter a água fora e permanecer flutuando?

É uma questão importante. Alguns dias podem parecer difíceis — como se estivéssemos resgatando aquele pequeno barco todo o dia, e mal nos mantemos flutuando. Em última análise, há muitos fatores que estão em jogo quando se trata de quão resilientes somos como indivíduos. Alguns deles estão fora do nosso controle, como a genética, as nossas experiências passadas e a forma como nos moldaram, as nossas circunstâncias socioeconômicas e muito mais. Mas podemos trabalhar em outros, como a nossa mentalidade e onde colocamos a nossa atenção. Vimos evidências ao longo deste livro de como certas intervenções podem mudar a nossa resposta ao estresse e nos ajudar a flutuar melhor, com mais facilidade. Mas a pesquisa nos mostra que, quando se trata de criar resiliência ao estresse, uma das intervenções mais poderosas é focar a alegria — especificamente, as coisas positivas que existem em nossa vida atual e na criação de um futuro positivo.

É simples, mas a ciência confirma: a alegria fará o seu barco flutuar.

Hoje é o nosso último dia juntos. E espero que seja o mais animado. A felicidade é o foco de hoje, e vamos alcançá-la de duas maneiras. Falaremos sobre as coisas, tanto grandes como pequenas, que criam verdadeira felicidade e satisfação na vida, do tipo que diminui o estresse, do tipo que realmente faz o nosso barco flutuar. Compartilharei algumas pequenas coisas que você pode facilmente incluir no seu dia para aumentar a alegria — pequenas ações que ajudam muito. E a nossa prática se concentrará nos extremos do nosso dia — os primeiros minutos depois de acordar, e os últimos minutos antes de adormecer.

Pense neles como pontos de pressão do dia — se souber onde aplicar um pouco de esforço, todo o seu sistema nervoso responderá.

"Hábitos de estresse" e a felicidade

Quando alguém participa de um dos estudos de estresse do nosso laboratório, enviamos uma mensagem de texto duas vezes por dia com questionários que preenchem em seus telefones: uma vez de manhã e outra à noite. Queremos registar os seus primeiros pensamentos ao acordar e os últimos antes de dormir.

As perguntas da manhã são as seguintes:

- Qual é seu nível de expectativa para hoje?
- Qual é seu nível de medo para hoje?
- Quanta alegria ou contentamento você sente?
- Quão preocupado, ansioso ou estressado você está?

E no fim do dia, damos um toque neles novamente.

- Qual foi a coisa mais estressante que aconteceu com você hoje?
- Quanto você pensou sobre isso depois? Por quanto tempo?
- Qual foi a coisa mais positiva que aconteceu hoje?
- Você contou a alguém sobre uma coisa boa que aconteceu com você?

Os dados que minha equipe e eu obtemos dessas pesquisas são muito ricos. As respostas a essas perguntas mostram os *hábitos de estresse* das pessoas. Nós os chamamos de hábitos de estresse porque, embora cada dia seja diferente, principalmente no que diz respeito aos acontecimentos aleatórios que ocorrem, cada um de nós tem um estilo de pensamento habitual: se acordamos nos sentindo positivo em um dia, é possível que o façamos na maioria dos dias.

Quando misturamos esses resultados autorrelatados da pesquisa com os dados fisiológicos objetivos do laboratório, podemos ver como algumas pessoas são capazes de criar uma emoção mais positiva que as impulsiona durante o estresse do dia. A pesquisa sobre o estado de espírito diário, principalmente depois de um dia difícil, mostra que baixos níveis de emoções positivas (ou emoções negativas elevadas) são um indicador de má saúde em longo prazo, como depressão, doenças cardíacas e até mortalidade.[1] Em outro estudo, os indivíduos que mantiveram uma perspectiva positiva após um fator estressante laboratorial tiveram menos inflamação e tinham menos probabilidades de sofrer de depressão no ano seguinte.[2] Essa é a mesma resposta positiva ao estresse que discutimos no Dia 3 — sentir desafio, confiança e esperança.

Quando temos emoções positivas (em todo o espectro, desde a satisfação e o contentamento até a conexão social e o prazer sensorial), isso nos dá um alívio imediato do estresse. Semelhante a sair para uma floresta verdejante ou praticar a respiração lenta, a felicidade tem um efeito fisiológico no corpo. A felicidade diminui o estresse, tornando os seus efeitos menos potentes.[3] Isso é especialmente verdadeiro para as pessoas que lidam com uma doença crônica, quando é fácil deixar o estresse ofuscar as coisas positivas da vida.

A felicidade também tem um impacto considerável na cognição. Em outras palavras, ela molda a forma como o seu cérebro funciona — em particular, a sua atenção. As emoções positivas (alegria, felicidade, satisfação, tranquilidade) funcionam como um antídoto para esse tipo de estreitamento ruminativo de foco que nossas mentes humanas tendem a fazer. A alegria e a felicidade ampliam a nossa atenção e estimulam o enfrentamento adaptativo, que é a nossa capacidade mental de reformular os problemas em vez de nos fixarmos rigidamente neles.[4] Reenquadrar-se — focar o lado positivo de uma situação ruim — exige algum trabalho mental, pois consome energia cognitiva. Por exemplo, no caso de uma nova pandemia, em vez de sair praguejando, você pode pensar consigo mesmo, *Bem, eu queria ter mais tempo com os meus filhos, e agora tenho — eles estão crescendo tão depressa.* As pessoas que relatam mais felicidade geral tendem a ter *mais* atenção e espaço mental para fazer esse tipo de mudanças — o que pode aumentar a satisfação e neutralizar ainda mais o estresse. E as emoções positivas e felizes diminuem a nossa reatividade emocional à próxima coisa estressante que ocorrer.[5] E usufruímos de outros benefícios cognitivos: podemos ser mais criativos, resolvemos melhor os problemas e nos conectamos mais facilmente com outras pessoas.[6]

Existem até efeitos na saúde física decorrentes de uma mentalidade positiva: é anti-inflamatória, atenuando os efeitos do estresse, de modo que mesmo as pessoas que sofreram altos níveis de adversidade na vida têm menos probabilidades de desenvolver uma inflamação sistêmica elevada.[7] Níveis mais elevados de emoções positivas podem inclusive antecipar sua proteção contra a gripe comum: são bons para a sua imunidade.[8] Uma metanálise que considerou a saúde e outros fatores concluiu que também estão correlacionados com o aumento da longevidade.[9] Quanto mais emoções positivas você tender a sentir, mais tempo viverá.

A ciência sobre a felicidade e a alegria é bastante evidente: são boas para a mente, para o corpo e para a resiliência ao estresse. Então, como podemos obter mais disso?

Não é possível perseguir a felicidade

Qual é a disciplina universitária mais popular em Yale? Felicidade. Em Berkeley? Felicidade. Harvard? Felicidade. O tema se disfarça com diferentes nomes e variações, mas todos se centram nos componentes da felicidade. Em Michigan, é o propósito. E em Stanford? A matéria mais popular, historicamente, tem sido sobre o... estresse! O título real é Biologia Comportamental, e é ministrada pelo pioneiro da pesquisa sobre o estresse, Dr. Robert Sapolsky. Essa foi a disciplina que me fez procurar uma vida de pesquisa para compreender melhor o sofrimento e o amor, e como viver bem. Lá, nós, estudantes, aprendemos que não somos assim tão diferentes de macacos com roupa — somos movidos por instintos de sobrevivência, comandados pelo nosso sistema nervoso, por hormônios, neurotransmissores e outras influências invisíveis, mais do que sabemos ou queremos saber — mas também que podemos transcender a nossa biologia e viver vidas espirituais significativas.

Mas aqui está um paradoxo para você: a felicidade é um maravilhoso bálsamo para o estresse, mas você não pode sair por aí a procurando. Se disser: "O meu objetivo é ser feliz", então, segundo a pesquisa, é mais provável que obtenha o oposto. Tal Ben-Shahar, que leciona em Harvard, descrevendo a falácia da busca pela felicidade, coloca a questão da seguinte forma:

— Você não pode olhar diretamente para o sol, mas pode absorver os seus raios.

É irônico, porque nos EUA, a "busca pela felicidade" está incorporada na linguagem de sua Declaração de Independência. Mas as pesquisas revelam que as pessoas que procuram ativamente a felicidade, que sobrevalorizam a ideia de felicidade ou que acreditam que deveriam ser felizes na maior parte do tempo são algumas das pessoas mais infelizes.

As emoções positivas *são* poderosas. Mas não podemos procurar a felicidade diretamente. Temos que saber quais os fatores que realmente a criam.

O Dr. Ben-Shahar se refere aos ingredientes da felicidade com um acrônimo em inglês, SPIRE, que significa espiritualidade, atividade física, atividade intelectual, relações de alta qualidade (ou seja, profundas e não superficiais) e experiências emocionais positivas. Esses ingredientes para a felicidade se estendem por muitas áreas da sua vida, e não podemos abordar tudo aqui em um só dia. Mas falo disso para nos lembrarmos de onde vem a felicidade duradoura — porque isso nos ajuda a identificar os elementos que já estão em nosso dia a dia, mas que não estamos percebendo, e talvez os queiramos amplificar. Em vez de perseguirmos uma ideia abstrata de "felicidade", podemos nos colocar intencionalmente nessas experiências SPIRE, construindo a infraestrutura da felicidade de longo prazo para nosso futuro. E quando conseguimos concentrar a nossa atenção nas maneiras pelas quais *já temos* algumas dessas experiências, aumentamos os nossos sentimentos de contentamento. O contentamento é uma forma duradoura e sólida de felicidade, e é muitas vezes mais acessível. A felicidade do *contentamento* é sempre possível.

A alegria é uma tarefa interna

A verdadeira alegria não é algo que podemos comprar ou adquirir — ela vem de dentro. Pode ser difícil de acreditar nisso se você foi criado em uma cultura ocidental, porque é o oposto de todo o condicionamento social e de mídia que recebemos.

Há alguns anos, tive a oportunidade de participar de um grupo que conduzia retiros de resiliência ao estresse como parte do Fórum Econômico Mundial, em Davos, na Suíça. Essa é a reunião anual dos conglomerados financeiros globais, onde há palestras públicas de alto nível, mas também muitas reuniões de bastidores em que são discutidas aquisições, fusões e outros planos que afetam a economia global. Em uma tranquila cabana de esqui com vistas panorâmicas dos Alpes, bem longe do frenético centro de conferências, ouvimos o professor de budismo tibetano Tsoknyi Rinpoche conduzir uma seção sobre felicidade genuína. Rinpoche compartilhou que a verdadeira felicidade não pode ser alcançada por meio de aquisições e conquistas materiais, mas que já está bem aqui (ao dizer *aqui*, ele apontou para o coração). Ela está dentro de cada pessoa, pronta para ser descoberta e revelada mais plenamente.

Na plateia, um homem levantou a mão. Ele balançou a cabeça vigorosamente e disse:

— Não, não, não. Somos orientados para as conquistas. Nós nos sentimos realizados ao atingir metas e realmente gostamos de aquisições materiais, é isso que nos traz alegria.

Alguns concordaram, outros não, mas de modo geral, a atenção de todos estava concentrada em um ponto. A sala ficou silenciosa. O elefante na sala havia sido nomeado.

Rinpoche sorriu, encantado. Ele se aproximou do homem que havia feito a pergunta. Fiquei fascinada: o CEO de terno preto, frente a frente com o monge de vestes vermelhas.

— Vi o anúncio de um novo iPad — disse Rinpoche. — Nesse anúncio, o homem que segurava o iPad era muito atraente, jovem e forte. Ele tinha uma barriga de tanquinho e eu queria ser como ele. Assim, comprei o iPad. Era tão bom segurá-lo. Senti que minha barriga era feita de músculos. Mas então olhei para baixo e minha barriga era redonda e macia!

Ele esfregou a barriga e sorriu. Todos riram, desarmados.

— E então meu iPad quebrou. Agora meu iPad novo e brilhante está danificado e minha felicidade se foi.

Era uma história simples, quase uma parábola, mas Rinpoche continuou falando mais profundamente sobre a questão de atrelar a felicidade a bens materiais ou até mesmo a objetivos específicos. O domínio e a realização de metas podem nos fazer sentir bem temporariamente. E isso pode ser parte do caminho para a felicidade e do propósito da vida. Mas também temos de ver o panorama geral. Não podemos estar sempre perseguindo o que é melhor, pensando que se conseguirmos determinada quantia ou se adquirirmos tal item (um iPad, uma casa, um carro, até mesmo um emprego), seremos felizes. Sempre há uma coisa nova. Uma coisa melhor. Uma coisa maior. Alguém mais bem-sucedido do que nós.

Sempre há outra meta, além daquela que acabamos de atingir. Como dissemos no início desta semana, não podemos permitir que nosso bem-estar dependa de coisas do mundo externo que não podemos controlar. Podemos ser ambiciosos e orientados para as realizações sem que nossa felicidade e autoestima dependam muito da próxima coisa que estamos tentando conseguir ou fazer. E, surpreendentemente, uma das melhores maneiras de ser feliz é aceitar nossas emoções negativas ou difíceis e ficar bem com elas.

Tsoknyi Rinpoche conduziu todos em uma meditação chamada "apertar as mãos com emoção".[10] A instrução era recordar uma experiência recente que tivesse sido emocionalmente estressante e revivê-la por meio da memória, observando como o corpo se sente. Então, em vez de tentar afastar essas emoções negativas, você as explora de forma gentil e de maneira espaçosa, conhecendo e acolhendo o que quer que surja. Rinpoche as chama de "monstros amigáveis", pois esses visitantes espinhosos oferecem percepção e sabedoria. Quando você se abre para as emoções negativas e as identifica, pode suavizá-las; pode até mesmo abraçá-las ou agradecê-las. Na neurociência, temos uma prática semelhante, porém mais simples, chamada *rotulagem de afetos*, na qual pedimos que você descreva em palavras o que pode estar sentindo no momento: *Medo. Vergonha. Ciúme.* Quando não resistimos, lutamos ou fugimos das emoções negativas, mas as confrontamos e aceitamos, dissolvemos seu poder de ativação. Passamos da mente vermelha para a mente amarela e, por fim, para a mente verde, à medida que essas emoções negativas se dissipam. Além disso, pesquisas mostram que quanto mais tipos *diferentes* de emoções sentirmos e nomearmos, mais resilientes ao estresse seremos e menos inflamação teremos.[11] Assim como a biodiversidade, a diversidade emocional pode indicar um ecossistema adaptativo. Nomear as emoções nos ajuda a aumentar essa diversidade.

A questão aqui é que, quando se trata de bem-estar, perseguir o prazer material não funciona. Fugir da dor e do estresse não funciona. O que funciona: perceber o contentamento e a alegria.

Equilibrar prazer e felicidade

Tanto o prazer quanto a felicidade são importantes para nosso bem-estar, mas o prazer é de curta duração. Geralmente o obtemos consumindo coisas (comida, sexo, bens de consumo), o que nos dá uma dose de dopamina... e nos faz sentir *bem*. Essa dose de dopamina reforça nosso desejo de buscar a experiência novamente — o que nem sempre é o melhor para nossa felicidade em longo prazo, porque o prazer do consumo não é duradouro. Retornamos rapidamente aos nossos níveis típicos de felicidade, mesmo depois de um grande evento feliz. Por outro lado, também podemos nos recuperar rapidamente de um evento trágico. Chamamos isso de *adaptação hedônica*. Vimos até mesmo que ganhadores de loteria que recebem milhões do dia para a noite e pessoas que ficam subitamente paraplégicas retornam à sua linha de base de felicidade depois de alguns anos.

Para ser clara: não há nada de errado com o prazer! Os prazeres sensoriais — tomar um banho perfumado, saborear uma comida deliciosa, desfrutar de uma massagem, ouvir música — são parte integrante da rica tapeçaria da vida humana... *e* também reduzem o estresse. Estar mentalmente presente em um momento de prazer sensorial é uma maneira maravilhosa de recalibrar o sistema nervoso. Outro exemplo potente é o sexo, que é uma das maneiras mais surpreendentes pelas quais nossos cérebros são programados para o prazer. Pesquisas sobre a atividade sexual mostram que ela tende a estar relacionada a uma melhor saúde cardiovascular e é um amortecedor de estresse. A oxitocina, o "hormônio do amor" que é liberado durante o orgasmo ou a intimidade física, reduz a pressão arterial, por exemplo. E em nosso estudo com pais que cuidam de crianças, descobrimos que os casais que tinham intimidade sexual mais frequente tendiam a ter telômeros mais longos e melhor saúde metabólica.

Embora ainda seja um tema um tanto quanto tabu, a atividade sexual, seja ela diádica (com um parceiro) ou individual, é um importante comportamento de saúde que deve estar na lista de maneiras rápidas de reduzir o estresse. Um estudo com casais descobriu que a sensação de maior satisfação sexual estava ligada a níveis mais baixos de estresse,[12] e em uma pesquisa com mulheres alemãs[13] que questionou sobre suas motivações para se masturbar, 67% disseram que se masturbavam para relaxar e reduzir o estresse. Essa foi uma razão quase tão comum quanto a própria satisfação sexual pura (69%).

Não é necessariamente apenas o ato sexual em si que causa a redução do estresse — é o que a famosa psicoterapeuta e especialista em relacionamentos Esther Perel chama de "sensualidade erótica". Ela descreve como as experiências sensoriais eróticas começam em nós mesmos:

— O autocuidado erótico começa com a diminuição de nossa crítica interna e com a simples permissão de nos sentirmos bonitos, de desfrutarmos de nossa própria companhia, de sermos mais compassivos e realistas com nós mesmos."[14]

Todos os tipos de experiências sensoriais imersivas, prazerosas e que prendem a atenção trazem algum tipo de alegria — sutil ou forte, calma ou extasiante. O sabor de, digamos, um delicioso biscoito de chocolate recém-saído do forno; as sensações suaves de uma brisa em sua pele enquanto você se senta ao ar livre em uma noite de verão; um banho quente, longo e relaxante. Quanto mais paramos nesses momentos, mantemos nossa atenção neles, os apreciamos, os experimentamos, mais alegria sentimos — e isso é um derretimento do estresse.

Devemos nos incentivar a apreciar e saborear esses momentos de prazer sensorial, de estarmos profundamente no corpo, de aproveitarmos o momento. E, ao mesmo tempo, devemos nos lembrar de que o prazer hedônico — o prazer obtido por meio da experiência do prazer ao consumir ou adquirir — é passageiro e impermanente, e que buscá-lo constantemente não nos trará os sentimentos mais duradouros de satisfação e realização que são a base da verdadeira felicidade. De fato, a busca excessiva por prazer nos torna infelizes e é a base de muitos de nossos vícios.[15] Isso nos coloca em uma montanha-russa — podemos ter altos muito *altos*, mas eles são inevitavelmente seguidos por baixos muito *baixos*.

Saia da montanha-russa

Uma nova pesquisa que analisa de perto a dinâmica da emoção revela que um humor estável é mais saudável do que ter flutuações drásticas na emoção positiva. Mesmo que você tenha muitos "altos altos", acontece que quanto mais altos e baixos você tiver na emoção positiva ao longo do dia, mais você sofrerá, com pior saúde mental[16] e menor tônus vagal.[17] A oscilação rotineira para cima e para baixo no humor positivo está até mesmo associada à mortalidade precoce.[18]

Contudo, não estamos procurando os grandes picos aqui! Com os picos vêm os vales, e os altos e baixos são simplesmente uma maneira difícil de viver. O que estamos procurando é uma emoção positiva sustentável, mas suficientemente alta, e isso vem de fontes mais estáveis de alegria: sentimentos de satisfação, contentamento e tranquilidade — que, como mostra a ciência, são extremamente robustos para combater o estresse diário.

Nossa meta aqui é o "bem-estar eudaimônico", que tem a ver com se sentir contente, satisfeito com a vida e cheio de propósito. Ele está enraizado em seus relacionamentos e conexões com outras pessoas, e o mais importante é que seja *duradouro*. Enquanto a felicidade hedônica — felicidade que é alcançada por meio de experiências de prazer e satisfação — é alimentada por explosões de transmissão de dopamina, a felicidade eudaimônica é regulada pela serotonina e é duradoura.[19] Ela não é vulnerável aos altos e baixos do prazer hedônico.

Todos queremos nos sentir bem. É a emoção positiva estável e de *baixa* excitação que queremos cultivar. Isso é alcançável e sustentável... e o melhor para a mente e o corpo.

Parece ótimo. Então, onde podemos conseguir isso?

Existem muitos meios para alcançar a felicidade sustentável. Eu faço parte de uma rede de pesquisa dos Institutos Nacionais de Saúde dos EUA sobre bem-estar emocional, e a nossa primeira tarefa foi chegar a uma definição com a qual todos pudéssemos concordar. Não foi uma tarefa fácil, e os meus colegas que são grandes especialistas em bem-estar demoraram muitos meses para chegar a uma única definição. O grupo finalmente convergiu para algo nesse sentido, embora ainda esteja evoluindo: o bem-estar emocional é complexo, incluindo a forma como nos sentimos em geral, no momento, e em relação à vida em geral. Tem características *experimentais*, como a qualidade emocional das nossas experiências diárias, e características *reflexivas* — nossas opiniões sobre a satisfação com a vida, sobre as ligações sociais e o sentido de significado, e a nossa capacidade de perseguir metas que podem ir além do nosso eu. Assim, os sentimentos de alegria são apenas um componente do bem-estar geral; mas uma base importante.

O aumento de qualquer um dos ingredientes abaixo melhora o nosso bem-estar:

- Notar momentos de satisfação, alegria ou gratidão
- Ter ligações sociais positivas
- Acordar com um sentido de propósito para o dia

Quero destacar aqui um ponto relevante: os sentimentos de alegria são acessíveis a todos — independentemente das nossas circunstâncias. Lembra do meu amigo Bryan, que conhecemos no início deste livro? Quando era jovem, ele foi recrutado para o exército russo e enviado para uma das paisagens mais impiedosas e inóspitas do nosso planeta. Foi afastado da sua família e colocado na que se tornou, todos os dias, uma situação de sobrevivência. Ele se preocupava com o risco de não voltar a ver os seus entes queridos. Era sempre incomodado pelo frio extremo, pelas horas cansativas, pelo trabalho braçal que tinha de executar.

Mas quando ele decidiu aceitar radicalmente que havia simplesmente coisas que não podia controlar na sua situação, foi capaz de enfrentá-la melhor. Deixou de tentar lutar contra o que não podia mudar e aprendeu uma lição valiosa sobre onde deveria colocar as suas energias, e como ser firme e resiliente em tempos difíceis. Hoje em dia, quando acontecem coisas inesperadas, estressantes ou assustadoras, ele não se desespera, nem tenta mudar as coisas que não tem como mudar. Ele sabe quando deve insistir para a mudança, e quando deve se adaptar e aceitar. É uma habilidade valiosa, algo que me deixa admirada — ele é tão bom nisso! Mas o que realmente me impressiona no Bryan é a sua capacidade de alegria — mesmo nos momentos mais incertos e de maior estresse. Ele parece ter acesso ilimitado a ela. Ele me diz que assim que aceitou a sua situação, há anos, durante a sua longa missão, ele foi capaz de encontrar momentos de alegria. Mesmo as pequenas coisas que não lhe agradavam começaram a trazer uma grande alegria para ele. No seu único dia de folga semanal, ia dar um passeio e sentia uma felicidade absoluta por poder fazer o que lhe agradava antes. Podia ir a um pequeno mercado, ver a comida, comprar o que quisesse e se deliciar com os sabores. Ele podia parar e falar com alguém que encontrasse na rua — mesmo uma breve conversa sobre o tempo — e sentia como se estivesse voando, só por ter uma conversa descontraída com um estranho amável. Depois de uma longa semana de horários rígidos, privação sensorial e situações severas, cada pequeno prazer parecia amplificado — mais alto, mais brilhante, mais bonito.

Bryan tem agora uma vida confortável em São Francisco — não precisa de equipamento de sobrevivência na tundra ártica. Mas manteve a capacidade de valorizar os pequenos prazeres da sua vida — aprecia momentos e experiências que, de outra forma, poderiam simplesmente passar despercebidos. Ele agora sabe que são preciosos, que são um *combustível*.

Não vou fingir que todos nós recebemos uma sorte igual na vida. Certamente, não é verdade. Alguns tiveram de caminhar por uma estrada muito mais dura do que outros. Ainda assim, há sempre *alguma* beleza nesse caminho. E é verdade que algumas pessoas vão caminhar a estrada mais suave com as vistas mais bonitas e só reparam no buraco que têm de pisar, enquanto outras conseguem enfrentar uma subida áspera e rochosa e ficam imensamente satisfeitas com uma única flor que encontraram brotando entre as rochas. Quanto mais nos parecermos com essa última pessoa, mais resilientes seremos — e a ciência apoia esse fato.

O ator Jim Carrey disse uma vez:

— Acho que todos deveriam ficar ricos e famosos e fazer tudo o que sempre sonharam para que vejam que essa não é a resposta.

A fama e a riqueza não trazem automaticamente felicidade — mas muitas pessoas continuam vivendo a vida em busca de ambas. Em termos culturais, existe um abismo entre o que acreditamos que nos trará felicidade e o que realmente traz. As necessidades básicas devem ser satisfeitas para a saúde e a segurança. Mas, uma vez satisfeitas as nossas necessidades básicas, os estudos mostram que rendimentos mais elevados não estão associados a um aumento da felicidade.

Não podemos comprar a alegria. Mas podemos encontrá-la, todos os dias.

Capturar a alegria: As pequenas coisas

A Dra. Sonja Lyubomirsky, da Universidade da Califórnia em Riverside, uma das primeiras pioneiras neste domínio, vem realizando experiências sobre a felicidade há três décadas. Uma das conclusões de sua pesquisa é que, embora parte do nosso "nível de felicidade" seja determinado por fatores genéticos e circunstâncias da vida, uma grande parte está sob nosso controle.[20] Sua pesquisa mostra que as pessoas podem melhorar de forma mensurável a felicidade e o bem-estar através dos seus comportamentos diários intencionais — e manter esse aumento em longo prazo. A outra boa notícia é que não temos necessariamente de fazer grandes mudanças na nossa vida para encontrar mais alegria — pequenas coisas podem fazer a diferença. Uma das melhores formas de aumentar a felicidade é por meio de pequenos atos de bondade e compaixão. Um estudo testou os efeitos de fazer algo bom para os outros em oposição a fazer algo bom para nós próprios, e foram os atos pró-sociais — fazer algo para os outros — que reduziram o estresse e aumentaram as emoções positivas.[21] Com base nisso, Lyubormirsky descobriu que os atos de bondade estão associados a uma menor expressão de genes inflamatórios.[22] Fazer algo bom por outra pessoa é bom para ela, bom para o seu estresse *e* bom para o seu corpo.

Os relacionamentos são importantes para a saúde e a felicidade — de fato, relações fortes com parceiros, família ou amigos são um dos fatores mais importantes para uma felicidade eudaimônica estável. São as emoções positivas trocadas durante os relacionamentos que formam parte da magia. Num estudo de laboratório, os pesquisadores examinaram como os casais lidavam com o conflito, e descobriram que, durante o conflito, aqueles que *partilharam* emoções positivas nos mesmos momentos mostraram perfis sincronizados de reatividade do sistema nervoso. E quanto mais apresentam esse perfil de sincronização, maior é a qualidade das suas relações e melhor é a sua saúde, mesmo anos mais tarde.[23] Os bons relacionamentos são sempre um indicador de saúde e felicidade: pessoas com relações de amizade, familiares ou conjugais de maior qualidade tendem a ter melhor saúde e longevidade.[24]

As emoções positivas são poderosas e, por vezes, são as pequenas interações nos relacionamentos que mais importam. Mesmo aquelas passageiras com um estranho podem nos dar uma boa dose de positividade. O sorriso pode ser uma fonte de alegrias! Um sorriso genuíno e completo é como dar uma pequena festa no cérebro — o seu cérebro responde aos músculos do seu rosto sorrindo, liberando substâncias químicas de bem-estar como as endorfinas. Tal como a respiração pode influenciar o seu sistema nervoso de "baixo para cima", o mesmo acontece com um sorriso — sorrir pode nos fazer sentir um pouco mais felizes.[25] É a chamada *hipótese do feedback facial*. Como diz Thich Nhat Hanh, "Às vezes, sua alegria é a fonte do seu sorriso, mas às vezes o seu sorriso pode ser a fonte da sua alegria."

Tal como a nossa respiração pode influenciar a atividade do nosso sistema nervoso, um único sorriso pode moldar as nossas emoções, as nossas manhãs — de fato, os primeiros minutos depois de abrirmos os olhos podem definir o nosso dia inteiro. Principalmente no que diz respeito à nossa resiliência ao estresse.

A manhã e as suas mitocôndrias

No início deste capítulo, pedi que refletisse sobre o que pensa quando acorda de manhã. Para onde a sua mente ocupada vai quando entra na consciência?

Que horas são?

Onde tenho de estar e quando?

O que preciso fazer hoje?

Por vezes, vou diretamente para a minha primeira reunião ou prazo em minha mente, mas depois corrijo o rumo. Essa breve janela de tempo após acordamos é fundamental para definir o nosso dia. O nosso corpo está calibrando seus sistemas de estresse e de energia nesse exato momento. A nossa glândula adrenal envia uma resposta de cortisol para o sangue quando acordamos, ou até mesmo um pouco antes, pois inconscientemente antecipamos o dia. O cortisol mobiliza tanta glicose quanto o nosso cérebro prevê que ele precisa (daí o seu nome, glicocorticoide). Então, hoje é um grande dia? É melhor ter uma grande dose de cortisol! Isso é saudável — quando temos grandes exigências e precisamos realmente de toda a glicose no nosso sangue! Cerca de trinta minutos depois de acordarmos, o cortisol atinge o seu pico, e pode se manter durante muito tempo.

Um dos principais fatores que determinam o nosso cortisol ao acordarmos é o estresse no trabalho. Pode ser difícil falar de excesso de trabalho, mas é algo necessário: se tivermos níveis cronicamente elevados de exigência e responsabilidade no trabalho, mas poucas recompensas como apoio e respeito, acabamos com aquilo a que os pesquisadores chamam de "desequilíbrio entre esforço e recompensa", uma forma de burnout. Tendemos a acordar com o cortisol elevado *e* ultrapassamos o limite, tendo um pico de resposta excessivo de cortisol que diminui lentamente.[26] Isso é especialmente verdade se estivermos mentalmente comprometidos demais ao trabalho — e a nossa medida de supercomprometimento não é tão boa quanto parece. Não se refere à dedicação e ao objetivo. Pelo contrário, é sermos incapazes de parar de pensar no trabalho, de nos desconectar e de relaxar. O compromisso excessivo com o trabalho também está associado a ter cortisol elevado antes de dormir, o nosso outro período crítico a proteger.

Os cuidadores também sofrem desse alerta constante— devido às suas circunstâncias, são particularmente vulneráveis ao hábito de avançar no tempo: planejar, antecipar, preocupar-se. Quando estudamos pais saudáveis de meia-idade, coletamos amostras de sangue para analisar a "juventude" das suas células. Ao mesmo tempo, observamos os seus padrões de pensamento quando acordam e quando se deitam — esses importantes momentos do dia. Comparamos pais cuidadores (aqueles que têm filhos com um diagnóstico de autismo) com os pais de crianças neurotípicas. Embora todos os pais de crianças pequenas estejam sujeitos a um elevado nível de estresse, os pais cuidadores têm um envelhecimento celular mais acelerado e um cortisol mais elevado. Mas vejamos o ponto interessante.

Os cuidadores que acordam com um sentimento positivo — que sentem alegria, que descrevem sentir um propósito no seu papel de cuidador, que encontram significado nas tarefas difíceis a serem realizadas e olham com expectativa para as coisas do seu dia — têm um melhor perfil de envelhecimento celular e acordam com menos cortisol. Eles têm uma mentalidade orientada para a alegria, e isso transparece em seu corpo. São mais resilientes. Descobrimos que quando as pessoas acordam com um sentimento de positividade sobre o seu dia, ou terminam o seu dia com algumas emoções positivas, têm níveis mais elevados de atividade mitocondrial, junto a níveis mais elevados de telômeros, a "enzima antienvelhecimento".

As mitocôndrias são conhecidas como a "central elétrica" da célula. São as baterias da nossa célula. Criam energia chamada *adenosina trifosfato* (ATP), que alimenta toda a nossa atividade celular essencial. As mitocôndrias são grandes, robustas e eficientes quando somos jovens; com o tempo, à medida que envelhecem, começam a criar mais estresse oxidativo. Quanto mais velhas e mais fracas ficam, mais o estresse oxidativo se dissipa e a quantidade de energia que produzem diminui. Este é um importante ponto de ligação mente-corpo: em geral, o pai cuidador tem mitocôndrias de menor qualidade, o que pode levar a menos energia e vitalidade. Mas os pais cuidadores com um quadro emocional positivo têm mitocôndrias de alta qualidade, tal como os pais que não são cuidadores.[27] O afeto positivo coloca uma espécie de armadura protetora à sua volta contra o estresse, provavelmente até o nível celular.

Sua missão: Comece bem, termine bem

O início do seu dia oferece uma oportunidade poderosa para calibrar o seu sistema nervoso. Como argila quente nas suas mãos, a experiência do seu dia é formada à medida em que você muda o seu foco para o que você tem, ama, espera, e para aquilo que o estimula e interessa. Pode ser algo tão simples quanto pensar em como está ansioso por desfrutar da sua primeira xícara de café na cozinha ou amar um animal de estimação.

O fim do dia também nos afeta poderosamente. É importante irmos para a cama sem tanta desordem e resíduos negativos do dia nas nossas mentes. Precisamos relaxar para nos restabelecermos, de modo a não passarmos a noite inconscientemente estressados. Na prática de hoje, pedirei para você tentar um ritual simples logo antes de dormir, projetado para mudar a sua mentalidade, sintonizar os seus sentidos com o seu corpo e o ambiente, e enviar sinais ao seu corpo de que está tudo bem relaxar.

E como bônus, pedirei que repare em qualquer pequena faísca de alegria que sinta hoje. Todo o trabalho que fizemos ao longo deste livro é muito importante, e as habilidades nas quais vem trabalhando o ajudarão a ficar menos afetado por fatores estressantes. Mas aqui está a coisa maravilhosa sobre a alegria: quando a aumentamos, nem sequer precisamos reduzir o estresse. Porque o gatilho do estresse simplesmente não dispara — aumentamos o nosso patamar de estresse; é mais difícil "ver pela lente da mente vermelha".

Algo surpreendente na felicidade eudaimônica é que ela aumenta a sua resiliência ao estresse. Dá a você um poço profundo de capacidade de reserva — mental e emocional. Quando um fator estressante desencadeia uma resposta de ameaça para nós, é porque não conseguimos fazer a "triagem mental" adequada — percebemos algo como ameaçador quando, na verdade, se pudéssemos apenas dar um passo atrás e ganhar certa perspectiva, veríamos que, de fato, é um desafio, mas não é uma *ameaça*. Não precisamos entrar em pânico. Não precisamos lançar uma enorme resposta de estresse à ameaça. A felicidade e a gratidão nos dão essa capacidade de reserva, a carga da nossa bateria, uma base sólida para nos apoiarmos. Elas nos fornecem os recursos para obtermos a perspectiva ampla, para adotarmos uma perspectiva saudável, vermos o desafio, mantermo-nos flexíveis e sermos resilientes.

Por isso, a prática de hoje pedirá que acorde e que vá dormir com gratidão, concentrando-se no que é significativo para você. De manhã, trata-se sobre as coisas pelas quais espera. À noite, a questão é refletir sobre os momentos de alegria e satisfação que experimentou. Mesmo durante um dia difícil, podemos encontrá-los se olharmos com atenção. E dedicar algum tempo para focar esses momentos pode ser a razão para que o dia seguinte seja ainda melhor, pois somos capazes de enfrentá-lo com mais resiliência, abertura e alegria.

PRÁTICA DE HOJE

DELIMITADORES DA FELICIDADE

Item para sua mochila de emergência:
Flutuar na alegria

A ciência mostra que as práticas de gratidão são uma das formas mais poderosas de mudar as nossas perspectivas. Mesmo para estudantes do ensino médio, dez minutos por semana de um exercício de gratidão (escrever cartas a treinadores, professores ou amigos, agradecendo algo específico) levou a um maior sentimento de conexão e satisfação com a vida.[28] A gratidão contrapõe a adaptação hedônica, o efeito bem documentado que, após um acontecimento agradável, nos faz voltar depressa a um nível normal de emoções. Nós podemos combater a adaptação hedônica prestando atenção aos pontos positivos da nossa vida, grandes e pequenos, e sabemos que o início e o fim do dia são os momentos mais eficazes para tanto. Você pode pensar nisso como as bases da alegria. A prática de hoje consiste em duas partes — uma prática matinal e uma prática noturna.

Prática matinal

Assim que acordar, antes de sair da cama, antes de pegar no celular, antes de fazer qualquer coisa, tire cinco minutos para definir uma perspectiva positiva para o seu dia de hoje. Pode se sentar na cama para se sentir mais alerta. Permita-se despertar suavemente, com respirações calmas e relaxadas, para dar as boas-vindas ao frescor deste novo dia. Depois de três respirações lentas e conscientes, pergunte a si mesmo:

O que espero de hoje?

Pelo que estou grato?

A resposta pode ser uma coisa tão simples como *Estou ansioso por tomar uma xícara de café forte. Estou grato porque meu parceiro fez as compras no mercado para que eu tenha mais tempo pessoal hoje. Estou feliz pois vou almoçar com alguém de quem gosto.* Ansiar por aspectos do seu dia — em vez de gastar a sua energia mental planejando ou temendo as coisas difíceis, é uma ótima maneira de amortecer o dia com "almofadas positivas". São essas pequenas coisas que, todos os dias, vão se somando, animando o seu espírito, e são verdadeiramente importantes para a sua saúde mental.

Se você acorda pensando no que precisa fazer — se a lista de tarefas se acumula na sua cabeça — não se preocupe, não faz mal. Não há problema. Esse é o nosso modo de pensar natural e padrão. Lembre-se de algo com que se importa no seu dia — algo que seja importante para você. Sentir mais propósito diário, lembrando-se do porquê alguma tarefa ou obrigação é significativa, traz uma proteção contra o estresse e está até relacionado com a longevidade.

Agora, se pegou no celular, não estragou tudo! Verifique o que quer que seja que se sentiu obrigado a fazer, guarde o celular, e depois tire uns minutos preciosos para preparar a sua trajetória positiva.

Prática noturna

Ao se deitar, dedique cinco minutos à prática da alegria. O seu trabalho aqui é preencher a mente com a melhor coisa que aconteceu hoje.

Pelo que me sinto grato hoje?

Aconteceu alguma coisa que tenha sido melhor do que esperava?

O que me fez sorrir ou me sentir bem hoje? Fiz alguém sorrir hoje?

As menores coisas podem ser muito poderosas aqui. Mesmo em um dia complicado, lembre-se dos pequenos momentos: um abraço de alguém de quem gosta, uma conversa amável com um atendente, uma gargalhada com um colega, a beleza de uma flor ou o amor de um animal de estimação.

Por fim, lembre-se de que a mente é recursiva e ruminativa. No fim do dia, deixe que isso trabalhe em seu favor, e não contra você. Pense nas respostas às perguntas acima enquanto pega no sono esta noite — encha a sua mente com imagens dos momentos que lhe trouxeram alegria hoje, que gostaria de saborear um pouco mais. Deixe que o seu corpo sinta contentamento e alívio. É assim que "terminamos bem".

Práticas extras

Faça de suas bases da alegria um evento familiar! Experimente fazer as perguntas noturnas acima durante o jantar — peça que todos respondam.

Adicione um relaxamento mais longo antes de dormir para um efeito ainda mais potente. A hora antes de ir para a cama é uma janela. É nesta altura que você pode iniciar a descida em direção a um sono de boa qualidade, que o ajuda a estar menos estressado no dia seguinte. Crie um ambiente seguro e isolado, com momentos de silêncio: faça a sua lista de tarefas para amanhã e desligue os dispositivos eletrônicos. Acrescente um ritual mente-corpo, se quiser — ioga, alongamentos, respiração ou ouvir música relaxante. Agora, sentindo-se relaxado, esta é a ocasião ideal para fazer a sua prática de gratidão. Talvez você até pegará no sono mais rápido ou terá um sono mais profundo, o tipo de sono que dá ao seu cérebro um ótima revigorada.

Para um "saldo positivo" ainda maior hoje, pense em um pequeno ato de bondade que pode fazer por outra pessoa amanhã. As conexões sociais nos trazem alegria. Ter conversas ou fazer algo amável por outra pessoa — quer seja partilhar um sorriso ou um comentário, fazê-la se sentir vista, ouvida, menos sozinha — essas são as pequenas coisas que criam de fato emoções positivas em nós e nos outros.

E isso pode ser feito com qualquer pessoa, não apenas com as que já conhecemos. Os gestos de bondade para com estranhos são pequenos milagres que podem ter grandes efeitos. São emocionalmente contagiosos.

Por vezes, quando faço algo pequeno por alguém, pego-me pensando nos pequenos gestos de bondade e graça na história da minha própria família que tiveram efeitos significativos e que a pessoa que os fez nunca poderia ter previsto. No fim do século XIX, a minha bisavó, ainda criança, era uma refugiada viajando sozinha sem os documentos certos. Foi parada por um bilheteiro quando tentava embarcar um navio rumo a um lugar seguro. Um transeunte pediu ao funcionário que a deixasse embarcar de qualquer maneira e, após um momento de hesitação, ele acenou com a cabeça e a deixou passar. Talvez aquele funcionário nunca mais tenha pensado nisso — ou talvez tenha. Espero que ele tenha tido alguma alegria com aquele ato momentâneo de compaixão porque, sem isso, eu não existiria. Minha falecida sogra teve uma experiência semelhante fugindo da Alemanha quando criança; se não fosse pela empatia de um funcionário que viu seu passaporte vencido, mas a deixou entrar no navio assim mesmo, meu filho não existiria. Muitas vezes penso sobre esses atos fugazes de bondade daqueles estranhos do passado com gratidão e admiração.

Talvez você encontre a oportunidade de fazer alguma bondade para outra pessoa hoje.

Solução de problemas

Se não tem sentido muita alegria nos últimos dias e não sabe bem onde a procurar...

Faça a si mesmo esta pergunta: O que lhe traz alegria? A alegria de algo que gosta, ou dos pequenos milagres que pode encontrar em um dia. Não se pergunte isso apenas uma vez — não obterá uma resposta completa. Pergunte a si mesmo oito vezes, respondendo o mais rápido possível a cada vez. Por isso, quando precisar de um impulso sólido, use essa tática. Não hesite. Basta escrever a primeira coisa que lhe vier à cabeça e, depois, volte a perguntar. Realizar isso rapidamente permite que você ignore o seu censor interior. Surpreenda a sua mente; veja o que descobre!

O que lhe traz alegria?

O que lhe traz alegria?

O que lhe traz alegria?

O que lhe traz alegria?

O que lhe traz alegria?

O que é lhe traz alegria?

O que lhe traz alegria?

O que lhe traz alegria?

Ao responder de forma rápida e repetida, é menos provável que você prepare, julgue e pense em uma resposta "certa", permitindo a si próprio explorar o que verdadeiramente lhe traz alegria. Nos retiros, pedimos às pessoas que formem pares e façam essa pergunta umas às outras. Quando as pessoas são questionadas várias vezes, não sabem o que vai sair. Então, elas descobrem! Encontram respostas que não conheciam. Muitas vezes percebem que encontram alegria em pequenas coisas que antes não reconheciam ou valorizavam.

O que se verifica após esse exercício é uma transformação verdadeira. O nível de energia aumenta e quase todo mundo abre um sorriso. As pessoas não querem parar de falar. Terminamos o exercício dizendo: "Muito bem, escrevam o que descobriram. Agora voltarão a atenção para esses momentos de alegria ainda mais."

Em um dia muito ruim...

Experimente isto: Houve algum lado positivo? Alguém foi simpático? Você aprendeu alguma coisa?

Se estiver no meio de um desafio sério, pode ser muito difícil ver algo positivo. No entanto, encorajo-o a tentar encontrar uma pequena coisa positiva no dia, ou na semana, e concentre-se nisso. Saboreie o momento. Nós também sabemos que se tiver uma depressão grave, pode não ser capaz de se sentir melhor neste momento. A depressão é pesada. Por isso, em vez de esperar até se sentir melhor para fazer coisas que o fazem feliz, faça o contrário: programe pequenas atividades que o façam se sentir bem e as realize, independentemente dos seus pensamentos e sentimentos negativos. Isso pode ajudar a criar um efeito positivo e a aliviar a depressão.

Essas profundezas não durarão para sempre. Nos momentos difíceis, volto-me às minhas citações favoritas para me recordar que as dificuldades andam de mãos dadas com a alegria. De Joanna Macy: "Desmoronar não é uma coisa assim tão ruim. De fato, é tão essencial para a transformação evolutiva e psicológica como o quebrar das conchas crescidas." De Jane Hirshfield: "Para ganhar qualquer coisa, você precisa perder tudo primeiro."

Por meio da adversidade, crescemos e reunimos mais das coisas que são significativas: relacionamentos, força pessoal, sabedoria. Mas isso leva tempo, e para você, superar o dia é seu primeiro desafio. Em primeiro lugar e acima de tudo, tenha compaixão por si mesmo. Trate-se com a maior gentileza e bondade, como trataria seu melhor amigo.

CONCLUSÃO

AJUSTANDO SUA DOSE

COMEÇAMOS ESTA SEMANA COM A MISSÃO DE "PREPARAR SUA MOCHILA DE emergência" com as ferramentas leves de que você precisa para estar descansado, pronto e resiliente. Dia após dia, criamos "hábitos de resiliência ao estresse" — quanto mais você os praticar, mais consolidados eles se tornarão, substituindo antigos modos de ser que não lhe serviam por outros que geram tranquilidade e calma. Minha esperança é que, com as ferramentas e estratégias que você praticou nesta semana, possamos eliminar a maior fonte de estresse crônico: a preocupação com o futuro incerto e tudo o que não podemos controlar, o arrependimento e a reflexão sobre o que não saiu como esperávamos e nossa tentativa de lutar contra isso sozinhos, em nossa cabeça.

Essa é uma parte essencial da construção da resiliência ao estresse, porque acontece que, na verdade, experimentamos dois tipos distintos de incerteza. Como não podemos saber o futuro, temos uma *incerteza irredutível*, e sempre a teremos. Mesmo nos momentos mais tranquilos e estáveis, esse tipo de incerteza estará sempre conosco. É o sempre presente "desconhecido" sobre o que o próximo ano, a próxima semana, amanhã ou a próxima hora trará. Todos nós vivemos com isso, faz parte da condição humana. Mas, além disso, agora também vivemos com uma *incerteza volátil* — mudanças rápidas e imprevisíveis devido a um mundo físico e social incerto. Desafios mundiais.

Estamos em um ponto incomum da história no qual experimentamos novos níveis de incerteza volátil e enfrentamos ameaças à nossa sobrevivência e à Terra como a conhecemos. Neste momento, as coisas parecem instáveis. O mundo — tanto o mundo físico e natural quanto o mundo social — parece estar mudando exponencialmente. Pense em tudo o que é lançado sobre nós, todos os dias: condições climáticas extremas e uma crise climática cada vez mais acelerada; divisão política e precariedade; extremismo e disseminação desenfreada de desinformações; uma pandemia como nenhum de nós esperava ver em vida; e a ameaça de mais do mesmo.

É avassalador. É humilhante.

O que vejo em minha pesquisa e o que observo nas pessoas ao meu redor é que estamos nos perdendo nessas crises existenciais, principalmente nossos jovens. Estamos mais ameaçados do que nunca por um futuro incerto. Até mesmo os mais resilientes entre nós podem se desgastar com isso, como um forte penhasco que sofre erosão sob ondas rochosas. Às vezes, podemos perder o sentido, a direção, o objetivo; somos vulneráveis à desesperança e ao pensamento trágico. E quando nos sentimos existencialmente ameaçados, é difícil nos mantermos firmes e enfrentarmos o futuro com esperança, resiliência, flexibilidade e uma resposta saudável aos desafios.

Mas ainda devemos e podemos fazê-lo. Nossos filhos, nossas comunidades e nosso planeta precisam do nosso melhor, do nosso pensamento mais criativo e da nossa ação coletiva. E em uma reviravolta interessante, fazer algo para reparar o mundo pode ser uma das maneiras mais poderosas de vencer o estresse. Portanto, para nosso próprio bem-estar e para o bem maior, é importante ajustarmos nossas doses contra o estresse, incluindo "doses verdes" para estarmos com a natureza e cuidarmos de nossa mente e corpo de forma excelente, permitindo uma intensa restauração e felicidade.

O futuro em que estamos entrando requer todos os nossos recursos para sobrevivermos e prosperarmos juntos. E quando conseguimos chegar a um lugar de resiliência e justiça, entramos mais plenamente em um estado importante chamado *plano de possibilidade*,[1] onde podemos sair de nossos hábitos pessoais de pensamento, entender nossa interconexão e ver novas oportunidades.

É por isso que esta semana foi dedicada ao desenvolvimento da resiliência: reduzir seus níveis básicos de estresse, tanto o estresse do qual você tem consciência quanto o estresse inconsciente que vive em seu corpo; entender como acessar a restauração profunda; e, por fim, criar hábitos mentais mais saudáveis com base na melhor ciência que temos à nossa disposição.

Portanto, vamos recapitular as ferramentas que você tem agora à sua disposição para fazer exatamente isso.

Inventário do fim de semana: O que há em sua mochila de emergência?

Você experimentou sete novas táticas ao longo deste livro, e espero que elas o tenham ajudado a se sentir mais leve, mais flexível, mais relaxado, mais feliz e mais capaz de *flutuar*. Espero que saia deste treino de resiliência ao estresse com uma nova abordagem ao estresse na sua vida:

- O inesperado vai acontecer, e não faz mal. Posso suavizar as minhas expectativas. Posso recuar, relaxar e deixar que as experiências venham até mim.
- Posso deixar de lado as coisas que não consigo controlar. Posso deixar cair a bagagem extra.
- O estresse pode ser empolgante! Posso me sentir motivado e energizado pelos desafios.
- Posso relaxar com o estresse agudo e metabolizá-lo. O meu corpo adora uma boa resposta ao estresse.
- Posso deixar a natureza fazer o trabalho de recalibrar o meu sistema nervoso. Eu sou parte da natureza.

- Mereço descansar. Não vou mais me privar do relaxamento, do sono e do repouso profundo.
- A alegria diminui o estresse. Quanto mais encho meu copo de alegria, menos sinto o gosto amargo do estresse e da luta.

No início deste livro, vimos que o estresse é a água em que podíamos aprender estratégias para nos ajudar a flutuar, a surfar suas ondas, em vez de sermos submersos por elas. Usando as competências que aprendeu esta semana, você pode fazê-lo. Eu gosto de pensar desta forma: estou guiando o meu barco por um rio desconhecido. Tenho escolhas ao longo do meu dia e da minha vida — posso escolher esta ou aquela opção à medida que a água se ramifica, mas a corrente só corre em um sentido. Não controlo o fluxo da água e, embora possa manobrar um pouco, se as condições o permitirem, não posso remar rio acima. Só me desgastarei tentando. Guiar-me habilmente por este rio significa abraçar o inesperado, aceitar as experiências à medida que elas surgem, enfrentar as rochas e corredeiras com uma mentalidade de desafio, controlar o que posso e permanecer à tona durante o resto. Podemos até fazer uma pausa, deixar a água girar suavemente à nossa volta. Quando nos inclinamos para trás e mudamos para estados mentais verdes e azuis, sentimos facilidade e contentamento, passamos a enviar mensagens fortes às nossas células que está na hora de descansar e recuperar.

É muito fácil nos sentirmos sobrecarregados, passarmos o tempo em estados mentais vermelhos e amarelos. Quando percebemos que as coisas estão sempre mudando, que não controlamos o futuro, que só podemos fazer o nosso melhor, podemos estar abertos ao que surge, à alegria que se esconde em cada dia.

Aqui, em um lugar só, estão suas doses contra o estresse. Pode ver os nomes das práticas para cada estratégia, para estimular a sua memória. Pense em colocar isso na porta de sua geladeira!

DIA 1	DIA 2	DIA 3	DIA 4	DIA 5	DIA 6	DIA 7
Aceitar a incerteza	**Deixar de lado o que não pode controlar**	**Buscar entusiasmo nos desafios**	**Metabolizar o estresse corporal**	**Imergir na natureza**	**Realizar o repouso profundo**	**Criar felicidade**
Liberar o estresse incorporado	*Inventário do estresse*	*Proteção contra o Estresse*	*Estresse hermético*	*Absorção sensorial*	*Respirar em busca de restauração*	*Começar e terminar com muita alegria*
• Identificar o estresse incorporado • Registar expectativas e preocupações • Inspirar e libertar-se	• Simplificar: O que posso eliminar? • Acrescentar: O que é mais importante? • Pôr de lado: O que posso aceitar?	• Mentalidade de estresse positivo • Reafirmar os seus valores • Lembrar-se dos seus recursos e reestruturar-se em direção à resiliência	• HIIT ou caminhada • Banhos frios • Sauna quente • Relaxar no desconforto	• Natureza selvagem • Natureza urbana • Refúgio doméstico	• Respirar (de forma longa, calma, intensa) para o bem-estar • Respirar para reiniciar (4-6-8) • Respiração vagal para relaxar	• Perceber a alegria • Viver o propósito diário • Expressar gratidão • Bondade interna e externa

Essas "doses" para resistir ao estresse consistem em seu conjunto de habilidades para o nosso futuro desconhecido. Para enfrentar os desafios que se aproximam, precisamos de uma mentalidade calma e flexível. E, por fim, necessitamos de esperança.

A "esperança ativa" o ajudará a flutuar

A incerteza extrema leva à destruição da nossa mais importante fonte humana de resiliência: a esperança radical na humanidade e no nosso futuro. E a esperança não é apenas um sentimento. Tem a ver com *ação*. Joanna Macy a denomina "esperança ativa" e, em sua descrição, ela inclui tanto o *autocuidado* como o *cuidado com os outros*. Em resumo, cuide de você, arranje tempo para se restaurar *e* encontre uma forma de retribuir: crie mudanças, faça a diferença em algo que seja importante para você. Por menor que seja. Isso o ajudará, somará e ajudará a todos.

Todos os dias, Macy faz um voto para renovar o seu propósito e alinhar as suas ações. O Dalai Lama também tem um voto diário que o ajuda a viver uma vida empenhada e com objetivos. No meu diálogo com ele, perguntei como podemos ter esperança perante os enormes problemas existenciais que confrontamos atualmente. Ele me respondeu que reconhecê-los e nos concentrarmos em qualquer progresso que já tenhamos pode nos dar algum espaço para sentir coragem e confiança, companheiras necessários da esperança. A alternativa — fixar a atenção nos nossos problemas — obscurece o pensamento claro. Ele partilhou a sua própria estratégia diária: todas as manhãs, recita os votos do mestre indiano Shantideva.

— O que me dá coragem e confiança é a renovação contínua da bondade... Acho que refletir sobre esses versos é muito útil. O que precisamos é de uma forma de renovar regularmente a nossa intenção positiva.

Ele aponta para um verso em particular — *Todos os que são felizes no mundo o são devido ao seu desejo de felicidade para os outros*[2] — e explica:

— Se nos concentrarmos demais em nós mesmos, não seremos felizes nem mesmo nesta vida, ao passo que nos preocuparmos com o bem-estar dos outros é a porta de entrada para uma grande alegria.[3]

Estes são momentos difíceis; um voto diário de esperança é uma adição sábia às nossas práticas de estresse, e para começar bem cada dia. Pode inventar seu próprio voto, se isso o ajudar, ou talvez já tenha um da sua tradição religiosa ou espiritual. Eu gosto de experimentar novos, e adoro saber o que os outros usam. Aqui está um dos meus favoritos para começar o dia, um trecho de uma oração escrita por Pádraig Ó Tuama:[4]

Começamos o nosso dia sozinhos, honrando esta vida com todas as suas potencialidades e possibilidades.

Começamos o nosso dia com esperança, sabendo que o dia pode conter amor, bondade, perdão e justiça.

Que possamos abrir espaço para o inesperado. Que possamos encontrar sabedoria e a vida no imprevisto.

A esperança ativa é mais forte do que a esperança abstrata. Não é frágil. É duradoura. É esperança repleta de ação solidária. Não é fácil perdê-la. Não pode ser desgastada ou destruída pela incerteza e ameaça, e é uma emoção muito contagiante porque inspira outros a fazerem o mesmo. Ela promove a mudança social, é uma das coisas mais potentes que você pode fazer para encontrar alívio para o estresse, a dor, a tristeza, a ansiedade e a raiva. É por isso que, no fim da nossa semana juntos, estamos acrescentando mais uma ferramenta para sua resiliência ao estresse: um sentido de propósito.

A sua mochila de emergência está leve. O propósito a tornará ainda mais leve. Pense nele como o elemento hélio que alivia os seus passos, o faz flutuar e o impulsiona.

Mantenha-se atento à sua "Estrela Polar"

Falamos mais cedo sobre a eliminação de fatores estressantes sempre que possível — principalmente aqueles que colocamos em nós mesmos e acreditamos que "devemos" fazer. As obrigações sociais podem ser incluídas nesta categoria, ou outros tipos de atividades de "manutenção" em que adicionamos responsabilidades e estresse no trabalho ou nas nossas comunidades porque sentimos pressão. Vamos continuar fazendo isso. E espero que, ao nos libertarmos de um pouco desse estresse, tenhamos mais espaço para respirar, para pensar: *O que realmente é importante para mim? Com que quero gastar a energia da minha vida? Qual é a minha Estrela Polar?*

As pessoas me dizem frequentemente que estão "em modo de sobrevivência". Sentem que a sua vida particular está um caos e que não conseguem fazer mais nada. Mas depois há uma verdade contraintuitiva que está no centro de tudo: fazer algo fora de nós nos dá esperança ativa e propósito. De fato, eleva o nosso espírito e reduz o estresse.

Talvez aquilo de que mais necessitamos para lidar bem com o estresse seja um objetivo.

Não é preciso ter tudo planejado para ter acesso a isso.

Muitas vezes, temos uma mentalidade de "*vou pôr a minha vida em ordem, depois vou pensar em fazer algo que para um bem maior*". Mas não precisa ter dominado o seu drama diário. Ele não vai desaparecer.

Recordarei sempre a manhã, no fim do Verão de 2020, quando aqueles de nós na Costa Oeste dos EUA acordaram em Marte. O céu estava vermelho. O ar era tóxico. A fumaça pesada de incêndios devastadores tinha se instalado no alto de São Francisco e bloqueava o sol. O nosso carteiro precisou usar uma lanterna de cabeça para entregar as correspondências às 10 da manhã.

A minha aflição com esses problemas climáticos crescentes estava aumentando. Estava pensando mais sobre o assunto, querendo falar sobre ele. Mas eu estava "ocupada".

As exigências do meu trabalho como professora, lecionando e dirigindo o laboratório, além de minhas funções em casa e como cuidadora, eram incansáveis, como sempre tinham sido. Mas a certa altura, percebi que não podia continuar vivendo assim. Decidi fazer a mudança, passar de uma pessoa preocupada com o clima para uma guerreira do clima, da forma que pudesse ser eficaz.

É um desafio, porque a crise climática é esmagadora. As nossas emoções podem oscilar para trás e para a frente, do desespero e tristeza à esperança e alegria, como um metrônomo, de tal forma que parece até nos deixar tontos. São tantas as mudanças de que precisamos, grandes e pequenas, e muitas vezes é difícil sentir que estamos causando algum efeito. Já tive ideias para projetos, mas me senti bloqueada, como se não fossem suficientes. Desenvolvi uma esperança mais forte, em parte por aprender sobre a teoria da mudança social quântica, que nos ajuda a ver que mudar as coisas a nível local — os fatores palpáveis dentro da nossa própria esfera de influência — terá realmente impactos contagiosos e reverberantes.[5] Dessa maneira, juntos podemos mudar aspectos da nossa cultura. Mesmo que não consigamos ver o nosso impacto, e talvez nunca o vejamos durante a nossa vida, o que fazemos como indivíduos é importante.

Neste momento, estou iniciando um projeto para tirar as pessoas da angústia climática e levá-las à ação climática. É um curso especial para fornecer informações e competências que esperamos que inspirem as pessoas a fazerem a diferença e não se sentirem sem esperança ou sobrecarregadas. Estamos utilizando os princípios sobre os quais falamos — ser capaz de manter a felicidade no meio da tristeza e da raiva, sentir-se fortalecido pelo objetivo e trabalhar com os outros — e pôr realmente a mudança social quântica em ação. Não sei no que vai dar. Mas sei que a melhor maneira de reduzir o desespero climático é por meio de algum tipo de ação relacionada ao clima.

A ciência mostra claramente que ter um objetivo na vida é um amortecedor de estresse. Quando trabalho em questões climáticas, sinto um zumbido de energia positiva, que estou vivendo plenamente, como viveria se soubesse que o meu tempo na Terra ia acabar em breve. Esta certeza, de que estou fazendo algo que é importante para mim, ajuda-me a lidar melhor com todas as outras incertezas da vida.

Talvez você já esteja trabalhando naquilo que lhe dá um propósito forte. Se não estiver, pense nas coisas que tem *vontade* de fazer. Até mesmo adicionar uma hora por semana em um projeto sobre algo que ame fazer pode ser significativo.

Fazer algo a mais neste momento, acrescentar mais coisas ao seu dia ocupado, pode não parecer viável se estiver lutando para não se afogar. Existem outras formas de obter os efeitos de amortecimento de estresse do que acrescentar algo novo. Às vezes, só precisamos perceber o significado que já existe, as coisas que já fazemos e que são significativas para os outros. Reserve um momento para pensar nas coisas que já está fazendo e que lhe dão propósito. Muitas vezes, simplesmente não vemos o impacto que estamos causando.

Você já faz a diferença

Todos têm influência. Você contribui de formas não quantificadas para o mundo à sua volta, formas que podem ter repercussões e influência para além do seu conhecimento — e para além da sua vida.

O meu pai, David, é um professor de biologia aposentado. Depois da sua festa de aposentadoria, ele recebeu uma carta de um aluno a quem lecionara há vinte anos. O meu pai ficou encantado por ter notícias dele. Mas a melhor surpresa foi o seu impacto secreto.

Este aluno estava se debatendo com um caso grave de síndrome do impostor. Vinha de uma cidade pequena, e em Stanford se sentia como um peixe pequeno em alto mar — como se não pertencesse àquele lugar. Ele acreditava que Stanford tinha cometido um erro ao deixá-lo entrar. Ele tirava sempre sete ou oito nas provas e não se considerava um dos melhores alunos entre as estrelas. Em um verão, foi para o laboratório do meu pai para fazer pesquisa em biologia marinha e se destacou. Quando o meu pai viu o seu registo de notas, disse:

— Bem, isso não está certo. Eu conheço você e sei que pode fazer melhor do que isso.

O aluno refletiu sobre esses comentários e decidiu que podiam ser verdadeiros. Acabou tendo excelentes notas e se tornou um cirurgião de nível mundial. Ele escreveu porque queria que o meu pai soubesse que uma única conversa que demonstrou confiança nele tinha mudado a trajetória da sua vida. Para o meu pai, o episódio representou apenas uma interação passageira — o tipo de coisas que ele fazia com os alunos toda hora. Mas teve um enorme impacto. E, por sua vez, a bela carta teve o seu impacto desconhecido. O meu pai guarda essa carta com carinho, há uma década.

Todos podem se perguntar: *O que estou realmente fazendo, para além do que consigo ver?*

Há diversas influências positivas desconhecidas e sem nome. Não é preciso ter um tipo de trabalho específico para ter um grande impacto. Alguém que faz arte como passatempo pode pensar sobre a mensagem que quer comunicar ao mundo. Uma pessoa que fica em casa cuidando dos filhos pode pensar no amor e no apoio que está oferecendo a essa criança, ajudando-a a se tornar mais um ser humano no mundo a fazer o bem, de sua maneira pequena, mas importante. Qual é o impacto em longo prazo do que *você* está fazendo? Não é possível saber totalmente — e isso é de fato uma coisa linda.

Conversamos sobre o medo que pode surgir da incerteza. Mas também existe a *possibilidade*. Não sabemos o impacto que podemos causar, quais pequenos atos de bondade e generosidade farão uma enorme diferença para alguém, que esforços para o bem comum causarão efeitos em cascata. Pode ser profundo. Não sabemos como podemos transformar a nossa sociedade juntos, mas é uma possibilidade.

Sim, a incerteza pode ser estressante, mas também significa que a porta está aberta para as surpresas da vida. Significa que o futuro trará desafios, mas também beleza, admiração, gratidão e alegria. Uma mente resiliente abre um mundo de possibilidades. Quando se sentir mais tenso, tente o contrário: libere a tensão; libere o controle que nunca teve; sorria para a incerteza. A incerteza também significa *liberdade.*

Qualquer coisa pode acontecer.

A sua vida está repleta de possibilidades.

Pegue sua mochila de emergência, que está bem leve, porém repleta de ferramentas de que você precisa para enfrentar cada desafio, e saia para enfrentá-los e vivê-los.

AGRADECIMENTOS

Sou grata a muitos colegas e amigos que me ajudaram a escrever este livro, que, apesar de seu pequeno tamanho, exigiu muito apoio! Em primeiro lugar, agradeço aos arquitetos de ideias, Rachel Neumann e Doug Abrams, por seu otimismo de que o estresse poderia ser hackeado em sete dias, por sua confiança em mim e pela supervisão feita neste livro e, especialmente, a Alyssa Knickerbocker por seu fantástico apoio à escrita e sua alegria contagiante. Profunda gratidão a Amy Sun, da Penguin Life, por sua cuidadosa curadoria e edição com precisão cirúrgica.

Agradeço imensamente aos meus muitos colegas que fizeram parte destas doses contra o estresse de alguma forma, inclusive garantindo que os detalhes do estudo fossem transmutados em mensagens precisas e úteis, especialmente Amit Bernstein, George Bonanno, Alexandra Crosswell, Alia Crum, David Creswell, Martica Hall, Dacher Keltner, Paul Lehrer, Robert Lustig, Sonja Lyubomirsky, Ashley Mason, Patrick McKeown, Wallace Nichols, Martin Picard, Eli Puterman, Charles Raison, Michael Sapiro, Cliff Saron, Shauna Shapiro, Emiliana Simon Thomas, Victor Strecher, Julian Thayer, Cassandra Vieten e Eric Zimmerman.

Um agradecimento especial aos meus colaboradores mais próximos em nosso centro na UCSF, que ajudam a tornar a pesquisa e os estudos desafiadores muito divertidos — Aric Prather e Wendy Mendes e nossa maravilhosa equipe do Centro de Envelhecimento, Metabolismo e Emoção. Obrigado a Elizabeth Blackburn e Jue Lin, pela amizade de décadas e pelo diálogo sobre a resiliência de nossos telômeros, das moléculas à mente. Obrigada aos meus muitos colegas do Departamento de Psiquiatria e Ciências Comportamentais, que tornaram o período da pandemia um momento de conexão e apoio, apesar da carga pesada e do cansaço das chamadas virtuais. Obrigada a Lisa Pritzker, Sako Fisher, Joon Yun e Lynne e Victor Brick, pelo apoio especial. Agradeço aos meus mentores de toda a vida, Nancy Adler, Kelly Brownell, Philip Zimbardo e o falecido Albert Bandura.

Obrigada aos muitos amigos e professores de sabedoria dedicados que, direta ou indiretamente, ajudaram na minha própria resiliência ao estresse ao longo de muitos anos — James Baraz, Peter e Alison Baumann, Mark Coleman, Richard Davidson, Eve Ekman, Lama Willa Miller, Lama Tsultrim Allione, Joanie Kriens, Jack Kornfield, Trudy Goodman, Roshi Joan Halifax, Stephan Rechtschaffen, Annette Knopp, Esther Perel, Jack Saul, Dan Siegel, Tempel Smith, Bhikkhu Anlayo, Caroline Welch, Rick e Jan Hanson, Jon Kabat Zinn, Will e Teresa Kabat-Zinn, Darrah Westrup e colegas do grupo NeuroDharma. Uma profunda reverência à minha querida amiga Susan Bauer-Wu e aos maravilhosos colegas do Mind & Life Institute e de seu Conselho Diretor, por cocriarem fóruns preciosos onde ocorre a alquimia mágica da ciência e da sabedoria contemplativa. Eles moldaram minha própria mente e vida.

Foi uma dádiva ter um grupo sofisticado de leitores melhorando uma versão inicial, especialmente com suas próprias experiências das práticas, incluindo Cathy Caplener, Ron Chiarello, Elisabeth Doehring, Andrew Dreitcer, Mark Godley, Jeannette Ickovics, Amy Lauer, Robert Lustig, Dan Meer, Peter Prontzos, Jamey Schmidt, Ally e Lilia Shirman, Tracy Turner, David Vogel, Julia Wallace e, especialmente, Lynn Kutler.

Obrigada à minha maravilhosa grande família e ao núcleo — David e Lois Epel, às irmãs Sharon Epel e Andrea Lieberstein, a Danny Glaser e, é claro, ao meu amado Jack Glaser. E... por fim, minha gratidão a você, leitor, por confiar em mim para aconselhá-lo, por sua mente aberta para tentar algo novo com este conjunto de ideias. Que isso traga mais facilidade para sua preciosa vida.

LEITURAS E RECURSOS COMPLEMENTARES*

Se quiser ir mais longe com qualquer uma das habilidades que praticamos aqui, reuni alguns dos meus livros e recursos online favoritos. Também estão disponíveis em meu site — www.elissaepel.com — [conteúdo em inglês] para que você possa ter uma acesso fácil.

CONTINUE TRABALHANDO NAS COMPETÊNCIAS DO DIA 1: O ESTRESSE DA INCERTEZA

Standing at the Edge: Finding Freedom Where Fear and Courage Meet, de Joan Halifax e Rebecca Solnit. Nova Iorque: Flatiron Books, 2018. (A adversidade e os estados limítrofes podem levar-nos às nossas melhores qualidades.)

In Love with the World. A Monk's Journey through the Bardos of Living and Dying, 1ª ed., de Yongey Mingyur Rinpoche e Helen Tworkov. Nova Iorque: Random House, 2019. (Rinpoche descreve os estados mentais que nos permitem viver com alegria enquanto estamos sob grande stress de incerteza.)

Qualquer app de meditação, como *10% Happier*, *HeadSpace*, *Insight Timer* (gratuito) ou *Healthy Minds*: https://hminnovations.org/meditation-app. Bikkhu Analayo, um dos melhores professores

* Os livros e recursos mencionados estão em inglês e sua disponibilidade é de responsabilidade da autora. [N. da E.]

budistas, fornece meditações de mindfulness em: https://www.buddhistinquiry.org/resources/offerings-analayo/breathing-audio/.

PARA CONTINUAR TRABALHANDO NAS HABILIDADES DO DIA 2: ABRINDO MÃO DO CONTROLE

A Oração da Serenidade (oração da serenidade adaptada dos programas de recuperação dos Alcoólicos Anônimos): "Que eu tenha a serenidade para aceitar as coisas que não posso mudar, coragem para mudar as coisas que posso, e a sabedoria para saber a diferença." *Feeding Your Demons: Ancient Wisdom for Resolving Inner Conflict*, 1ª ed., por Lama Tsultrim Allione. Nova Iorque: Little, Brown Spark, 2008. (Esta técnica utiliza a visualização para dar forma e cor aos nossos "demônios" — as nossas respostas emocionais negativas a uma relação ou situação — e transforma-os em uma força.)

The Burnout Challenge: Managing People's Relationships with Their Jobs, de Christina Maslach e Michael Leiter. Cambridge, MA:

Harvard University Press, 2022.

The Dialectical Behavior Therapy Skills Workbook: Exercícios práticos de DBT para Learning Mindfulness, Interpersonal Effectiveness, Emotion Regulation, and Distress Tolerance, 2ª ed., de Matthew McKay, PhD, Jeffrey C. Wood, PsyD, e Jeffrey Brantley, MD. Oakland, CA: New Harbinger, 2019.

PARA CONTINUAR TRABALHANDO NAS HABILIDADES DO DIA 3: ESTADOS MENTAIS DE ESTRESSE POSITIVO PARA COMBATER O ESTRESSE, A ANSIEDADE E A DEPRESSÃO DIÁRIOS

Breaking the Age Code: How Your Beliefs about Aging Determine How Long and Well You Live, de Becca Levy. Nova Iorque: William Morrow, 2022.

Resilient: How to Grow an Unshakable Core of Calm, Strength, and Happiness, de Rick Hanson e Forrest Hanson. Nova Iorque: Harmony, 2022. https://www.rickhanson.net/resilient/.

The Upside of Stress: Why Stress Is Good for You, and How to Get Good at It, de Kelly McGonigal. Nova Iorque: Avery, 2016.

Para empregadores: Meru Health, https://www.meruhealth.com/. Trata-se de uma plataforma de autoajuda para depressão e ansiedade, que oferece terapia baseada em evidências, biofeedback da variabilidade da frequência cardíaca e sessões com terapeutas treinados em terapia cognitiva baseada em mindfulness. (Note o meu conflito de interesses; faço parte de seu conselho consultivo.)

PARA CONTINUAR TRABALHANDO NAS HABILIDADES DO DIA 4: ESTRESSE HERMÉTICO

The Wim Hof Method: Activate Your Full Human Potential, de Wim Hof, prefácio de Elissa Epel. Louisville, CO: Sounds True, 2020.

The Better Brain: Overcome Anxiety, Combat Depression, and Reduce ADHD and Stress with Nutrition, de Bonnie Kaplan e Julia Rucklidge. Boston: Houghton Mifflin Harcourt, 2021. (Este livro descreve como os padrões de dieta e os micronutrientes melhoram a saúde mental. Além disso, certas químicas vegetais funcionam em parte através de processos herméticos de estresse.)

Que tipos de exercício ajudam com quais tipos de problemas de saúde mental? Explore este portal interativo para um relatório completo: https://www.johnwbrickfoundation.org/move-your-mental-health-report/.

É fácil encontrar vídeos de treino intervalado de alta intensidade na internet: Peloton tem aulas online, bem como o Lanebreak, um treino HIIT disfarçado de jogo.

PARA CONTINUAR TRABALHANDO NAS HABILIDADES DO DIA 5: RECALIBRE O SEU SISTEMA NERVOSO COM A NATUREZA

Blue Mind: The Surprising Science That Shows How Being Near, in, on, or Under Water Can Make You Happier, Healthier, More Connected, and Better at What You Do, de Wallace J. Nichols. Nova

Iorque: Little, Brown and Company, 2015. "The Mind, the Human-Earth Connection and the Climate Crisis Online Course" do Mind and Life Summer Research Institute, um seminário gratuito disponível aqui: https://www.mindandlife.org/climate-online-course/. (Com os meus colegas, trazemos grandes oradores internacionais em um curso contemplativo com informações valiosas sobre o desenvolvimento da resiliência climática e a cura da nossa relação com a natureza.)

Para retiros na natureza, pesquise online ou crie o seu próprio retiro! Recomendo os retiros guiados na natureza de Mark Coleman e a formação de professores de mindfulness na natureza: https://markcoleman.org/.

PARA CONTINUAR TRABALHANDO NAS HABILIDADES DO DIA 6: EXPERIMENTAR O REPOUSO PROFUNDO

The Wakeful Body: Somatic Mindfulness as a Path to Freedom, de Willa Baker e Tsoknyi Rinpoche. Boulder, CO: Shambhala, 2021. (Esse livro lindamente escrito descreve a energia corporal sutil, uma forma de se sintonizar com o estresse inconsciente e encontrar facilidade.)

The Breathing Cure: Develop New Habits for a Healthier, Happier, and Longer Life, por Patrick McKeown e Laird Hamilton. Nova Iorque: Humanix Books, 2021. (Esse livro abrangente oferece exercícios de respiração personalizados para muitas condições.)

Centros de retiro residenciais para meditação ou ioga: Quando possível, é maravilhoso fazer uma mala leve e embarcar numa viajem interior em busca de uma reinicialização profunda, tendo pelo menos alguns dias em um centro de retiro espiritual, de meditação ou de ioga que não seja também para turismo comercial. Recomendo três centros de retiro de meditação que conheço bem. A maioria dos estados tem opções que podem ser encontradas na web. Este site lista retiros espirituais em todo o mundo: https://www.spiritualtravels.info/spiritual-sites-around-the-world/.

- Insight Meditation Society, Barre, MA: https://www.dharma.org/.
- Spirit Rock Meditation Center, Woodacre, CA: https://www.spiritrock.org/.
- Wonderwell Mountain Refuge, New Hampshire: https://naturaldharma.org/.

Experimente estas meditações guiadas gratuitas para o bem-estar e para dormir: https://www.irest.org/try-irest-now.

Considere a possibilidade de utilizar um biossensor portátil para o ajudar a saber o que funciona melhor para você, e como o seu sistema nervoso reage durante as práticas e durante o sono. O meu favorito é o anel oura (oura.com). Experimente o feedback de variabilidade da frequência cardíaca, como o produto HeartMath encontrado aqui: https://store.heartmath.org/.

PARA CONTINUAR TRABALHANDO NAS HABILIDADES DO DIA 7: ALEGRIA E "ALMOFADAS POSITIVAS"

Awakening Joy: 10 Steps to Happiness, de James Baraz, Shoshana Alexander, Ram Dass, Jack Kornfield. Nova Iorque: Ballantine Books, 2012.

Greater Good in Action (GGIA): Este site: https://ggia.berkeley.edu/, é um extenso catálogo de atividades, exercícios e práticas para reforçar as habilidades que promovem o bem-estar emocional, como o deslumbramento, a gratidão e a compaixão. São retirados de pesquisas científicas publicadas, e os estudos de envolvimento e impacto são dirigidos pelos meus colegas Dacher Keltner e Emiliana Simon Thomas.

The Big Joy Project (pesquisa): Este site e aplicativo móvel, em https://ggia.berkeley.edu/bigjoy, é uma experiência de uma semana que criei em colaboração com as minhas colegas de pesquisa Peggy Callahan e Jolene Smith da campanha Mission Joy, e o Greater Good Science Center da UCB, para promover alegria interior e o bem-estar. Este é também um projeto de ciência cidadã para descobrir mais sobre o que funciona para quem, em diferentes regiões e países. Se gostar, compartilhe-o!

Mission: Joy-Finding Happiness in Troubled Times, um documentário sobre a alegria no meio da adversidade, e a amizade entre Sua Santidade o Dalai Lama e o Arcebispo Desmond Tutu. https://missionjoy.org/.

As Boas Notícias do Tank: Contrarie as notícias negativas do dia a dia! Não consigo deixar de sorrir ao ler o post diário no Instagram (@tanksgoodnews). Ou pode receber a newsletter em https://tanksgoodnews.com.

PARA CONTINUAR "AJUSTANDO SUA DOSE" (CONCLUSÃO):

You Matter More Than You Think: Quantum Social Change for a Thriving World, de Karen O'Brien e Christina Bethell, Oslo, Noruega: cChange, 2021.

Humanity Rising é uma transmissão global que começou com a pandemia, convocada pela Ubiquity University, com espectadores em 130 países. Proporciona diálogo de líderes de pensamento que abordam questões globais e como construir resiliência e renovação para garantir o futuro humano. Você poderá se sentir inspirado e mais conectado globalmente. https://humanityrising.solutions/.

One Earth Sangha: https://oneearthsangha.org/., oferece aulas e webinars sobre como abordar a crise climática de uma perspectiva ativa e contemplativa.

Regeneration.org: Comece aqui uma ação contra as alterações climáticas.

Purpose: Living for What Matters Most, um curso gratuito no Coursera pelo Prof. Victor Strecher.

NOTAS

INTRODUÇÃO

1. Jue Lin e Elissa Epel, "Stress and Telomere Shortening: Insights from Cellular Mechanisms" *Ageing Research Reviews* 73 (Janeiro de 2022): 101507, https://doi.org/10.1016/j.arr.2021.101507.
2. David M. Almeida, Susan T. Charles, Jacqueline Mogle, Johanna Drewelies, Carolyn M. Aldwin, Avron Spiro III e Denis Gerstorf, "Charting Adult Development through (Historically Changing) Daily Stress Processes", *American Psychologist* 75, nº. 4 (Maio—Junho de 2020): 511-24, https://doi.org/10.1037/amp0000597.
3. Achim Peters, Bruce S. McEwen e Karl Friston, "Uncertainty and Stress: Why It Causes Diseases and How It Is Mastered by the Brain", *Progress in Neurobiology* 156 (Setembro de 2017): 164-88, https://doi.org/10.1016/j.pneurobio.2017.05.004.
4. Alexandra Crosswell, Stefanie Mayer, Lauren Whitehurst, Sheyda Zebarjadian, Martin Picard e Elissa Epel, "Deep Rest: An Integrative Model of How Contemplative Practices Enhance the Body's Restorative Capacity" (em revisão).
5. Jos F. Brosschot, Bart Verkuil, e Julian F. Thayer, "Generalized Unsafety Theory of Stress: Unsafe Environments and Conditions, and the Default Stress Response", em "Stress and Health", ed., Mark Cropley, Birgit, e B. B. Thayer. Mark Cropley, Birgitta Gatersleben e Stefan Sütterlin, edição especial, *International Journal of Environmental Research and*

Public Health 15, nº. 3 (7 de março de 2018): 464, https://doi.org/10.3390/ijerph15030464.

6. Sua Santidade o Dalai Lama, "Mind and Life Conversation: Embracing Hope, Courage, and Compassion in Times of Crisis", entrevista de Elissa Epel e Michelle Shiota, moderada por John Dunne, Mind and Life Institute, 8 de dezembro de 2021, 1:18:01, www.mindandlife.org/event/embracing-hope-courage-and-compassion/.

DIA 1: AS COISAS CORRERÃO MAL... E TUDO BEM

1. Natalia Bobba-Alves et al. "Chronic Glucocorticoid Stress Reveals Increased Energy Expenditure and Accelerated Aging as Cellular Features of Allostatic Load," *BioRxiv* (2022), https://doi.org/10.1101/2022.02.22.481548.
2. Archy O. de Berker, Robb B. Rutledge, Christoph Mathys, Louise Marshall, Gemma F. Cross, Raymond J. Dolan e Sven Bestmann, "Computations of Uncertainty Mediate Acute Stress Responses in Humans," *Nature Communications* 7 (29 de março de 2016): 10996, https://doi.org/10.1038/ncomms10996.
3. Dilek Celik, Emre H. Alpay, Betul Celebi e Aras Turkali, "Intolerance of Uncertainty, Rumination, Post-Traumatic Stress Symptoms and Aggression during COVID-19: A Serial Mediation Model," *European Journal of Psychotraumatology* 12, nº. 1 (13 de agosto de 2021): 1953790, https://doi.org/10.1080/20008198.2021.1953790.
4. Yuanyuan Gu, Simeng Gu, Yi Lei e Hong Li, "From Uncertainty to Anxiety: How Uncertainty Fuels Anxiety in a Process Mediated by Intolerance of Uncertainty", em "Stress Induced Neuroplasticity and Mental Disorders 2020", ed. Fang Pan, Lee Shapiro, e Jason H. Huang, edição especial, *Neural Plasticity* 2020 (1º de outubro de 2020): 8866386, https://doi.org/10.1155/2020/8866386

5. Jessica C. Jimenez, Katy Su, Alexander R. Goldberg, Victor M. Luna, Jeremy S. Biane, Gokhan Ordek, Pengcheng Zhou et al., "Anxiety Cells in a Hippocampal- Hypothalamic Circuit", *Neuron* 97, nº. 3 (7 de fevereiro de 2018): 670-83.e6, https://doi.org/10.1016/j.neuron.2018.01.016..

6. Marc-Lluís Vives e Oriel FeldmanHall, "Tolerance to Ambiguous Uncertainty Predicts Prosocial Behavior", *Nature Communications* 9 (12 de junho de 2018): 2156, https://doi.org/10.1038/s41467-018-04631-9.

7. Jeroen M. Van Baar, David J. Halpern e Oriel FeldmanHall, "Intolerance of Uncertainty Modulates Brain-to-Brain Synchrony during Politically Polarized Perception, *Proceedings of the National Academy of Sciences* 118, nº. 20 (13 de maio de 2021): e2022491118, https://doi.org/10.1073/pnas.2022491118.

8. Andreas B. Neubauer, Joshua M. Smyth e Martin J. Sliwinski, "When You See It Coming: You See It Coming: Stressor Anticipation Modulates Stress Effects on Negative Affect", *Emotion* 18, nº. 3 (Abril de 2018): 342-54, https://doi.org/10.1037/emo0000381.

9. Kirstin Aschbacher, Aoife O'Donovan, Owen M. Wolkowitz, Firdaus S. Dhabhar, Yali Su e Elissa Epel, "Good Stress, Bad Stress and Oxidative Stress: Insights from Anticipatory Cortisol Reactivity," *Psychoneuroendocrinology* 38, nº. 9 (Setembro de 2013): 1698-708, https://doi.org/10.1016/j.psyneuen.2013.02.004.

10. Roxane Cohen Silver, E. Alison Holman e Dana Rose Garfin. "Coping with Cascading Collective Traumas in the United States", *Nature Human Behavior* 5, nº. 1 (Janeiro de 2021): 4-6, https://doi.org/10.1038/s41562-020-00981-x.

11. Roxane Cohen Silver, E. Alison Holman, Judith Pizarro Andersen, Michael Poulin, Daniel N. McIntosh, e Virginia Gil-Rivas, "Mental- and Physical-Health Effects of Acute Exposure to Media Images of the September 11, 2001, Attacks and the Iraq War," Psychological Science 24, nº. 9 (Setembro de 2013): 1623-34, https://doi.org/10.1177/0956797612460406.

DIA 2: CONTROLE O QUE PODE... E ABRA MÃO DO RESTO

1. Stephanie A. Robinson e Margie E. Lachman, "Perceived Control and Aging: A Mini-Review and Directions for Future Research," *Gerontology* 63, nº. 5 (Agosto de 2017): 435-42, https://doi.org/10.1159/000468540.

2. Shevaun D. Neupert, David M. Almeida, e Susan Turk Charles, "Age Differences in Reactivity to Daily Stressors: The Role of Personal Control", *Journals of Gerontology: Series B* 62, nº. 4 (julho de 2007): P216-25, https://doi.org/10.1093/geronb/62.4.p216.

3. Laura L. Carstensen, Yochai Z. Shavit, e Jessica T. Barnes, "Age Advantages in Emotional Experience Persist Even under Threat from the COVID- 19 Pandemic," *Psychological Science* 31, nº. 11 (Novembro de 2020): 1374- 1385, https://doi.org/10.1177/0956797620967261.

4. Carol A. Shively e Stephen M. Day, "Social Inequalities in Health in Nonhuman Primates," *Neurobiology of Stress* 1 (Janeiro de 2015): 156-63, https://doi.org/10.1016/j.ynstr.2014.11.005.

5. Jay R. Kaplan, Haiying Chen e Stephen B. Manuck, "The Relationship between Social Status and Atherosclerosis in Male and Female Monkeys as Revealed by Meta-analysis", em "Special Issue on Nonhuman Primate Models of Women's Health", ed. Carol A. Shively e Thomas B. Manuck. Carol A. Shively and Thomas B. Clarkson, *American Journal of Primatology* 71, nº. 9 (Setembro de 2009): 732-41, https://doi.org/10.1002/ajp.20707.

6. Janice K. Kiecolt-Glaser, Phillip T. Marucha, W. B. Malarkey, Ana M. Mercado, e Ronald Glaser, "Slowing of Wound Healing by Psychological Stress," *The Lancet* 346, nº. 8984 (4 de novembro de 1995): 1194-96, https://doi.org/10.1016/S0140-6736(95)92899-5.

7. Saher Hoda Kamil e Dawn I. Velligan, "Caregivers of Individuals with Schizophrenia: Who Are They and What Are Their Challenges?", *Current Opinion in Psychiatry* 43, nº. 3 (Maio de 2019): 157-63, https://doi.org/10.1097/YCO.0000000000000492.

8. Anna Sjörs Dahlman, Ingibjörg H. Jonsdottir e Caroline Hansson, "The Hypothalamo-pituitary-adrenal Axis and the Autonomic Nervous System in Burnout", em "The Human Hypothalamus: Neuropsychiatric Disorders", ed. Dick F. Swaab, Ruud M. Buijs, Felix Kreier, Paul J. Lucassen e Ahmad Salehi, *Handbook of Clinical Neurology* 182 (2021): 83-94, https://doi.org /10.1016/B978-0-12-819973-2.00006-X.

9. Christina Maslach e Michael P. Leiter, *The Burnout Challenge: Managing People's Relationships with Their Jobs* (Cambridge, MA: Harvard University Press, 2022).

10. Annie Dillard, *The Writing Life* (Nova Iorque: HarperCollins, 1989).

11. Hsiao-Wen Liao e Laura L. Carstensen, "Future Time Perspective: Time Horizons and Beyond", em "Future Time Perspectives", edição especial, *Gero-Psych* 31, nº. 3 (Setembro de 2018): 163-67, https://doi.org/10.1024/1662-9647/a000194.

12. Marsha M. Linehan, DBT Skills *Training Mannual*, 2ª ed. (Nova Iorque: Guilford Publications, 2015). A DBT, ou Terapia Comportamental Dialéctica, inclui as práticas de Aceitação Radical.

13. Alexandra D. Crosswell, Michael Coccia e Elissa S. Epel, "Mind Wandering and Stress: When You Don't Like the Present Moment", *Emotion* 20, nº. 3 (Abril de 2020): 403-12, https://doi.org/10.1037/emo0000548.

14. Elissa S. Epel, Eli Puterman, Jue Lin, Elizabeth Blackburn, Alanie Lazaro e Wendy Berry Mendes, "Wandering Minds and Aging Cells", *Clinical Psychological Science* 1, nº. 1 (Janeiro de 2013): 75-83, https://doi.org/10.1177/2167702612460234.

15. Steven Hayes e Spencer Smith, *Get out of Your Mind and into Your Life: The New Acceptance and Commitment Therapy* (Oakland, CA: New Harbinger Publications, 2015).

16. Emily K. Lindsay, ShinzenYoung, Joshua M. Smyth, Kirk Warren Brown e J. David Creswell, "Acceptance Lowers Stress Reactivity: DismantlingMindfulness Training in a Randomized Controlled Trial",

"*Psychoneuroendocrinology* 87 (Janeiro de 2018): 63-73, https://doi.org/10.1016/j.psyneuen.2017.09.015.

17. Emily K. Lindsay, Brian Chin, Carol M. Greco, Shinzen Young, Kirk W. Brown, Aidan G. C. Wright, Joshua M. Smyth, Deanna Burkett e J. David Creswell, "How Mindfulness Training Promotes Positive Emotions: Dismantling Acceptance Skills Training in Two Randomized Controlled Trials", *Journal of Personality and Social Psychology* 115, nº. 6 (Dezembro de 2018): 944-73, https://doi.org/10.1037/pspa0000134.

18. Nora Görg, Kathlen Priebe, Jan R. Böhnke, Regina Steil, Anne S. Dyer e Nikolaus Kleindienst, "Trauma-Related Emotions and Radical Acceptance in Dialectical Behavior Therapy for Posttraumatic Stress Disorder after Childhood Sexual Abuse", *Borderline Personality Disorder and Emotion Dysregulation* 4 (13 de julho de 2017): 15, https://doi.org/10.1186/s40479-017-0065-5; e Jenny Thorsell Cederberg, Martin Cernvall, JoAnne Dahl, Louise von Essen, e Gustaf Ljungman, "Acceptance as a Mediator for Change in Acceptance and Commitment Therapy for Persons with Chronic Pain?", *International Journal of Behavioral Medicine* 23, nº. 1 (Fevereiro de 2016): 21-29, https://doi.org/10.1007/s12529-015-9494-y.

DIA 3: SEJA O LEÃO

1. Elissa S. Epel, Alexandra D. Crosswell, Stefanie E. Mayer, Aric A. Prather, George M. Slavich, Eli Puterman e Wendy Berry Mendes, "More Than a Feeling: A Unified View of Stress Measurement for Population Science", *Frontiers in Neuroendocrinology* 49 (Abril de 2018): 146-69, https://doi.org/10.1016/j.yfrne.2018.03.001.

2. Stefanie E. Mayer, Agus Surachman, Aric A. Prather, Eli Puterman, Kevin L. Delucchi, Michael R. Irwin, Andrea Danese, David M. Almeida e Elissa S. Epel, "The Long Shadow of Childhood Trauma for Depression in Midlife: Examining Daily Psychological Stress Processes as a Persistent Risk Pathway, "*Psychological Medicine* (26 de março de 2021): 1-10, https://doi.org/10.1017/S0033291721000921.

3. Joanna Guan, Elaz Ahmadi, Bresh Merino, Lindsay Fox, K. Miller, J. Kim e Stefanie Mayer. "Developing Stress Resilience in Everyday Life-Examining Stress Appraisal Effects of an Ecological Mindfulness Intervention Developed for Midlife Women with a History of Early Life Adversity." (Apresentação de pôster online no 7° Simpósio Internacional de Pesquisa em Resiliência, International Resilience Alliance Intresa, setembro de 2021).
4. Elissa Epel, Jennifer Daubenmier, Judith Tedlie Moskowitz, Susan Folkman e Elizabeth Blackburn, "Can Meditation Slow Rate of Cellular Aging? Cognitive Stress, Mindfulness, and Telomeres," *Annals of the New York Academy of Sciences* 1172, nº. 1 (Agosto de 2009): 34-53, https://doi.org/10.1111/j.1749-6632.2009.04414.x; e Aoife O'Donovan, A. Janet Tomiyama, Jue Lin, Eli Puterman, Nancy E. Adler, Margaret Kemeny, Owen M. Wolkowitz, Elizabeth H. Blackburn, e Elissa S. Epel, "Stress Appraisals and Cellular Aging: A Key Role for Anticipatory Threat in the Relationship between Psychological Stress and Telomere Length," *Brain, Behavior, and Immunity* 26, nº. 4 (Maio de 2012): 573-79, https://doi.org/10.1016/j.bbi.2012.01.007.
5. Jeremy P. Jamieson, Matthew K. Nock, e Wendy Berry Mendes, "Mind over Matter: Reappraising Arousal Improves Cardiovascular and Cognitive Responses to Stress", *Journal of Experimental Psychology: General* 141, nº. 3 (Agosto de 2012): 417-22, https://doi.org/10.1037/a0025719.
6. Jeremy P. Jamieson, Wendy Berry Mendes, Erin Blackstock e Toni Schmader, "Turning the Knots in Your Stomach into Bows: Reappraising Arousal Improves Performance on the GRE," *Journal of Experimental Social Psychology* 46, nº. 1 (Janeiro de 2010): 208-12, https://doi.org/10.1016/j.jesp .2009.08.015.
7. Alia J. Crum, Peter Salovey e Shawn Achor, "Rethinking Stress: The Role of Mindsets in Determining the Stress Response," *Journal of Personality and Social Psychology* 104, nº. 4 (Abril de 2013): 716-33, https://doi.

org/10.1037/a0031201. Os itens apresentados são adaptados da Escala de Mentalidade sobre o Estresse da Dr. Crum.

8. Dena M. Bravata, Sharon A. Watts, Autumn L. Keefer, Divya K. Madhusudhan, Katie T. Taylor, Dani M. Clark, Ross S. Nelson, Kevin O. Cokley e Heather K. Hagg. "Prevalence, Predictors, and Treatment of Impostor Syndrome: A Systematic Review", *Journal of General Internal Medicine* 35, nº. 4 (Abril de 2020): 1252-75, https://doi.org/10.1007/s11606-019-05364-1.

9. Mirjam Neureiter e Eva Traut-Mattausch, "An Inner Barrier to Career Development: Preconditions of the Impostor Phenomenon and Consequences for Career Development". *Frontiers in Psychology* 7 (Fevereiro de 2016): 48, https://doi.org/10.3389/fpsyg.2016.00048.

10. Patricia K. Leach, Rachel M. Nygaard, Jeffrey G. Chipman, Melissa E. Brunsvold e Ashley P. Marek, "Impostor Phenomenon and Burnout in General Surgeons and General Surgery Residents," *Journal of Surgical Education* 76, nº. 1 (2019): 99-106.

11. Özlem Ayduk e Ethan Kross, "From a Distance: Implications of Spontaneous Self-Distancing for Adaptive Self-Reflection," *Journal of Personality and Social Psychology* 98, nº. 5 (Maio de 2010): 809–29, https://doi.org/10.1037/a0019205.

12. Jenny J. W. Liu, Natalie Ein, Julia Gervasio, and Kristin Vickers, "The Efficacy of Stress Reappraisal Interventions on Stress Responsivity: A Meta-analysis and Systematic Review of Existing Evidence," *PLoS One* 14, nº. 2 (Fevereiro de 2019): e0212854, https://doi.org/10.1371/journal.pone.0212854.

13. Jennifer Daubenmier, Elissa S. Epel, Patricia J. Moran, Jason Thompson, Ashley E. Mason, Michael Acree, Veronica Goldman, et al. "A Randomized Controlled Trial of a Mindfulness-Based Weight Loss Intervention on Cardiovascular Reactivity to Social Evaluative Threat Among Adults

with Obesity." *Mindfulness* vol. 10,12 (2019): 2583–2595. doi:10.1007/s12671-019-01232-5.

14. Kevin Love, "NBA's Kevin Love: Championing Mental Health for Everyone," Commonwealth Club, 19 de janeiro de 2021, video, 1:07:31, 27 de janeiro de 2021, https://www.commonwealthclub.org/events/archive/video/nbas-kevin-love-championing-mental-health-everyone.

15. Kevin Love, "Everyone Is Going through Something," *The Players' Tribune*, 6 de março de 2018, https://www.theplayerstribune.com/articles/kevin-love-everyone-is-going-through-something.

16. Geoffrey L. Cohen and David K. Sherman, "The Psychology of Change: Self- Affirmation and Social Psychological Intervention," *Annual Review of Psychology* 65 (Janeiro de 2014): 333–71, https://doi.org/10.1146/annurev-psych-010213-115137.

17. Arghavan Salles, Claudia M. Mueller, and Geoffrey L. Cohen, "A Values Affirmation Intervention to Improve Female Residents' Surgical Performance," *Journal of Graduate Medical Education* 8, nº. 3 (Julho de 2016): 378–83, https://doi.org/10.4300/JGME-D-15-00214.1; e J. Parker Goyer, Julio Garcia, Valerie Purdie-Vaughns, Kevin R. Binning, Jonathan E. Cook, Stephanie L. Reeves, Nancy Apfel, Suzanne Taborsky-Barba, David K. Sherman e Geoffrey L. Cohen. "Self-Affirmation Facilitates Minority Middle Schoolers' Progress along College Trajectories," *Proceedings of the National Academy of Sciences of the United States of America* 114, nº. 29 (Julho de 2017): 7594–99, https://doi.org/10.1073/pnas.1617923114.

18. J. David Creswell, Suman Lam, Annette L. Stanton, Shelley E. Taylor, Julienne E. Bower e David K. Sherman. "Does Self-Affirmation, Cognitive Processing, or Discovery of Meaning Explain Cancer-Related Health Benefits of Expressive Writing?," *Personal and Social Psychology Bulletin* 33, nº. 2 (Fevereiro de 2007): 238–50, https://doi.org/10.1177/0146167206294412.

19. Cohen and Sherman, "The Psychology of Change."

20. "Giving Purpose," www.givingpurpose.org/.

DIA 4: TREINE A RESILIÊNCIA

1. Elissa S. Epel, "The Geroscience Agenda: Toxic Stress, Hormetic Stress, and the Rate of Aging," *Ageing Research Reviews* 63 (Novembro de 2020): 101167, https://doi.org/10.1016/j.arr.2020.101167.

2. Caroline Kumsta, Jessica T. Chang, Jessica Schmalz e Malene Hansen, "Hormetic Heat Stress and HSF-1 Induce Autophagy to Improve Survival and Proteostasis in C. elegans", *Nature Communications* 8 (15 de fevereiro de 2017): 14337, https://doi.org/10.1038/ncomms14337.

3. David G. Weissman e Wendy Berry Mendes, "Correlation of Sympathetic and Parasympathetic Nervous System Activity during Rest and Acute Stress Tasks", *International Journal of Psychophysiology* 162 (Abril de 2021): 60-68, https://doi.org/10.1016/j.ijpsycho.2021.01.015.

4. Elissa S. Epel, Bruce S. McEwen e Jeannette R. Ickovics, "Embodying Psychological Thriving: Physical Thriving in Response to Stress," *Journal of Social Issues* 54, nº. 2 (Verão de 1998): 301-22, https://doi.org/10.1111/0022-4537.671998067.

5. Manuel Mücke, Sebastian Ludyga, Flora Colledge e Markus Gerber, "Influence of Regular Physical Activity and Fitness on Stress Reactivity as Measured with the Trier Social Stress Test Protocol: A Systematic Review," *Sports Medicine* 48, nº. 11 (Novembro de 2018): 2607-22, https://doi.org/10.1007/s40279-018-0979-0.

6. Ethan L. Ostrom, Savannah R. Berry e Tinna Traustadóttir, "Effects of Exercise Training on Redox Stress Resilience in Young and Older Adults", *Advances in Redox Research 2* (Julho de 2021): 10007, https://doi.org/10.1016/j.arres.2021.100007.

7. Benjamin A. Hives, E. Jean Buckler, Jordan Weiss, Samantha Schilf, Kirsten L. Johansen, Elissa S. Epel e Eli Puterman, "The Effects of Aerobic

Exercise on Psychological Functioning in Family Caregivers: Secondary Analyses of a Randomized Controlled Trial", *Annals of Behavioral Medicine* 55, nº. 1 (Janeiro de 2021): 65-76, https://doi.org/10.1093/abm/kaaa031.

8. Hives et al., "The Effects of Aerobic Exercise on Psychological Functioning"
9. Eli Puterman, Jordan Weiss, Jue Lin, Samantha Schilf, Aaron L. Slusher, Kirsten L. Johansen e Elissa S. Epel. "Aerobic Exercise Lengthens Telomeres and Reduces Stress in Family Caregivers: A Randomized Controlled Trial-Curt Richter Award Paper 2018," *Psychoneuroendocrinology* 98 (Dezembro de 2018): 245-52, https://doi.org/10.1016/j.psyneuen.2018.08.002.
10. Matthijs Kox, Monique Stoffels, Sanne P. Smeekens, Nens van Alfen, Marc Gomes, Thijs M. H. Eijsvogels, Maria T. E. Hopman, Johannes G. van der Hoeven, Mihai G. Netea e Peter Pickkers, "The Influence of Concentration/ Meditation on Autonomic Nervous System Activity and the Innate Immune Response: A Case Study", *Psychosomatic Medicine* 74, nº. 5 (Junho de 2012): 489-94, https://doi.org/10.1097/PSY.0b013e3182583c6d.
11. Matthijs Kox, Lucas T. van Eijk, Jelle Zwaag, Joanne van den Wildenberg, Fred C. G. J. Sweep, Johannes G. van der Hoeven e Peter Pickkers, "Voluntary Activation of the Sympathetic Nervous System and Attenuation of the Innate Immune Response in Humans," *Proceedings of the National Academy of Sciences of the United States of America* 111, nº. 20 (20 de maio de 2014): 7379-84, https://doi.org/10.1073/pnas.1322174111.
12. G. A. Buijze, H. M. Y. De Jong, M. Kox, M. G. van de Sande, D. Van Schaardenburg, R. M. Van Vugt, C. D. Popa, P. Pickkers, e D. L. P. Baeten, "An Add-On Training Program Involving Breathing Exercises, Cold Exposure, and Meditation Attenuates Inflammation and Disease Activity in Axial Spondyloarthritis—a Proof of Concept Trial", *PLoS ONE* 14, nº. 12 (2 de dezembro de 2019): e0225749, https://doi.org/10.1371/journal.pone.0225749.

13. Rhonda P. Patrick e Teresa L. Johnson, "Sauna Use as a Lifestyle Practice to Extend Healthspan", *Experimental Gerontology* 154 (15 de outubro de 2021): 111509, https://doi.org/10.1016/j.exger.2021.111509.

14. Maciel Alencar Bruxel, Angela Maria Vicente Tavares, Luiz Domingues Zavarize Neto, Victor de Souza Borges, Helena Trevisan Schroeder, Patricia Martins Bock, Maria Inês Lavina Rodrigues, Adriane Belló-Klein e Paulo Ivo Homem de Bittencourt Jr, "Chronic Whole-Body Heat Treatment Relieves Atherosclerotic Lesions, Cardiovascular and Metabolic Abnormalities, and Enhances Survival Time Restoring the Anti-inflammatory and Anti-senescent Heat Shock Response in Mice", *Biochimie* 156 (Janeiro de 2019): 33-46, https://doi.org/10.1016/j.biochi.2018.09.011.

15. Kay-U. Hanusch e Clemens W. Janssen, "The Impact of Whole-Body Hyperthermia Interventions on Mood and Depression-Are We Ready for Recommendations for Clinical Application?", *International Journal of Hyperthermia* 36, nº. 1 (2019): 573-81, https://doi.org/10.1080/02656736.2019.1612103.

16. Clemens W. Janssen, Christopher A. Lowry, Matthias R. Mehl, John J. B. Allen, Kimberly L. Kelly, Danielle E. Gartner, Charles L. Raison et al., "Whole-Body Hyperthermia for the Treatment of Major Depressive Disorder: A Randomized Clinical Trial", *JAMA Psychiatry* 73, nº. 8 (1º de agosto de 2016): 789-95, https://doi.org/10.1001/jamapsychiatry.2016.1031.

17. Ashley E. Mason, Sarah M. Fisher, Anoushka Chowdhary, Ekaterina Guvva, Danou Veasna, Erin Floyd, Sean B. Fender e Charles Raison, "Feasibility and Acceptability of a Whole-Body Hyperthermia (WBH) Protocol", *International Journal of Hyperthermia* 38, nº. 1 (2021): 1529-35.

DIA 5: DEIXE A NATUREZA TRABALHAR

1. Os números citados são de uma pesquisa do YouGov com 4.382 adultos do Reino Unido (com idade igual ou superior a 18 anos), realizada em maio de 2020 pela Fundação de Saúde Mental do Reino Unido, que

publicou então este guia útil sobre a utilização da natureza para o bem-estar: https://www.mentalhealth.org.uk/campaigns/thriving-with-nature/guide.

2. Sarai Pouso, Ángel Borja, Lora E. Fleming, Erik Gómez-Baggethun, Mathew P. White e María C. Uyarra, "Contact with Blue-Green Spaces during the COVID-19 Pandemic Lockdown Beneficial for Mental Health", *Science of the Total Environment* 756 (20 de fevereiro de 2021): 143984, https://doi.org/10.1016/j.scitotenv.2020.143984.

3. Timothy D. Wilson, David A. Reinhard, Erin C. Westgate, Daniel T. Gilbert, Nicole Ellerbeck, Cheryl Hahn, Casey L. Brown e Adi Shaked, "Just Think: The Challenges of the Disengaged Mind", *Science* 345, nº. 6192 (4 de julho de 2014): 75-77, https://doi.org/10.1126/science.1250830.

4. William J. Brady, M. J. Crockett e Jay J. Van Bavel, "The MAD Model of Moral Contagion: The Role of Motivation, Attention, and Design in the Spread of Moralized Content Online", *Perspectivas em Ciências Psicológicas* 15, nº. 4 (Julho de 2020): 978- 1010, https://doi.org/10.1177/1745691620917336.

5. Jeremy B. Merrill e Will Oremus, "Five Points for Anger, One for a 'Like': How Facebook's Formula Fostered Rage and Misinformation", *Washington Post*, 26 de outubro de 2021.

6. Sally C. Curtin, *State Suicide Rates among Adolescents and Young Adults Aged 10–24: United States, 2000–2018*, *National Vital Statistics Reports* 69, nº. 11 (Hyattsville, MD: National Center for Health Statistics, 2020), 10, https://www.cdc.gov/nchs/data/nvsr/nvsr69/nvsr-69-11-508.pdf.

7. Florian Lederbogen, Peter Kirsch, Leila Haddad, Fabian Streit, Heike Tost, Philipp Schuch, Andreas Meyer-Lindenberg et al., "City Living and Urban Upbringing Affect Neural Social Stress Processing in Humans," *Nature* 474, nº. 7352 (23 de junho de 2011): 498-501, https://doi.org/10.1038/nature10190.

8. Lukasz Nicewicz, Agata W. Nicewicz, Alina Kafel e Mirosaw Nakonieczny, "Set of Stress Biomarkers as a Practical Tool in the Assessment of Multistress Effect Using Honeybees from Urban and Rural Areas as a Model Organism: A Pilot Study, *Environmental Science and Pollution Research* 28, nº. 8 (Fevereiro de 2021): 9084-96, https://doi.org/10.1007/s11356-020-11338-2.

9. Michele Antonelli, Davide Donelli, Lucrezia Carlone, Valentina Maggini, Fabio Firenzuoli e Emanuela Bedeschi, "Effects of Forest Bathing (Shinrinyoku) on Individual Well-Being: An Umbrella Review", Int*ernational Journal of Environmental Health Research* (28 de abril de 2021): 1-26, https://doi.org/10.1080/09603123.2021.1919293; e Yuki Ideno, Kunihiko Hayashi, Yukina Abe, Kayo Ueda, Hiroyasu Iso, Mitsuhiko Noda, Jung-Su Lee e Shosuke Suzuki, "Blood Pressure-Lowering Effect of Shinrin-yoku (Forest Bathing): A Systematic Review and Meta-analysis", *BMC Complementary and Alternative Medicine* 17, nº. 1 (16 de agosto de 2017): 409, https://doi.org/10.1186/s12906-017-1912-z.

10. E. R. Jayaratne, X. Ling e L. Morawska, "Role of Vegetation in Enhancing Radon Concentration and Ion Production in the Atmosphere," *Environmental Science & Technology* 45, nº. 15 (1 de agosto de 2011): 6350-55, https://doi.org /10.1021/es201152g.

11. Tae-H oon Kim, Gwang-W oo Jeong, Han-Su Baek, Gwang-Won Kim, Thirunavukkarasu Sundaram, Heoung-Keun Kang, Seung-Won Lee, Hyung-Joong Kim e Jin-Kyu Song, "Human Brain Activation in Response to Visual Stimulation with Rural and Urban Scenery Pictures: A Functional Magnetic Resonance Imaging Study," *Science of the Total Environment* 408, nº. 12 (15 de maio de 2010): 2600-607, https://doi.org/10.1016/j.scitotenv.2010.02.025; e Simone Grassini, Antti Revonsuo, Serena Castellotti, Irene Petrizzo, Viola Benedetti e Mika Koivisto, "Processing of Natural Scenery Is Associated with Lower Attentional and Cognitive Load Compared with Urban Ones," *Journal of Environmental Psychology* 62 (Abril de 2019): 1-11, https://doi.org/10.1016/j.jenvp.2019.01.007.

12. Pooja Sahni e Jyoti Kumar, "Effect of Nature Experience on Frontoparietal Correlates of Neurocognitive Processes Involved in Directed Attention: Um estudo ERP", *Annals of Neurosciences* 27, nº. 3-4 (Julho de 2020): 136-47, https://doi.org/10.1177/0972753121990143.

13. Justin S. Feinstein, Sahib S. Khalsa, Hung Yeh, Obada Al Zoubi, Armen C. Arevian, Colleen Wohlrab, Martin P. Paulus et al., "The Elicitation of Relaxation and Interoceptive Awareness Using Floatation Therapy in Individuals with High Anxiety Sensitivity", *Biological Psychiatry: Neurociência Cognitiva e Neuroimagem* 3, nº. 6 (Junho de 2018): 555-62, https://doi.org/10.1016/j.bpsc.2018.02.005; e Justin S. Feinstein, Sahib S. Khalsa, Hung-Wen Yeh, Colleen Wohlrab, W. Kyle Simmons, Murray B. Stein e Martin P. Paulus, "Examining the Short-Term Anxiolytic and Antidepressant Effect of Floatation- REST," *PLoS One* 13, nº. 2 (2 de fevereiro de 2018): e0190292, https://doi.org/10.1371/journal.pone.0190292.

14. Virginia Sturm, Samir Datta, Ashlin Roy, Isabel Sible, Eena Kosik, Christina Veziris, Tiffany E. Chow et al., "Big Smile, Small Self: Awe Walks Promote Prosocial Positive Emotions in Older Adults", *Emotion* (21 de setembro de 2020) [Epub disponibilizado antes do livro impresso]. doi: 10.1037/emo0000876: http://dx.doi.org/10.1037/emo0000876.

15. "Stress & Resilience with Elissa Epel and Dacher Keltner," *City Arts & Lectures, KQED*, 11 de maio de 2021, 1:06:09, www.cityarts.net/event/stress-resilience/.

16. Michelle C. Kondo, Jaime M. Fluehr, Thomas McKeon e Charles C. Branas, "Urban Green Space and Its Impact on Human Health", *International Journal of Environmental Research and Public Health* 15, nº. 3 (Março de 2018): 445, https://doi.org/10.3390/ijerph15030445.

17. Gert-Jan Vanaken e Marina Danckaerts, "Impact of Green Space Exposure on Children's and Adolescents' Mental Health: A Systematic Review," *International Journal of Environmental Research and Public Health* 5, nº. 12 (Dezembro de 2018): 2668, https://doi.org/10.3390/ijerph15122668.

18. Jean Woo et al. "Green Space, Psychological Restoration, and Telomere Length". *The Lancet* 373, nº. 9660 (Janeiro de 2009): 299-300, https://doi.org/10.1016/S0140-6736(09)60094-5.

19. Noëlie Molbert, Frédéric Angelier, Fabrice Alliot, Cécile Ribout e Aurélie Goutte, "Fish from Urban Rivers and with High Pollutant Levels Have Shorter Telomeres," *Biology Letters* 17, nº. 1 (Janeiro de 2021): 20200819, https://doi.org/10.1098/rsbl.2020.0819.

20. Juan Diego Ibáñez-Álamo, Javier Pineda- Pampliega, Robert L. Thomson, José I. Aguirre, Alazne Díez-Fernández, Bruno Faivre, Jordi Figuerola e Simon Verhulst, "Urban Blackbirds Have Shorter Telomeres", *Biology Letters* 14, nº. 3 (Março de 2018): 20180083, https://doi.org/10.1098/rsbl.2018.0083.

21. Mark Coleman, *Awake in the Wild: Mindfulness in Nature as a Path of Self-Discovery* (Maui, HI: Inner Ocean Publishing, 2006).

22. Thich Nhat Hanh, *Peace Is Every Step* (Nova Iorque: Bantam Books, 1992).

23. Brian Cooke e Edzard Ernst, "Aromatherapy: A Systematic Review," *British Journal of General Practice* 50, nº. 455 (Junho de 2000): 493-96, https://bjgp.org/content/50/455/493.long; e Hyun-Ju Kang, Eun Sook Nam, Yongmi Lee, e Myoungsuk Kim, "How Strong Is the Evidence for the Anxiolytic Efficacy of Lavender? Systematic Review and Meta-analysis of Randomized Controlled Trials", *Asian Nursing Research* 13, nº. 5 (Dezembro de 2019): 295-305, https://doi.org/10.1016/j.anr.2019.11.003.

24. Timothy K. H. Fung, Benson W. M. Lau, Shirley P. C. Ngai e Hector W. H. Tsang, "Therapeutic Effect and Mechanisms of Essential Oils in Mood Disorders: Interaction between the Nervous and Respiratory Systems," *International Journal of Molecular Sciences* 22, nº. 9 (1 de maio de 2021): 4844, https://doi.org/10.3390/ijms22094844.

25. John Muir, *Our National Parks* (São Francisco: Sierra Club Books, 1991).

26. Shigehiro Oishi, Thomas Talhelm e Minha Lee, "Personality and Geography: Introverts Prefer Mountains," *Journal of Research in Personality* 58 (Outubro de 2015): 55-68, https://doi.org/10.1016/j.jrp.2015.07.001

DIA 6: NÃO SE LIMITE A RELAXAR... RESTAURE-SE

1. James Nestor, *Breath: The New Science of a Lost Art* (Nova Iorque: Riverhead Books, 2020).
2. Lisa Feldman Barrett, "The Theory of Constructed Emotion: An Active Inference Account of Interoception and Categorization," *Social Cognitive and Affective Neuroscience* 12, nº. 1 (Janeiro de 2017): 1-23, https://doi.org/10.1093/scan/nsw154.
3. E. S. Epel, E. Puterman, J. Lin, E. H. Blackburn, P. Y. Lum, N. D. Beckmann, E. E. Schadt et al., "Meditation and Vacation Effects Have an Impact on Disease-Associated Molecular Phenotypes," *Translational Psychiatry* 6, nº. 8 (Agosto de 2016): e880, https://doi.org/10.1038/tp.2016.164.
4. Shannon Harvey, *My Year of Living Mindfully* (Sydney: Hachette Australia, 2020).
5. Stefanie E. Mayer, Agus Surachman, Aric A. Prather, Eli Puterman, Kevin L. Delucchi, Michael R. Irwin, Andrea Danese, David M. Almeida e Elissa S. Epel, "The Long Shadow of Childhood Trauma for Depression in Midlife: Examining Daily Psychological Stress Processes as a Persistent Risk Pathway," *Psychological Medicine* (26 de março de 2021): 1-10, https://doi.org/10.1017/S0033291721000921.
6. Xiaoli Chen, Rui Wang, Phyllis Zee, Pamela L. Lutsey, Sogol Javaheri, Carmela Alcántara, Chandra L. Jackson, Michelle A. Williams e Susan Redline, "Racial/Ethnic Differences in Sleep Disturbances: The Multi-ethnic Study of Atherosclerosis (MESA)," *Sleep* 38, nº. 6 (1 de junho de 2015): 877-88, https://doi.org/10.5665/sleep.4732.

7. Tricia Hersey, *Rest Is Resistance: A Manifesto* (Nova Iorque: Little, Brown Spark, 2022).

8. Nestor, *Breath*.

9. Patrick McKeown, *The Breathing Cure: Develop New Habits for a Healthier, Happier, and Longer Life* (Nova Iorque: Humanix Books, 2021).

10. Andrea Zaccaro, Andrea Piarulli, Marco Laurino, Erika Garbella, Danilo Menicucci, Bruno Neri, e Angelo Gemignani, "How Breath-Control Can Change Your Life: A Systematic Review on Psycho-physiological Correlates of Slow Breathing," *Frontiers in Human Neuroscience* 12 (7 de setembro de 2018): 353, https://doi.org/10.3389/fnhum.2018.00353.

11. Mikoaj Tytus Szulczewski, "An Anti-hyperventilation Instruction Decreases the Drop in End-Tidal CO_2 and Symptoms of Hyperventilation during Breathing at 0.1 Hz," *Applied Psychophysiology and Biofeedback* 44, nº. 3 (Setembro de 2019): 247-56, https://doi.org/10.1007/s10484-019-09438-y; Paul Lehrer, E. Vaschillo e Bronya Vaschillo, "Resonant Frequency Biofeedback Training to Increase Cardiac Variability: Rationale and Manual for Training," *Applied Psychophysiology and Biofeedback* 25, nº. 3 (2000): 177-191.

12. Juliana M. B. Khoury, Margo C. Watt e Kim MacLean, "Anxiety Sensitivity Mediates Relations between Mental Distress Symptoms and Medical Care Utilization during COVID-19 Pandemic", *International Journal of Cognitive Therapy* 14, nº. 3 (Setembro de 2021): 515-36, https://doi.org/10.1007/s41811-021-00113-x.

13. Alicia E. Meuret, Frank H. Wilhelm, Thomas Ritz, e Walton T. Roth, "Feedback of End-Tidal pCO_2 as a Therapeutic Approach for Panic Disorder," *Journal of Psychiatric Research* 42, nº. 7 (Junho de 2008): 560-68, https://doi.org/10.1016/j.jpsychires.2007.06.005.

DIA 7: COMECE BEM, TERMINE BEM

1. Jennifer R. Piazza, Susan T. Charles, Martin J. Sliwinski, Jacqueline Mogle, e David M. Almeida, "Affective Reactivity to Daily Stressors and LongTerm Risk of Reporting a Chronic Physical Health Condition," *Annals of Behavioral Medicine* 45, nº. 1 (Fevereiro de 2013): 110-20, https://doi.org/10 .1007/s12160-012-9423-0; e Daniel K. Mroczek, Robert S. Stawski, Nicholas A. Turiano, Wai Chan, David M. Almeida, Shevaun D. Neupert e Avron Spiro III, "Emotional Reactivity and Mortality: Longitudinal Findings from the VA Normative Aging Study," *Journals of Gerontology: Series B* 70, nº. 3 (Maio de 2015): 398-406. https://doi.org/10.1093/geronb/gbt107.

2. K. Aschbacher, E. Epel, O. M. Wolkowitz, A. A. Prather, E. Puterman, e F. S. Dhabhar, "Maintenance of a Positive Outlook during Acute Stress Protects against Pro-inflammatory Reactivity and Future Depressive Symptoms," *Brain, Behavior, and Immunity* 26, nº. 2 (Fevereiro de 2012): 346-52, https://doi.org/10.1016/j.bbi.2011.10.010.

3. Judith T. Moskowitz, Elizabeth L. Addington, e Elaine O. Cheung, "Positive Psychology and Health: Well-Being Interventions in the Context of Illness", *General Hospital Psychiatry* 61 (Novembro-Dezembro de 2019): 136-38, https://doi.org/10.1016/j.genhosppsych.2019.11.001.

4. Eric L. Garland, Barbara Fredrickson, Ann M. Kring, David P. Johnson, Piper S. Meyer e David L. Penn, "Upward Spirals of Positive Emotions Counter Downward Spirals of Negativity: Insights from the Broaden-and-Build Theory and Affective Neuroscience on the Treatment of Emotion Dysfunctions and Deficits in Psychopathology," *Clinical Psychology Review* 30, nº. 7 (Novembro de 2010): 849-64, https://doi.org/10.1016/j.cpr.2010.03.002.

5. Judith T. Moskowitz, Elaine O. Cheung, Karin E. Snowberg, Alice Verstaen, Jennifer Merrilees, John M. Salsman e Glenna A. Dowling, "Randomized Controlled Trial of a Facilitated Online Positive Emotion

Regulation Intervention for Dementia Caregivers", *Health Psychology* 38, nº. 5 (Maio de 2019): 391-402, https://doi.org/10.1037/hea0000680.

6. Barbara Fredrickson, "The Broaden-and-Build Theory of Positive Emotions," *Philosophical Transactions of the Royal Society B* 359, nº. 1449 (29 de setembro de 2004): 1367-78, https://doi.org/10.1098/rstb.2004.1512.

7. Dusti R. Jones e Jennifer E. Graham-Engeland, "Positive Affect and Peripheral Inflammatory Markers among Adults: A Narrative Review," *Psychoneuroendocrinology* 123 (Janeiro de 2021): 104892, https://doi.org/10.1016/j.psyneuen.2020.104892.

8. Sheldon Cohen, William J. Doyle, Ronald B. Turner, Cuneyt M. Alper e David P. Skoner, "Emotional Style and Susceptibility to the Common Cold," *Psychosomatic Medicine* 65, nº. 4 (Julho-Agosto de 2003): 652-57, https://doi.org/10.1097/01.psy.0000077508.57784.da.

9. Yujing Zhang e Buxin Han, "Positive Affect and Mortality Risk in Older Adults: A Meta-analysis," *Psychology Journal* 5, nº. 2 (Junho de 2016): 125-38, https://doi.org/10.1002/pchj.129.

10. Tsoknyi Rinpoche, *Open Heart, Open Mind: Awakening the Power of Essence Love* (Nova Iorque: Harmony Books, 2012). Este livro descreve com mais detalhes o Aperto de Mão com Emoção e outras práticas que promovem a alegria interior.

11. Anthony D. Ong, Lizbeth Benson, Alex J. Zautra e Nilam Ram, "Emodiversity and Biomarkers of Inflammation", *Emotion* 18, nº. 1 (Fevereiro de 2018): 3-14, https://doi.org/10.1037/emo0000343; e E. J. Urban-Wojcik, J. A. Mumford, D. M. Almeida, M. E. Lachman, C. D. Ryff, R. J. Davidson, e S. M. Schaefer, "Emodiversity, Health, and Well-Being in the Midlife in the United States (MIDUS) Daily Diary Study," *Emotion* (9 de abril de 2020): https://doi.org/10.1037/emo0000753.

12. Inês M. Tavares, Hera E. Schlagintweit, Pedro J. Nobre e Natalie O. Rosen, "Sexual Well-Being and Perceived Stress in Couples Transitioning to Parenthood: A Dyadic Analysis", *International Journal of Clinical and Health Psychology* 19, nº. 3 (Setembro de 2019): 198-208, https://doi.org/10.1016/j.ijchp.2019.07.004.

13. Andrea Burri e Ana Carvalheira, "Masturbatory Behavior in a Population Sample of German Women," *Journal of Sexual Medicine* 16, nº. 7 (Julho de 2019): 963-74, https://doi.org/10.1016/j.jsxm.2019.04.015.

14. Esther Perel, "Why Eroticism Should Be Part of Your Self-Care Plan," *Esther Perel* (blog), acesso em 17 de maio de 2022, https://www.estherperel.com/blog/eroticism- self-care-plan.

15. Robert H. Lustig, *The Hacking of the American Mind: The Science Behind the Corporate Takeover of Our Bodies and Brains* (Nova Iorque: Avery, 2017).

16. June Gruber, Aleksandr Kogan, Jordi Quoidbach e Iris B. Mauss, "Happiness Is Best Kept Stable: Positive Emotion Variability Is Associated with Poorer Psychological Health, *Emotion* 13, nº. 1 (Fevereiro de 2013): 1-6, https://doi.org/10.1037/a0030262.

17. Peter Koval, Barbara Ogrinz, Peter Kuppens, Omer Van den Bergh, Francis Tuerlinckx, e Stefan Sütterlin, "Affective Instability in Daily Life Is Predicted by Resting Heart Rate Variability," *PLoS One* 8, nº. 11 (29 de novembro, 2013): e81536, https://doi.org/10.1371/journal.pone.0081536.

18. Anthony D. Ong e Andrew Steptoe, "Association of Positive Affect Instability with All-Cause Mortality in Older Adults in England", *JAMA Network Open* 3, nº. 7 (1 de julho de 2020): e207725, https://doi.org/10.1001/jamanetwork open.2020.7725.

19. Lustig, *The Hacking of the American Mind.*

20. Kennon M. Sheldon e Sonja Lyubomirsky, "Revisiting the Sustainable Happiness Model and Pie Chart: Can Happiness Be Successfully Pursued?", *Journal of Positive Psychology* 16, nº. 2 (2021): 145-54, https://doi.org/10 .1080/17439760.2019.1689421.

21. S. Katherine Nelson, Kristin Layous, Steven W. Cole e Sonja Lyubomirsky, "Do unto Others or Treat Yourself? The Effects of Prosocial and Self-Focused Behavior on Psychological Flourishing," *Emotion* 16, nº. 6 (Setembro de 2016): 850-61, https://doi.org/10.1037/emo0000178.

22. S. Katherine Nelson-Coffey, Megan M. Fritz, Sonja Lyubomirsky e Steve W. Cole, "Kindness in the Blood: A Randomized Controlled Trial of the Gene Regulatory Impact of Prosocial Behavior", *Psychoneuroendocrinology* 81 (Julho de 2017): 8-13, https://doi.org/10.1016/j.psyneuen.2017.03.025.

23. Kuan-Hua Chen, Casey L. Brown, Jenna L. Wells, Emily S. Rothwell, Marcela C. Otero, Robert W. Levenson e Barbara L Fredrickson, "Physiological Linkage during Shared Positive and Shared Negative Emotion", *Journal of Personality and Social Psychology* 121, nº. 5 (Novembro de 2021): 10.1037/pspi0000337, https://doi.org/10.1037/pspi0000337; Jenna Wells, Claudia Haase, Emily Rothwell, Kendyl Naugle, Marcela Otero, Casey Brown, Jocelyn Lai et al., "Positivity Resonance in Long-Term Married Couples: Multimodal Characteristics and Consequences for Health and Longevity," *Journal of Personality and Social Psychology* (31 de janeiro de 2022), https://doi.org/10.1037/pspi0000385.

24. Jaime Vila, "Social Support and Longevity: Meta-Analysis-Based Evidence and Psychobiological Mechanisms," *Frontiers in Psychology* 12 (13 de setembro de 2021), https://doi.org/10.3389/fpsyg.2021.717164.; e Ted Robles, Richard Slatcher, Joseph Trombello, e Mehgan McGinn, "Marital Quality and Health: A Meta-analytic Review," *Psychological Bulletin* 140, no 1 (Janeiro de 2014): 140-87. https://10.1037/a0031859.

25. Nicholas A. Coles, Jeff T. Larsen e Heather C. Lench, "A Meta-analysis of the Facial Feedback Literature: Effects of Facial Feedback on Emotional

Experience Are Small and Variable," *Psychological Bulletin* 145, nº. 6 (Junho de 2019): 610—55, https://doi.org/10.1037/bul0000194; Nicholas A. Coles, David Scott March, Fernando Marmolejo-Ramos, Jeff T. Larsen, Nwadiogo C. Chisom Arinze, Izuchukwu L. G. Ndukaihe, Megan L. Willis et al., "A Multi-lab Test of the Facial Feedback Hypothesis by the Many Smiles Collaboration," *PsyArXiv Preprints* (4 de fevereiro de 2019): 1-54, https://doi.org/10.31234/osf.io/cvpuw.

26. Pennie Eddy, Eleanor H. Wertheim, Matthew W. Hale e Bradley J. Wright, "A Systematic Review and Meta-analysis of the Effort-Reward Imbalance Model of Workplace Stress and Hypothalamic-Pituitary-Adrenal Axis Measures of Stress", *Psychosomatic Medicine* 80, nº. 1 (Janeiro de 2018): 103-13, https://doi.org/10.1097/PSY.0000000000000505.

27. Martin Picard, Aric A. Prather, Eli Puterman, Kirstin Aschbacher, Yan Burelle e Elissa S. Epel, "A Mitochondrial Health Index Sensitive to Mood and Caregiving Stress", *Biological Psychiatry* 84, nº 1 (1º de julho de 2018): 9-17, https://doi.org/10.1016/j.biopsych.2018.01.012.

28. Christina Armenta, Megan Fritz, Lisa Walsh e Sonja Lyubomirsky, "Satisfied Yet Striving: Gratitude Fosters Life Satisfaction and Improvement Motivation in Youth," *Emotion* (10 de setembro de 2020): https://doi.org/10.1037/emo0000896.

CONCLUSÃO

1. Daniel J. Siegel, IntraConnected: *MWe (Me + We) as the Integration of Self, Identity, and Belonging (IPNB)* (Nova Iorque: W. W. Norton & Company, 2022).

2. Shantideva, *The Way of the Bodhisattva* (Boston: Shambhala, 2006), capítulo 8, verso 129.

3. "Embracing Hope, Courage, and Compassion in Times of Crisis," Sua Santidade o 14º Dalai Lama do Tibete, 8 de dezembro de 2021, https://www.dalailama.com/news/2021/embracing-hope-courage-and-compassion-in-times-of-crise

4. Pádraig Ó Tuama, Daily Prayer with the Corrymeela Community (Norwich, Reino Unido: Canterbury Press, 2017).

5. Karen O'Brien, *You Matter More Than You Think: Mudança Social Quântica para um Mundo Próspero* (Oslo, Noruega: Change Press, 2021).

ÍNDICE

A

B

C

D

E

F

G

H

I

J

K

L

M

N

O

P

Q

R

S

T

U

V

W

Este livro foi impresso nas oficinas gráficas da Editora Vozes Ltda.,
Rua Frei Luís, 100 – Petrópolis, RJ.